Gerd Braune

Indigene Völker in Kanada

Gerd Braune

Indigene Völker in Kanada

Der schwere Weg zur Verständigung

Ch. Links Verlag

Für Ute

Auch als ebook erhältlich

Die Deutsche Nationalbibliothek verzeichnet diese Publikation
in der Deutschen Nationalbibliografie; detaillierte bibliografische Daten
sind im Internet über www.dnb.de abrufbar.

1. Auflage, September 2020

Prinzenstraße 85 D, 10969 Berlin, Tel.: (030) 44 02 32-0
www.christoph-links-verlag.de; mail@christoph-links-verlag.de
Umschlaggestaltung: Burkhardt Neie, xix, unter Verwendung
einer Grafik von Shutterstock (378511348)
Lektorat: Dennis Grabowsky, Berlin
Satz: Nadja Caspar, Ch. Links Verlag
Gedruckt auf säurefreiem, alterungsbeständigem Papier
Druck und Bindung: Druckerei F. Pustet, Regensburg

ISBN 978-3-96289-097-1

Inhalt

Versöhnung am Scheideweg

Eine Zerreißprobe für die Politik des Ausgleichs

Brennende Autoreifen, Holzpaletten, die in Flammen aufgehen, blockierte Eisenbahnlinien und Straßen: Im Februar 2020 beobachten die Kanadier mit Verwunderung, Überraschung, Entsetzen und Enttäuschung, dass die von Premierminister Justin Trudeau und seiner liberalen Regierung seit 2015 geförderte Versöhnung zwischen Kanadas nichtindigener und indigener Bevölkerung noch lange nicht erreicht ist. Der Konflikt um den Bau einer Erdgaspipeline auf dem Territorium des Volks der Wet'suwet'en in der westlichen Provinz British Columbia und die dadurch ausgelösten landesweiten Protestaktionen setzen eine Politik, die auf Ausgleich, Verständigung und respektvollen Umgang miteinander baut, einer Zerreißprobe aus. Als zwischen Toronto und Kingston die Polizei auf dem Territorium Tyendinaga der Mohawk die Blockade einer der wichtigsten Eisenbahnlinien des Landes räumt und einige Demonstranten vorübergehend festnimmt, sind Plakate zu sehen, die postulieren: »Reconciliation is dead!« – Die Versöhnung ist tot. In Kanadas Hauptstadt Ottawa ziehen Demonstranten mit Mohawk-Flaggen, Trommeln und Gesang vor das Parlament. Sie fordern, dass sich die Polizei aus dem Territorium der First Nations zurückziehen müsse.

Den Bemühungen, Vertrauen zwischen dem kanadischen Staat und den indigenen Völkern aufzubauen, droht in den ersten Monaten des Jahres 2020 ein erheblicher Rückschlag, trotz der ebenfalls zu hörenden Parolen »Reconciliation is alive« – Die Versöhnung lebt weiter. Nach Jahren des feierlich beschworenen Wegs zur Aussöhnung und vielen kleinen und größeren Erfolgen auf diesem Pfad – der langsamen Verbesserung der Lebensverhältnisse in

Reservationen und abgelegenen Gemeinden der indigenen Völker und der Anerkennung ihrer Rechte – muss die kanadische Mehrheitsgesellschaft erleben, dass eine gleichberechtigte und respektvolle Koexistenz mit den indianischen Völkern, den First Nations, und den Inuit und Métis offenbar noch in weiter Ferne liegt. Wird es gelingen, die Politik der Versöhnung fortzusetzen? Das Wort der »Truth and Reconciliation Commission« vom Herbst 2015, die Versöhnung stehe am Scheideweg – »Reconciliation at the crossroads«[1] –, gewinnt unerwartete Aktualität.

Über mehrere Wochen zieht sich die Krise hin. Die Trudeau-Regierung widersetzt sich unverantwortlichen Forderungen unter anderem des konservativen Parteivorsitzenden Andrew Scheer, hart durchzugreifen. Trudeau will den Dialog: »Dies ist ein kritischer Moment für unser Land und unsere Zukunft. Es gibt keine Beziehung, die für mich und Kanada wichtiger ist als die Beziehungen zu den indigenen Völkern.« Perry Bellegarde, der National Chief und Vorsitzende des Dachverbands »Assembly of First Nations« (AFN), konstatiert: »Wir werden Versöhnung niemals durch Gewalt erreichen.«[2]

Ende Februar setzen sich die Hereditary Chiefs der Wet'suwet'en und die Bundes- und Provinzregierung schließlich an einen Tisch und handeln eine Vereinbarung aus, die den Weg für eine Beendigung der Blockaden und eine friedliche Beilegung des Konflikts freimachen soll. Sie verständigen sich auf zügige Gespräche über die Rechte der Wet'suwet'en auf ihrem traditionellen Territorium, finden aber zunächst keine Lösung im Konflikt um die Pipeline, die offensichtlich von der Mehrheit der Wet'suwet'en abgelehnt wird, aber auch Unterstützer hat, selbst unter den Chiefs. Ein für Mitte März geplantes Treffen aller Chiefs der Wet'suwet'en zur Beilegung der Krise muss dann aber wegen einer anderen Krise, der Coronaviruspandemie, verschoben werden.

Als das Konzept für dieses Buch ausgearbeitet wurde, war die dramatische Entwicklung vom Januar und Februar 2020 nicht zu erwarten, aber sie rückte die fragilen Beziehungen zwischen beiden Seiten wieder in das Augenmerk nicht nur der Kanadier, sondern fand auch international Aufmerksamkeit. Das Buch soll einen Überblick über die indigenen Völker Kanadas geben, die First Nations, die Inuit und die Métis, ihre Geschichte und ihre Rolle und Position im heutigen Kanada. Vor allem geht es in diesem Buch um »Reconciliation«, um Versöhnung und Verständigung, die Auseinandersetzung mit dunklen Seiten kanadischer Geschichte und den Versuch, respektvolle Beziehungen aufzubauen. Ich möchte die Leser zu einigen Schauplätzen führen, anhand derer ich die »Geschichte« erzählen will. Viele dieser Schauplätze habe ich bei zwei Kanada-Reisen 1978 und 1982 und im Zuge meiner Korrespondententätigkeit in Kanada seit 1997 besucht und dabei viele interessante indigene und nichtindigene Gesprächspartner getroffen. Ich stütze mich auf aktuelle Recherchen und Quellen, aber auch auf nachrichtliche Texte, Features und Reportagen, die ich in den vergangenen 23 Jahren geschrieben habe. Ich werde meine Gesprächspartner ausführlich zu Wort kommen lassen, nicht nur in Fußnoten.

Reconciliation – Heilen und respektvolles Miteinander

»Reconciliation«, Versöhnung oder Aussöhnung, ist ein zentraler Begriff in der kanadischen Politik, wenn es um die Beziehungen zwischen der nichtindigenen und der indigenen Bevölkerung geht. Er fehlt in keiner Rede, in keinem Dokument, die sich mit diesem Thema beschäftigen. Diese Bedeutung hat »Reconciliation« aber erst in den vergangenen Jahren erlangt. Nach der Oka-Krise von 1990[3] war eine Untersuchungskommission, die »Royal Commission on Aboriginal Peoples«, eingesetzt worden. Als sie 1996 ihren mehrbändigen, 3500 Seiten langen Bericht über die kritische Lage der indigenen Völker Kanadas vorlegte – damals hieß es »aboriginal peoples« –, tauchte der Begriff »Reconciliation« noch nicht auf, weder im Vorwort des zusammenfassenden Bandes noch im

Schlusswort, das eine Beschreibung des Wegs in den kommenden 20 Jahren enthielt. Festgehalten wurden aber die Bedingungen für eine »faire und auf gegenseitiger Achtung beruhende Beziehung« zwischen indigener und nichtindigener Bevölkerung, die Beendigung kolonialistischer Politik und die Notwendigkeit, dass Kanada akzeptiert, dass die indigenen Völker »Nationen« sind: dass sie politische und kulturelle Gruppen mit Werten und Lebensstil sind, die sich von denen der anderen Kanadier unterscheiden. Dabei wird »Nation« nicht im Sinne eines Nationalstaates gesehen, der Unabhängigkeit von Kanada sucht, sondern als Einheit mit eigener Geschichte und dem Recht zur Selbstregierung in Partnerschaft mit Kanada.[4]

Zwei Jahre später, am 7. Januar 1998, legte die kanadische Regierung das Dokument »Gathering Strength – Canada's Aboriginal Action Plan« mit einem »Statement of Reconciliation« vor.[5] Zentraler Punkt der Versöhnungserklärung war das Eingeständnis, dass Kinder der indigenen Völker in den vom Staat errichteten Residential Schools, Internaten fernab der Reservationen, körperlicher Gewalt bis hin zum sexuellen Missbrauch ausgesetzt waren. Die Residential Schools gehören zu den dunkelsten Kapiteln kanadischer Geschichte.

Spätestens seit Veröffentlichung der Versöhnungserklärung ist »Reconciliation« ein Begriff des politischen Diskurses und des politischen Handelns. 2008 sprach der konservative Premierminister Stephen Harper im Parlament für die Regierung und das kanadische Volk eine formelle Entschuldigung aus.[6] 2009 nahm die »Truth and Reconciliation Commission« unter Vorsitz von Richter Murray Sinclair aus dem Volk der Ojibwe ihre Arbeit auf. Sie hatte das Mandat, »die Kanadier durch die schwierige Entdeckung der Fakten hinter dem System der Residential Schools zu leiten« und zudem die Grundlage für eine dauerhafte Versöhnung in ganz Kanada zu schaffen.[7] Die Wahrheits- und Versöhnungskommission hörte die Überlebenden, die »survivors«, des Residential-School-Systems an und veröffentlichte 2015 ihren Bericht, in dem sie das

System und die staatliche Politik gegenüber den indigenen Völkern als »kulturellen Genozid« bezeichnet.

»Die Wahrheit aufzudecken, war schwer. Zur Versöhnung zu kommen, wird schwerer«, stellt die Kommission fest.[8] Reconciliation – ich möchte so oft wie möglich diesen englischsprachigen Begriff verwenden und schreibe ihn deshalb ab sofort ohne Anführungszeichen – bedeutet, die Ereignisse der Vergangenheit zu begreifen, sich dieser Vergangenheit bewusst zu werden und eine Beziehung zu schaffen, die von Respekt gekennzeichnet ist. Nach dem Bericht der »Royal Commission on Aboriginal Peoples« von 1996 hat Kanada nach Ansicht der »Truth and Reconciliation Commission« nun eine zweite Chance zur Reconciliation.

Dies bedeutet zunächst, dass den indigenen Gemeinden, den Familien und Einzelpersonen im Heilungsprozess geholfen wird, das Trauma der Residential Schools und der destruktiven Folgen kolonialer Politik zu überwinden. Die kanadische Gesellschaft muss sich verändern, damit beide Seiten in Würde und gegenseitiger Achtung zusammenleben können. Sie müssen ihre jeweilige Geschichte kennen und an den Schulen lehren. Die Beziehungen zwischen den Regierungen des Bundes und der Provinzen zu den indigenen Völkern müssen sich ändern: Der paternalistische, bevormundende Ansatz des kanadischen Staates, der meint, für die Betroffenen handeln zu müssen statt mit ihnen, muss der Vergangenheit angehören. Selbstverwaltung, Selbstregierung und Selbstbestimmung der indigenen Völker müssen gestärkt werden. Dazu gehören Gesetze, die gemeinsam ausgearbeitet werden, wie etwa die im Sommer 2019 beschlossenen Gesetze über den Schutz und die Stärkung der indigenen Sprachen oder die Übernahme der Jugendfürsorge durch indigene Gemeinden und Organisationen. Und dazu gehören Verträge, die die First Nations, die Inuit und Métis mit den Regierungen schließen und die frühere Verträge aktualisieren, ergänzen oder komplett ersetzen und die Selbstbestimmung stärken. Das von Gerichten vielfach anerkannte Recht der indigenen Völker auf Mitbestimmung bei der Nutzung und Ausbeutung ihres traditionellen Siedlungsgebiets, die Anerkennung, dass es das Land der indigenen Völker ist, wenn es nicht durch faire, bindende Verträge übertragen wurde, muss gängige Praxis werden. Der Konflikt um die Erdgaspipeline auf dem Gebiet der Wet'suwet'en im Februar 2020 zeigt, dass es hier noch Defizite gibt.

Vor allem bedeutet Reconciliation, dass das Vertrauen, das über mehr als 150 Jahre hinweg völlig zerstört wurde, wiederhergestellt wird. Vertrauensvolle, respektvolle Beziehungen bedeuten darüber hinaus, dass indigenes Recht und indigene rechtliche Traditionen etwa bei der Entscheidungsfindung und im Justizsystem anerkannt werden. Dies ist ein schweres Unterfangen angesichts der Unterschiede in Entscheidungsprozessen und im Verständnis von Konsultation und Zustimmung. Kompetenzen müssen neu abgesteckt werden. Für den Staat und die Bürokratie ist dies eine Herausforderung. Ultimaten und Drohungen, das zeigte der Wet'suwet'en-Konflikt, helfen nicht.

»Reconciliation bietet einen neuen Weg des Zusammenlebens«, stellt die Wahrheits- und Versöhnungskommission fest. Steven Point, der frühere Grand Chief des »Stó:lō Tribal Council«, eines Stammestribunals, und Lieutenant-Governor[9] von British Columbia, sagte in einer Anhörung: »Ich werde weiter über Versöhnung sprechen. Aber es ist ebenso wichtig, den Heilungsprozess in unserem Volk zu fördern, sodass unsere Kinder diese Schmerzen nicht mehr erleiden, dass wir diese Zerstörung vermeiden und am Ende unseren berechtigten Platz in diesem ›unserem Kanada‹ einnehmen.«[10] Reconciliation, Versöhnung und Verständigung brauchen Zeit.

»German Indianthusiasm« oder »Die deutsche Indianertümelei«

Warum sind Europäer und vor allem die Deutschen so fasziniert von den indigenen Völkern Nordamerikas? Diese Frage hörte ich mehrfach von Kolleginnen und Kollegen und Bekannten, mit denen ich über dieses Buchprojekt sprach. Manchmal sprachen sie von Besessenheit: »Why are you so obsessed?« Einige wussten etwas über die Wurzeln dieser Begeisterung: Gab es nicht einen deutschen Schriftsteller, der über »Indianer« schrieb?

Gemeint war damit natürlich Karl May mitsamt seiner imaginären Figuren Winnetou und Old Shatterhand. Ich erzählte dann über die Bedeutung der Bücher von Karl May und insbesondere der Filme, die in den 1960er Jahren gedreht wurden. Ich erzählte, dass es in Deutschland Karl-May-Festspiele in Bad Segeberg und Elspe gibt und ich Winnetou, sprich Pierre Brice, in *Winnetou III* in Bad Segeberg sterben sah. Ich erwähnte auch James Fenimore Cooper und seine *Lederstrumpf*-Romane, Chingachgook und Uncas, die »letzten Mohikaner«, und die Faszination, die bis zum heutigen Tag die Romane von Jack London ausüben, welche jährlich viele Deutsche in das Yukon-Gebiet führen, wo sie die Atmosphäre der Goldrausch-Zeit und First-Nation-Kultur erleben wollen.

Hartmut Lutz, emeritierter Professor für Nordamerika-Studien und indigene Literatur an der Universität Greifswald, hat diese Faszination vieler Deutscher wissenschaftlich erforscht. Mittlerweile wird sie auch mit »Indianthusiasmus / Indianthusiasm« beschrieben. Der 1945 geborene Forscher stellt sich immer wieder die Frage, wie es möglich sein kann, dass ein Volk, in dem der Rassismus so tief verwurzelt ist, dass es den Holocaust ermöglichte, andererseits eine fremde Ethnie so glorifiziert und romantisiert.

Zusammen mit anderen Autoren hat Lutz den Band *Indianthusiasm – Indigenous Responses* herausgegeben.[11] Die Aufsätze setzen sich kritisch mit den europäischen Fantasien über die indigenen Völker Nordamerikas, den »indianischen« Themenparks und den deutschen Hobby-Indianern auseinander, die sich in Camps zusammenfinden, Powwow[12] veranstalten und vorgeblich indianischen Lebensstil imitieren. Die Wurzeln dieser Faszination und der romantisierenden Darstellung der Vergangenheit sehen einige der Autoren im deutschen Kolonialismus des 19. Jahrhunderts.

»Indianerspielen ist Teil der deutschen Kultur«, sagt Lutz in einem Gespräch mit mir. Denn Karl May hat mit seinen Büchern, so unrealistisch sie auch sein mögen, über viele Jahrzehnte das »Indianerbild« in Deutschland geprägt. Er beurteilt das »Indianerspielen« erwachsener Menschen und ihren Indianerhobbyismus kritisch. »Manches ist rassistisch, zumindest infantil. Die Realität wird nicht wahrgenommen, es ist eskapistisch, also eine Flucht in eine Scheinwelt.« Die »Indianertümelei« hat nach seiner Ansicht dazu geführt, den Blick auf »die Indianer« zu verstellen. Sie spiegelt aber auch Hochmut wider: »Ich eigne mir eine andere Kultur an und betreibe sie als Hobby.« Andererseits kann »Indianthusiasmus« auch dazu führen, sich ernsthaft mit der Gegenwart und der Lage der indigenen Völker auseinanderzusetzen und damit Solidarität mit indigenen Völkern schaffen, meint Lutz.

In Kanada wird der deutsche »Indianthusiasm« teils amüsiert, teils äußerst kritisch gesehen. Anders als an Fastnacht und Karneval in Deutschland sieht man an Halloween in Kanada keine Kinder in »Indianerkostüm« herumlaufen. Dies würde als rassistisch und »politically incorrect« verurteilt. Für den kanadischen Rundfunk CBC reiste 2018 der Ojibway-Autor Drew Haydn Taylor für die Dokumentation *Searching for Winnetou* nach Deutschland, besuchte »Indianercamps« und sprach mit Hobbyindianern, um zu erkunden, was hinter dieser »Besessenheit« steckt. Nach Ausstrahlung der Dokumentation wurde ich sehr oft auf diese deutsche Faszination angesprochen. Sie wird nicht nur als »funny« gesehen. Kanada diskutiert sehr intensiv über »kulturelle Appropriation«, die kulturelle Aneignung, wie das unbefugte und nicht authentische Zueignen anderer Kulturen bezeichnet wird. Wo ist die Grenze zwischen kultureller »Aneignung/Appropriation« und kultureller »Wertschätzung/Appreciation«? In einem Blog zu der CBC-Dokumentation kommt Red Haircrow, ein Schriftsteller und Filmemacher mit Chiricahua-Apache-, Cherokee- und afroamerikanischen Wurzeln, zu dem Urteil, dass »native hobbyism« eine moderne Form des Kolonialismus sei.[13]

Die Anerkennung von First Nations, Inuit und Métis als indigene Völker

In diesem Buch geht es nicht um Winnetou und Indianerromantik. Es geht um die indigenen Völker im heutigen Kanada, die in der Verfassung von 1982 anerkannt sind, die First Nations, Inuit und Métis. Es geht um ihre Geschichte, die Probleme und die Fortschritte und Erfolge bei der Gestaltung der Beziehungen zwischen ihnen, den ursprünglichen »Eigentümern« des Landes, und den Neuankömmlingen: Briten, Franzosen und den späteren Immigranten. Der »British North America Act« von 1867, die Gründungsverfassung Kanadas, unterwirft »Indianer und Land, das Indianern vorbehalten ist«, der Autorität der Bundesregierung, »als seien sie Bergwerke und Straßen«, wie die »Royal Commission on Aboriginal Peoples« 1996 sarkastisch anmerkt. Die Verfassung von 1867 spricht nicht von Rechten dieser Bevölkerungsgruppen. Dagegen gelang es den indigenen, damals als »aboriginal peoples« bezeichneten Völkern und ihren Unterstützern in der »Aboriginal Rights Coalition«, Garantien ihrer Rechte in der 1982 unter Premierminister Pierre Trudeau verabschiedeten Verfassung zu verankern, obwohl dies zu Beginn der Verfassungsberatungen nicht geplant war. In Abschnitt 35 des Verfassungsgesetzes heißt es nun: »Die bestehenden indigenen Rechte und die Vertragsrechte der indigenen Völker Kanadas werden hiermit anerkannt und bekräftigt.« Das Gesetz stellt zugleich fest, dass »aboriginal peoples« die indianischen, Inuit- und Métis-Völker Kanadas umfasst.[14] Auch die kanadische »Charta der Rechte und Freiheiten«, die Bestandteil des Verfassungsgesetzes von 1982 ist, erkennt in Abschnitt 25 die Rechte der indigenen Völker an, zu denen auch ihre Rechte aus früheren Verträgen mit der Regierung gehören.[15]

Die drei indigenen Bevölkerungsgruppen zeichnen sich durch unterschiedliche Geschichte, Sprache, Kultur und Spiritualität aus. In der Volkszählung von 2016 bezeichneten sich mehr als 1,67 Millionen Bewohner Kanadas als »aboriginal«, also als Angehörige eines der drei indigenen Völker.[16] Damit stellen sie etwa fünf Prozent der kanadischen Bevölkerung. Gegenüber der Volkszählung von 2006 stieg die Zahl derer, die sich als indigen/aboriginal definieren, um 42 Prozent an. Dieser bemerkenswerte Zuwachs beruht auf zwei Trends: Zum einen steigt auch bei den indigenen Völkern die Lebenserwartung, und die sehr junge indigene Bevölkerung – 44 Prozent sind jünger als fünf Jahre – hat eine Geburtenrate, die deutlich über dem kanadischen Durchschnitt liegt. Zum anderen aber identifizieren sich mehr Menschen denn je zuvor als indigen. Das deutet darauf hin, dass Selbstvertrauen und Stolz wachsen, Angehöriger eines Ureinwohnervolks zu sein.

Die First Nations, die »indianischen« Völker, sind mit rund einer Million Menschen die größte Gruppe der indigenen Völker. Nach den Ergebnissen der Volkszählung von 2016, die nach »indigener Identität« fragte, sind die Cree mit 356 000, die Mi'kmaq mit etwa 168 000 und die Ojibwe mit etwa 125 000 Angehörigen die größten Völker. Etwa 630 First Nations, die früher oft als »Indian Bands«, indianische Gruppen, bezeichnet wurden, leben in diesem Land.[17] Noch existieren rund 60 verschiedene First-Nations-Sprachen, die mehreren großen Sprachfamilien angehören. Viele aber sind vom Aussterben bedroht. Von den eine Million Angehörigen der First Nations sind etwas mehr als drei Viertel, annähernd 750 000, »Status Indians«. Das heißt, sie sind entweder unter dem »Indian Act« als »Indianer« registriert oder bezeichnen sich aufgrund der Verträge der First Nations mit der Regierung als »Status Indians«. Die verbleibenden 230 000 sind »Non-Status Indians«, von denen viele aufgrund des umstrittenen »Indian Act« ihren Status verloren haben, obwohl sie natürlich weiterhin »Indianer« sind.[18]

Die Mehrheit der First-Nations-Bevölkerung lebt nicht in Reservationen, sondern »off reserve« außerhalb von Reservationen und vor allem in Städten. Weniger als die Hälfte, rund 44 Prozent, ist »on reserve« und somit in Reservationen zu Hause. In Metropolen wie Toronto, Vancouver, Edmonton und Winnipeg leben

Tag der indigenen Völker Kanadas, 21. Juni 2017. Von links nach rechts: Clément Chartier, Präsident des »Métis National Council«, Natan Obed, Präsident von »Inuit Tapiriit Kanatami«, Premierminister Justin Trudeau, Perry Bellegarde, »Assembly of First Nations National Chief«.

jeweils Zehntausende Angehörige von First Nations. Auch wenn sie »off reserve« leben, unterhalten die meisten von ihnen enge Beziehungen zu ihren Reservationen.

Die wichtigste Organisation der First Nations ist die »Assembly of First Nations« (AFN) als Dachverband der First Nations, die derzeit von Perry Bellegarde als National Chief geleitet wird.[19] Daneben existiert der »Congress of Aboriginal Peoples« unter Chief Robert Bertrand, der sich als Stimme der Non-Status-Angehörigen der indianischen Völker versteht.[20]

Die Inuit sind das Ureinwohnervolk der Arktis.[21] Die 65 000 Inuit Kanadas nennen ihre Heimat Inuit Nunangat. Sie erstreckt sich über die gesamte kanadische Arktis. Die Sprache der Inuit ist Inuktut mit den Regionalsprachen Inuktitut, das am häufigsten gesprochen wird, Inuinnaqtun, Inuttut und Inuvialuktun. Die Bezeichnung Inuktut als Oberbegriff wird erst seit wenigen Jahren verwendet. Sprachrohr der Inuit ist die von Natan Obed geleitete

»Inuit Tapiriit Kanatami«, was »Inuit sind vereint in Kanada« bedeutet.[22]

Die Métis-Nation ist mit etwa 600 000 Angehörigen die zweitgrößte indigene Bevölkerungsgruppe. Die Métis sind die Nachfahren von europäischen, überwiegend französischsprachigen Siedlern und Trappern und Frauen aus indianischen Völkern, die eine gemeinsame soziale Identität schufen. Auch eine eigene Sprache entwickelten sie – Michif, eine Kombination aus Französisch und Cree oder Ojibwe.[23] Wichtigste Métis-Organisation ist der »Métis National Council«, der von Clément Chartier geführt wird.

Die Entkolonialisierung von Sprache

In den 1990er Jahren arbeitete ich als Redakteur in der Nachrichtenredaktion der *Frankfurter Rundschau.* Zu meinen thematischen Zuständigkeitsbereichen gehörten die indigenen Völker. Ich legte Wert darauf, dass in der Zeitung durchgehend einige Regeln für den Sprachgebrauch eingehalten werden. Es sollte keine Stämme mehr geben, sondern nur noch Völker, indigene Gemeinden oder Nationen. Ich wollte auch keine Reservate mehr sehen, die der Duden in erster Linie als »Freigehege für gefährdete Tierarten« definiert, sondern allenfalls Reservationen, laut Duden ein »den Indianern vorbehaltenes Gebiet in Nordamerika«. Dass das nicht ganz durchzuhalten ist, lernte ich erst in Kanada, als mir bewusst wurde, dass hier bis heute von »reserve« die Rede ist, in den USA überwiegend von »reservation«. Und ich bat darum, auf Stereotype und Klischees wie Friedenspfeife und Kriegsbeil zu verzichten. Aber wie steht es um die Bezeichnungen für die indigenen Völker? »Begriffe sind ein Minenfeld. Man kann sehr schnell verletzen, wenn man unsensibel mit der Sprache umgeht«, unterstreicht Professor Hartmut Lutz.

Im Herbst 2019 traf ich in der Kleinstadt Osoyoos im Okanagan-Tal von British Columbia Clarence Louie, den Chief der

»Osoyoos Indian Band«. Wir trafen uns auf der Terrasse von Nk'mip, des ersten Weinguts in Nordamerika, das im Besitz einer First Nation ist. Chief Louie trug eine schwarze Lederjacke mit mehreren Logos von »Indian Motorcycle« und an seiner linken Hand einen Ring mit dem Schriftzug »Indian«. Ich sprach ihn darauf an und fragte ihn, ob ich ihn »Indian«, also »Indianer« nennen darf. Seine Antwort war klar: »I am an Indian.« Und dann fügte er hinzu: »Ich wurde unter dem Indian Act geboren und lebe unter dem Indian Act. Ich mag die Begriffe indigen oder aboriginal nicht.«

Das für die Ureinwohnervölker zuständige Ministerium hieß bis vor wenigen Jahren »Department of Indian Affairs and Northern Development«, wurde dann zu »Aboriginal Affairs and Northern Development«, bevor es unter Justin Trudeau in »Indigenous and Northern Affairs« umbenannt wurde. Inzwischen wurde das Ministerium geteilt: in das Ministerium »Indigenous Services«, das die Leistungen des Staates für die indigenen Völker und speziell die Verbesserung ihrer Lebensverhältnisse zum Mandat hat, und das Ministerium »Crown-Indigenous Relations and Northern Affairs«, das die Beziehungen zwischen dem kanadischen Staat und den indigenen Völkern als Schwerpunkt seiner Arbeit sieht.

Die Änderung der Nomenklatur zeigt, wie sich Sprachgebrauch verändert. Die »Assembly of First Nations« hieß in den 1980er Jahren noch »National Indian Brotherhood«. Ein Grundsatzpapier zur Bildungspolitik aus dem Jahr 1972 hatte den Titel »Indian Control of Indian Education«. Mittlerweile wird der Begriff »Indian« nur noch in Ausnahmefällen verwendet. Gängig ist in Kanada First Nations. Allerdings gibt es weiter Organisationen wie die »Saskatchewan Indian Gaming Authority«, die sich aber meist unter dem Kürzel SIAG präsentiert und auf ihrer Website von First Nations spricht. In den USA führen aber die großen Verbände »National Congress of American Indians« (NCAI) und »American Indian Movement« (AIM) weiterhin »Indian« in ihren Namen.

Dass Chief Clarence Louie kein Problem mit dem Begriff »Indian« hat, ist ein interessanter Aspekt, der mich aber nicht dazu veranlassen kann, ihn durchgehend zu verwenden. Denn ich weiß, dass es viele gibt, die nicht als »Indians« bezeichnet werden wollen. Für den deutschen Sprachgebrauch ist das nicht einfach, da First Nations als Begriff dort nicht verankert und nicht allgemein bekannt ist, während mit »Indianer« jeder etwas anfangen kann. Ihren Ursprung hat die Bezeichnung »Indianer« in der Reise von Christoph Kolumbus, der einen Seeweg nach Indien finden wollte und glaubte, ihn gefunden zu haben. Ich spreche in diesem Buch überwiegend von den First Nations. Schwierig wird es, wenn über einzelne Personen oder Gruppen gesprochen wird: First Nations people, wie es im Englischen oft heißt, lässt sich wohl schwer als First-Nations-Leute oder First-Nations-Menschen übersetzen und in einem Text verwenden. Ein Hilfskonstrukt, wenn auch unbefriedigend, ist die Verwendung »indianische Völker« und »indianische Führungspersonen«. »Ureinwohner« halte ich für akzeptabel, »Eingeborene« aber überhaupt nicht. Die Begriffe »indigene Völker«, »first peoples« oder »erste Völker« umfassen First Nations, Métis und Inuit. Und ich möchte bei »Reservation« oder »reserve« bleiben und auf »Reservat« verzichten.

Gregory Younging von der Opsakwayak-Cree-Nation in Ontario, Schriftsteller und Lehrbeauftragter der University of British Columbia, spricht in seinem Buch *Elements of Indigenous Style* von der Notwendigkeit der Entkolonialisierung der Sprache.[24] Er empfiehlt, den Vorschlägen der indigenen Völker zu folgen und Lesern in einem Vorwort oder in Fußnoten zu erklären, warum man sich für diesen oder jenen Begriff entschieden hat. So sieht er den Begriff »band« für eine First Nation als problematisch an, weil dieses Wort nicht die Strukturen, Geschichte, territorialen Ansprüche und Identität widerspiegele, wie sie der Begriff Nation enthalte. Dennoch sei es manchmal unumgänglich, diesen Begriff zu verwenden, weil er Teil des kolonialistischen »Indian Act« Kanadas sei.

Die Métis sind Métis, nicht »Mestizen« oder »Halbblut«, auch wenn sie ihre Wurzeln in zwei verschiedenen Ethnien haben. Eindeutig ist es auch beim Begriff »Eskimo«. Er ist in Kanada völlig verpönt. Die Menschen der Arktis sind die Inuit. Mit Inuit, was in ihrer Sprache Inuktut Menschen oder Volk heißt, drücken sie ihre Identität und Geschichte aus. Der »Inuit Circumpolar Council«, die Interessenvertretung der rund 160 000 Inuit Grönlands, Kanadas, der USA und der Tschuktschen-Region im äußersten Nordosten Russlands, verabschiedete 2010 eine Resolution, in der Wissenschaft, Forschung und Politik aufgefordert werden, in Publikationen durchgehend den Begriff Inuit zu verwenden, weil »Eskimo« kein Begriff aus der Inuit-Sprache sei.[25]

Gregory Younging bringt in seinem Werk weitere Beispiele. Er empfiehlt, im Zusammenhang mit Landrechten indigener Völker nicht von »land claim«, also Landanspruch zu sprechen, den man reklamieren muss, sondern von »land title«, einem Landtitel im Sinne eines bestehenden und unumstößlichen Rechtsanspruchs. Auch die AFN spricht durchgängig von »title and rights«, nicht von »claims«. Ich bezeichne die Führungspersonen der First Nations als Chief, nicht als Häuptling, und den Vorsitzenden der AFN als National Chief, denn dies ist sein Titel. Ich nenne die angesehenen, erfahrenen, älteren Gemeindemitglieder »Elders«, die Älteren. Es ist ein Ehrentitel, den ihre Gemeinden ihnen verliehen haben.

Über den Buchtitel haben der Verlag und ich lange nachgedacht. Die erste Idee war *Kanada und seine indigenen Völker* oder *Die indigenen Völker Kanadas*. Aber dies klingt besitzergreifend, als »gehörten« diese Völker Kanada. Die First Nations definieren ihr Verhältnis zum kanadischen Staat aber als Beziehung von Nation zu Nation. So entschieden wir uns für *Indigene Völker in Kanada*. Wir blicken auf die indigenen Völker, die im heutigen Kanada leben, die First Nations, die Métis und die Inuit, auf ihre reiche Geschichte und ihren Beitrag zu Kanada. Ich versuche in diesem Buch dem Anspruch gerecht zu werden, eine korrekte, nicht kolonialistische Sprache zu verwenden. Ich hoffe, das ist mir gelungen.

Die Schildkröte im Weltenmeer

Nordamerika, ein indigenes Territorium seit Urzeiten

Sky Woman lebte im Himmel, in der Welt der übernatürlichen Wesen. Sky Woman war schwanger. Eines Tages passte sie nicht auf. Durch ein Loch unter der Wurzel eines Baums stürzte sie nach unten zur Erde. Vögel fingen sie auf und setzten sie vorsichtig auf den Rücken einer Schildkröte, die im Ozean schwamm. Sie dankte den Tieren, die ihr geholfen hatten. Und sie halfen ihr noch mehr. Sie brachten Schlamm vom Meeresboden und setzten ihn an den Panzer der Schildkröte. Dieser wuchs und wurde zu einem neuen Land, auf dem Sky Woman und ihre Nachkommen leben konnten – Turtle Island, die Schildkröteninsel.[1]

In verschiedenen Märchen der Haudenosaunee, der Six-Nations- oder Irokesenkonföderation, beginnt die Geschichte der Erde auf diese Weise. Es gibt dazu Varianten. In den Legenden der Anishnabe, die auch unter dem Namen Algonquin bekannt sind, und Ojibwe fängt die Geschichte von Turtle Island mit der überfluteten Erde an. Der Schöpfer Kichi Manito hatte die Erde von streitsüchtigen Lebewesen gereinigt und einen Neuanfang gewagt. Es gab nur noch Nanabozo, das übernatürliche Lebewesen – bei den Anishnabe ist es Wisakedják, den Kichi Manito als seinen Sohn ansah –, und einige Tiere, die in einem Kanu die Flut überlebt hatten: Eistaucher, Bisam und Schildkröte. Nanabozo bat die Tiere, ihm bei der Schaffung der neuen Welt zu helfen. Nur dem Bisam gelang es, aus der Tiefe des Ozeans Schlamm zu holen. Nanabozo nahm den Schlamm und klebte ihn an den Panzer der Schildkröte. Die Erde wuchs. Interessante Parallelen zur biblischen Schöpfungsgeschichte und der Erzählung von Noah und seiner Arche sind erkennbar.[2]

Turtle Island – so nennen zahlreiche indigene Völker Nordamerikas, vor allem indianische Völker, ihren Kontinent. Sie sehen ihn als eine Einheit, die der Schöpfer ihnen gegeben hat. »Wir haben keine Grenzen geschaffen, keine Grenze zwischen den USA und Kanada, keine Grenze zwischen den Provinzen. Für uns ist es Turtle Island«, sagt Perry Bellegarde, National Chief der AFN. Die heutigen Grenzen Amerikas, zwischen Kanada und den USA oder zwischen den Provinzen Kanadas passen nicht zu den traditionellen Siedlungsgebieten der indigenen Völker. Die Grenzziehung zwischen den USA und Kanada entlang des 49. Breitengrads teilt das Gebiet der Blackfoot Confederacy, das sich über die kanadische Provinz Alberta und den US-Staat Montana erstreckt, und beeinträchtigt die »spirituellen, ökonomischen, sozialen und politischen Beziehungen« innerhalb der Konföderation.[3] Das Territorium der Mohawk von Akwesasne liegt in den zu Kanada gehörenden östlichen Provinzen Ontario und Québec und im US-Staat New York, das Siedlungsgebiet der Okanagan Nation in British Columbia und im US-Staat Washington.

Als ich 1978 erstmals Nordamerika bereiste und mit indianischen Völkern in Kontakt kam, hörte ich von ihnen die Geschichten von der Schildkröte, und einer meiner Gesprächspartner erzählte mir: »Die Erde ist der Rücken der Schildkröte. Und die Schildkröte trägt die Erde durch das Weltenmeer.« Ich lernte, dass für die indianischen Völker Nordamerikas dieser Kontinent Turtle Island heißt.

Wider die »Doktrin der Entdeckung«

Tatsächlich kann die Landkarte von Nordamerika – mit einigen künstlerischen Freiheiten – leicht als Schildkröte gezeichnet werden. Auf Turtle Island leben die indigenen Völker »since time immemorial«, seit Urzeiten, wie die indianischen Völker Kanadas und der USA, aber auch die Inuit erklären.[4] Für die im ausgehenden 15. Jahrhundert und im 16. Jahrhundert in Amerika ankommenden Europäer aber war es ein leeres Land, das in Besitz genommen werden konnte. Die europäischen Monarchien hatten die »Doctrine of Discovery« als ein Rechtsinstrument entwickelt, das die Kolonialisierung von »nicht christlichem« Land außerhalb Europas rechtfertigte. Die Doktrin wurde 1493 etabliert und bedeutete, dass Land, das als »leer« und nicht bewohnt galt, nun als »entdeckt« bezeichnet und dem Herrschaftsbereich des jeweiligen Monarchen zugeschlagen werden konnte. Es war die Vorstellung einer »terra nullius«, und indigene Völker galten, weil sie nicht christlich waren, nicht als menschliche Bewohner des Gebiets. Doktrinen des Beherrschens und Eroberns bildeten die Grundlage für Landraub und Missachtung indigener Rechte und Kulturen.

Bewusst wurde mir die aus Sicht der Ureinwohnervölker verheerende Wirkung dieser Discovery- und Terra-nullius-Doktrin in einer Diskussion auf der »Special Chiefs Assembly« der AFN im Dezember 2019 in Ottawa. Dort wurde über die »United Nations Declaration on the Rights of Indigenous Peoples« (UNDRIP) und das bahnbrechende Gesetz der kanadischen Provinz British Columbia diskutiert, mit dem diese Provinz die UN-Deklaration in ihr Recht überführte und dadurch sicherstellen will, dass bei allen Gesetzgebungsvorhaben diese UN-Deklaration berücksichtigt wird. Die UN-Deklaration und das Gesetz von British Columbia erklären Doktrinen und Politiken, die auf einer vermeintlichen Überlegenheit einer Rasse oder Religion basieren, für »rassistisch, wissenschaftlich falsch, rechtlich ungültig, moralisch verwerflich und sozial ungerecht«.[5]

Angesichts dieser Doktrinen ist es nicht verwunderlich, dass die europäisch geprägte Geschichtsschreibung Nordamerikas meist mit der sogenannten Entdeckung durch Christoph Kolumbus beginnt, manchmal auch mit der Besiedlung Grönlands und Neufundlands durch die Wikinger im 10. Jahrhundert. Die Geschichte der indigenen Völker Nordamerikas in der Zeit vor den Kontakten mit den Europäern – die »pre-contact era« oder präkolumbische

Ära – blieb weitgehend unbeachtet. Nordamerika schien aus dieser Perspektive ein geschichtsloser Kontinent zu sein.[6] Es existieren aus der vorkolumbischen Zeit aus den Gebieten der heutigen Staaten Kanada und USA keine traditionellen schriftlichen Zeugnisse, aber Felsmalereien und Felsgravierungen. Die Anerkennung mündlicher Überlieferungen als historisch wertvolle und sichere Zeugnisse vollzog sich erst in der jüngsten Vergangenheit.

So konnte es zu absurden Spekulationen über die Herkunft der indigenen Völker kommen. 1978 stieß ich auf der »Regina Fair«, einer Messe in Saskatchewans Hauptstadt Regina, an einem Bücherstand auf ein Buch, das auf dem Deckblatt einen Indianer in Federschmuck zeigte. Ich kam mit den Verkäufern ins Gespräch, und diese erklärten mir, dass »die Indianer« von einem der verlorenen Stämme Israels abstammten. Das genügte mir, höflich dankte ich für das Gespräch und zog weiter. In manchen Narrativen waren die ersten Bewohner Nordamerikas Flüchtlinge aus der untergegangenen Stadt Atlantis. Diese »abwegigen und offenkundig rassistischen« Ansichten wurden oft benutzt, um die Zerstörung oder Vertreibung der indigenen Amerikaner zu begründen, heißt es in der *Encyclopedia Britannica.*[7] Auf die Idee, dass »die Indianer« ihren Ursprung vielleicht gar nicht in Europa oder Asien haben, sondern sich wie in anderen Regionen der Welt in Amerika ein Homo sapiens entwickelt haben könnte, dass sie vielleicht nicht aus der »Alten Welt« kommen, sondern umgekehrt Europa besiedelt hatten, stand außerhalb jeder Überlegung. Oder wie der deutsche Schriftsteller C. W. Ceram offenbar sarkastisch anmerkt: »Um solch hanebüchenen Gedanken zu fassen, war jedoch die Arroganz der Europäer viel zu groß.«[8] Bis heute lehnen viele Indigene die Beringstraßentheorie als letztlich eurozentrisch ab, da auch sie davon ausgeht, Menschen seien in die Amerikas eingewandert – wie später die europäischen Siedler. Der Lakota Protestsänger Floyd Westerman sagte schon 1978 bei Auftritten in Deutschland: »Die Archäologen sagen, wir sind über die Beringstraße nach Amerika eingewandert, und sie finden unsere Fußspuren in Alaska, und ihre

Funde werden älter und älter. Eines Tages werden sie zugeben müssen, dass wir über die Beringstraße rückwärts gegangen sind!« Der Historiker Robert Marks hat die eurozentrische Geschichtsschreibung so zusammengefasst: »Die eurozentrische Weltsicht betrachtet Europa als den einzig aktiven Gestalter der Weltgeschichte, gewissermaßen als ihren ›Urquell‹. Europa handelt, während der Rest der Welt gehorcht. Europa hat gestaltende Kraft, der Rest der Welt ist passiv. Europa macht Geschichte, der Rest der Welt besitzt keine, bis er mit Europa in Kontakt tritt.«[9]

Heute bilden Kenntnisse über den Ablauf von Eiszeiten, archäologische Funde, Gravierungen in Felsen, sogenannte Petroglyphen, Felsmalereien sowie DNA-Analysen die Grundlage unseres Wissens über die Besiedlung des Nordens des amerikanischen Doppelkontinents. Dieser war die letzte große Landmasse, die von Menschen besiedelt wurde. Über die Landbrücke Beringia, das Gebiet der heutigen Beringstraße zwischen Asien und Amerika, wanderten Menschen aus Eurasien kommend nach Amerika ein.[10] Dies geschah vor 16 000 bis 12 000 Jahren. Immer wieder werden wir gezwungen, unsere Geschichtsschreibung zu ändern, wenn neue Entdeckungen neues Licht auf diese vergangenen Zeiten werfen – wie etwa Funde auf Calvert Island in British Columbia.

Fußspuren am Lagerfeuer

Die Pazifikküste der kanadischen Provinz British Columbia ist für ihre landschaftliche Schönheit weltberühmt. Ob die unbekannte Familie, die auf der Calvert-Insel an dieser Küste ihr Camp aufgeschlagen hatte, einen Blick für die landschaftlichen Reize ihrer Umgebung hatte, darf bezweifelt werden. Vielleicht ging es ihr eher um den täglichen Überlebenskampf, als sie am Feuer stand und ihr Essen bereitete, Fische, Muscheln oder Meeressäugetiere. Die Lagerfeuerszene spielte sich vor etwa 13 000 Jahren ab. Kanadische Wissenschaftler fanden hier in einer Tonschicht in der Gezeitenzone menschliche Fußabdrücke. Es handelt sich vermutlich um die ältesten bekannten menschlichen Fußspuren in Nordamerika.

»Wir konnten kaum glauben, was wir sahen«, berichtete mir Duncan McLaren, Archäologie-Professor an der Universität von Victoria und Forscher am Hakai-Institut von British Columbia, als ich mit ihm im Sommer 2015 über den Fund auf Calvert Island sprach. Mit seinem Kollegen Daryl Fedje hatte er im Mai in einer Tonschicht in etwa 80 Zentimeter Tiefe unter einer Schicht von Sand, Kieselsteinen, Muscheln und angeschwemmtem Strandgut Fußabdrücke freigelegt. Nicht einen oder zwei, sondern insgesamt 29, alle nahe einer von Steinen umgebenen Feuerstelle. McLaren und Fedje gehen davon aus, dass es mindestens drei Menschen mit unterschiedlichen Fußgrößen waren, wahrscheinlich ein Mann, eine Frau und ein Kind. »Vielleicht eine Kernfamilie«, erzählte mir McLaren.

Im Frühjahr 2014 hatten die Wissenschaftler erstmals am Strand von Calvert Island, die nördlich der Vancouver-Insel liegt, gegraben und waren in den tiefer liegenden Tonschichten auf einen Fußabdruck gestoßen. Sie entnahmen Sedimentproben, in denen sie Holzkohle entdeckten, und schickten diese zur Altersbestimmung in ein Labor. Wenige Monate später erfuhren sie das unerwartete Ergebnis. Die Radiokarbonmethode – auch als C14-Datierung bezeichnet – datierte die Holzkohle und damit möglicherweise auch den Fußabdruck auf eine Zeit vor 13 200 Jahren.

Frühere Funde – Knochen und Werkzeuge – hatten darauf hingewiesen, dass vor mindestens 2000 Jahren auf der Insel Menschen lebten. Die Calvert-Insel ist das traditionelle Gebiet der Heiltsuk und Wuikinuxv. Im April 2015 und im Sommer 2016 kehrten die Forscher auf die Insel zurück und entnahmen Sedimentproben mit Samen und Nadeln von Nadelbäumen, um das Alter zu verifizieren. Wenn die Ergebnisse von 2014 bestätigt würden, wären es die ältesten bekannten menschlichen Fußabdrücke in Nordamerika, sagte McLaren mir damals. Sie wären nur rund 1300 Jahre jünger

Daryl Fedje (links) und Duncan McLaren (Mitte) bei den Ausgrabungsarbeiten auf Calvert Island, 2016.

als die ältesten Fußabdrücke, die in der »Neuen Welt«, am Monte Verde in Chile, gefunden wurden.

Im März 2018 veröffentlichten McLaren und Fedje mit weiteren Kolleginnen und Kollegen ihre Erkenntnisse auf der Wissenschaftsplattform *PLOS ONE.*[11] Die Altersbestimmung durch die Radiokarbonmethode ergab Daten, die auf einen Zeitraum vor etwa 13 300 bis 12 600 Jahren hinweisen.[12] Das würde bedeuten, dass wenige Tausend Jahre nach dem Ende der letzten Eiszeit Menschen an die Küste des heutigen Kanadas kamen. Vor etwa 17 000 Jahren habe das Abschmelzen der Eisschilde der nördlichen Hemisphäre begonnen, erläutert McLaren. Dies führte in den meisten Teilen der Welt zu einem starken Anstieg des Wasserspiegels. An der Westküste Kanadas aber hob sich die von der Eislast befreite Erdkruste, sodass der Meeresspiegel über mehrere Jahrtausende nur um drei oder vier Meter stieg. Dies ermöglichte die Anwesenheit von Menschen in Landstrichen, die heute in der Gezeitenzone zwischen Ebbe und Flut liegen.

Frühe Migration mit Booten

Die Entdeckung von Calvert Island warf erneut die Frage auf, auf welchen Routen die Völker wanderten, die nach der Eiszeit von Sibirien aus nach Nordamerika kamen. Jahrtausendelang hatten Menschen der paläoarktischen Kultur Sibiriens in einem Gebiet gelebt, das als Beringia bezeichnet wird, das Gebiet der heutigen Beringstraße zwischen Alaska und Sibirien. Vermutlich hatte vor 40 000 bis 35 000 Jahren der Prozess begonnen, der zur Bildung von Beringia führte. Der Meeresspiegel sank, Land trat hervor, und zwischen 28 000 und 10 000 vor unserer Zeitrechnung existierte wahrscheinlich eine komplette Landverbindung zwischen Asien und Nordamerika. Es gibt, wie mir ein Wissenschaftler am Naturkundemuseum in Ottawa erklärte, »solide archäologische Beweise, die auf den Zeitraum vor 14 000 Jahren«, also etwa 12 000 v. Chr., für die Besiedlung der Küste Alaskas hindeuten.

Wie die Wanderungen nach Süden erfolgten, ist Gegenstand spannender Forschungen. Vermutlich versperrten bis 13 000 vor unserer Zeitrechnung Gletscher den Weg nach Süden. Erst als diese sich zurückzogen, konnten Menschen zu Fuß über eine Route östlich der Rocky Mountains durch einen eisfreien Korridor entlang der Flüsse Mackenzie und Yukon nach Süden ziehen. Vielleicht aber fuhren Menschen sehr früh mit Booten entlang der Küste nach Süden. Nicht nur die Entdeckungen auf Calvert Island deuten auf diese alternative Route hin. Archäologische Funde in Cooper's Ferry im US-Bundesstaat Idaho wurden auf ein Alter von rund 16 000 Jahren datiert.[13] Da es damals vermutlich keinen gangbaren Weg durch Kanada gab, sondern erst vor 14 800 Jahren ein eisfreier Korridor entstand, weisen die Funde von Cooper's Ferry darauf hin, dass die ersten Menschen tatsächlich die Küste entlangkamen, wahrscheinlich mit Booten. Dies gebe der Hypothese, dass die ursprüngliche menschliche Migration in die Amerikas der pazifischen Küstenroute folgte und nicht einer Route durch einen sich öffnenden Korridor im Inland, zusätzliches Gewicht, meint Loren

Davis, Professor für Anthropologie an der Oregon State University und leitender Autor der Studie. Die ersten Einwanderer folgten dem sogenannten »kelp highway«, einem Weg an der Küste, an dem sie viel Seetang (»kelp«) fanden, der wegen seines Reichtums an Nährstoffen ein idealer Lebensraum für viele Fischarten ist.[14]

Lange Zeit galten die Clovis- und Folsom-Kulturen als die ersten archaischen, paläoindianischen Kulturen in Nordamerika. Benannt sind sie nach zwei Orten im US-Bundesstaat New Mexico, wo Anfang des 20. Jahrhunderts Knochen einer ausgestorbenen Bisonart und eines Mammuts sowie von Menschen gemachte Artefakte gefunden wurden. Diese Kulturen existierten zwischen 9500 und 8000 vor unserer Zeitrechnung, wobei die wissenschaftliche Forschung nicht einheitlich ist. Clovis ist vermutlich einige Jahrhunderte älter als Folsom. Seit den späten 1990er Jahren wird gemutmaßt, dass es auch Prä-Clovis-Kulturen gibt und Menschen bereits vor 13 000 Jahren in Nord- und Südamerika ankamen. Monte Verde in Chile gilt als der älteste nachgewiesene menschliche Siedlungsort in den Amerikas. Er geht zurück auf die Zeit um 10 500 v. Chr. Aber die Zeitspannen für die früheste Besiedlung sind weiterhin groß. Die »Royal Commission on Aboriginal Peoples«, die 1996 ihren Bericht über die Lage der indigenen Völker in Kanada veröffentlichte, spricht selbst von Schätzungen, die bis zu 40 000 Jahre zurückgehen. Dann geht sie in ihrer Darstellung der Besiedlungshistorie aber von einem Zeitpunkt vor etwa 11 000 Jahren aus, zu dem Menschen die Amerikas bewohnten. Auch in dem populären Standardwerk *Die Welt der Indianer* von 1994 wird unter Vorbehalt von einer frühesten Besiedlung vor 40 000 Jahren und vagen Hinweisen auf eine Prä-Clovis-Besiedlung gesprochen. Die Autoren räumen aber ein, dass »nirgendwo unumstrittene Beweise für die Existenz von Prä-Clovis-Kulturen zutage gefördert werden« konnten.[15]

Wichtige Zeugnisse aus den Jahrtausenden der präkolumbischen Ära sind die Felsgravierungen und Zeichnungen. An zahlreichen Orten in Kanada weisen Petroglyphen und Piktogramme in die Vergangenheit. Einer der Orte ist Writing-on-Stone im Süden der westkanadischen Provinz Alberta. Das Tal des Milk River ist für die Blackfoot, die Siksikáitsapi, ein spiritueller Ort. Noch heute treffen sie sich dort zu Zeremonien, die sie schon vor Jahrhunderten und Jahrtausenden pflegten. Besonders heilig ist ihnen ein Ort, den sie Áísínai'pi nennen: »wo die Schriften sind«. Im Englischen ist er als Writing-on-Stone bekannt. In den Sandsteinfelsen finden sich zahllose Felsmalereien und -gravierungen. Diese Landschaft mit ihren »hoodoos«, den bizarren, durch Erosion geschaffenen Sandsteinformationen, so erzählen die Blackfoot, wird von übernatürlichen Wesen bewohnt, die die Zeichnungen und Gravierungen hinterlassen haben. Sie dokumentieren die Geschichte der Blackfoot in diesem Landstrich.

Áísínai'pi / Writing-on-Stone weist die größte Ansammlung prähistorischer Felszeichnungen in den Great Plains aus, die sich östlich der Rocky Mountains von Kanada bis in den Süden der USA erstrecken. Im Herbst 2018 besuchte der Internationale Rat für Denkmalpflege (International Council on Monuments and Sites / ICOMOS), der die UNESCO bei Entscheidungen über Weltkulturerbe berät, den Park. Im ICOMOS-Bericht vom März 2019 heißt es, das als Welterbe nominierte Gebiet stehe »in Verbindung mit den traditionellen Erzählungen über die Ursprünge der Blackfoot-Welt« und die Felsenkunst »hält die Visionen und Taten der Blackfoot über die Jahrhunderte fest«.[16]

Damit sind die Piktogramme und Petroglyphen als Geschichtszeugnis anerkannt, das bis in die präkolumbische Zeit zurückreicht. Archäologische Funde in Writing-on-Stone konnten bis in eine Zeit von vor 4500 bis 3500 Jahren datiert werden. Die meisten Abbildungen auf den Felsen stammen aus einer Phase, die vor etwa 1000 Jahren begann und bis Mitte des 19. Jahrhunderts reicht, einige aber sind bis zu 3000 Jahre alt. Im Juli 2019 wurde Áísínai'pi / Writing-on-Stone auf der Sitzung des »UNESCO World Heritage Committee« in Baku auf die Liste der Welterbe gesetzt. Die Landschaft und die Felsenkunst seien ein »außergewöhnliches Zeugnis der lebendigen kulturellen Traditionen des Blackfoot-Volkes«, begründete die UNESCO ihre Entscheidung. »Writing-on-Stone / Áísínai'pi ist das Herz unseres angestammten Landes, und wir glauben, dass dieser Ort eine wichtige Rolle spielt, Menschen in der ganzen Welt über das geheiligte Land unseres Volkes zu unterrichten«, sagt Martin Heavy Head von der »Mookaakin Cultural and Heritage Society« der Blackfoot Confederacy.[17]

Die Wanderung in die Arktis

Aber was geschah im Norden, in der Arktis, die auch heute noch oft gedankenlos als menschenleer beschrieben wird? Während der Süden des Kontinents von Beringia / Alaska aus sehr schnell besiedelt wurde, vollzog sich die Wanderung Richtung Osten in die nördlichen arktischen Regionen des Kontinents erst später. Eine erste Wanderungswelle fand vor 4000 bis 5000 Jahren statt. Besiedelt wurde die Arktis bis nach Grönland. Zu diesen frühen Kulturen, die in bisherigen wissenschaftlichen Abhandlungen unter dem Begriff Paläo-Eskimo zusammengefasst werden,[18] gehören die Prä-Dorset- und die Dorset-Kultur, die Saqqaq- und Independence-I- und -II-Kulturen und die Groswater-Kultur.

Die Dorset-Kultur war die zuletzt am weitesten verbreitete und diejenige, die sich am längsten hielt – bis etwa zum Jahr 1000. Dann erreichte eine weitere Einwanderungswelle von Alaska kommend den gesamten Norden bis nach Grönland – eine Kultur, die nach der gleichnamigen grönländischen Siedlung Thule benannt wurde und in wissenschaftlichen Schriften als Neo-Eskimo bezeichnet wird. Innerhalb von zwei oder drei Generationen kamen sie bis nach Grönland und verdrängten die Dorset-Kultur.

Thule-Kultur: Rekonstruiertes Dach aus Walknochen bei Resolute auf der Cornwallis-Insel, Foto von 2008.

Am Sylvia-Grinnell-Fluss, etwa einen Kilometer außerhalb von Iqaluit, der Hauptstadt des kanadischen Arktisterritoriums Nunavut, wurden Überreste von Siedlungen beider Kulturen, der Dorset und der Thule, entdeckt. An dem als Crystal II bezeichneten Ort stießen Archäologen auf deutlich sichtbare Steinringe, mit denen Zelte mit dem Boden verankert wurden, und Ruinen von Häusern, die in den Boden hineingebaut wurden, um Schutz vor dem arktischen Wind zu bieten. Diese Häuser wurden der Thule-Kultur zugeordnet. Bei Grabungen fanden die Forscher aber auch Gegenstände, die als Artefakte der Dorset-Kultur identifiziert wurden. Erst siedelten hier Dorset-Leute, und als sie den Ort verließen, breitete sich darüber Vegetation aus. Dann kamen Thule-Leute an denselben Ort und bauten ihre Häuser. Crystal II war die erste Stelle, die empirische Beweise lieferte, dass Dorset und Thule zwei verschiedene Kulturen aus zwei verschiedenen Phasen der Geschichte waren und dass sich Dorset in Kanada lange vor dem Eintreffen der Thule-Leute entwickelt hatte. Die von einigen Forschern vertretene Theorie, dass Dorset und Thule lediglich Varianten einer Kultur seien, wurde widerlegt. Einige Kilometer weiter wurde zudem auf einer kleinen Insel, die jetzt als Qaummaarviit

Territorial Park ausgewiesen ist, eine Thule-Siedlung aus der Zeit mindestens 250 Jahre vor Christoph Kolumbus entdeckt.

Auch bei der heutigen Gemeinde Resolute auf der Cornwallis-Insel siedelten Thule und bauten aus den Knochen großer Wale ihre Häuser. Während die Dorset-Menschen vom Eis aus jagten, entwickelten die Thule die »umiak«, große Boote, mit denen sie auf Jagd nach Walrossen und Walen gehen konnten. Mit diesen Booten, ihren Hundeschlitten und Jagdwaffen waren die Thule den Dorset überlegen. Bis heute besteht keine Klarheit darüber, ob Dorset- und Thule-Leute Kontakt zueinander hatten, ob sie etwa um das Jahr 1000 vorübergehend parallel existierten oder sogar zusammenlebten und die Thule die Dorset assimilierten, oder ob die Dorset untergingen, kurz bevor die Thule eintrafen. In einem aber sind sich Forscher sicher: Die Thule sind die direkten Vorfahren der heutigen Inuit. Zwischen ihnen und den Thule gibt es eine direkte Abstammungslinie, während Dorset und Thule genetisch deutliche Unterschiede aufwiesen.[19]

Die Kulturräume

Über Jahrtausende entwickelte sich in den Amerikas eine Vielzahl von Kulturen. Es gab Kulturen, die auf Jagen, Sammeln oder Fischfang basierten, und solche, die frühzeitig Ackerbau betrieben. Speere, Harpunen, Bogen und Pfeil waren ihre Waffen. Sie domestizierten den Hund, sie hatten zahlreiche Nutzpflanzen wie Mais, Bohnen, Kürbis und Kartoffeln, Sonnenblumen und Tabak. Es gab Völker und Gruppen, die saisonal mehrfach ihren Wohnort dorthin wechselten, wo Nahrung am reichhaltigsten vorhanden war, wo Lachse in den Flüssen wanderten, Bisons über die Prärie zogen und der Wildreis in den flachen Seen wuchs, und die deshalb als »Nomaden« bezeichnet wurden. Es gab Völker in festen Siedlungen von kleinen Dörfern bis zu großen Städten, vor allem im Süden der heutigen USA und in Zentralamerika.

Wir hören von Inuit und »Küstenindianern«, von den Völkern der Prärie und den Pueblo-Indianern. Das Leben der indianischen Völker Kanadas und ihre Kulturen waren deutlich anders als die der Kulturen Zentral- und Südamerikas. Vielfältig wie ihr Lebensstil waren ihre Lebensräume, ihre Kulturräume. Als Kulturräume, »cultural areas«, werden geografische Regionen mit ähnlichen kulturellen Praktiken der dort lebenden Menschen definiert.[20] Die Grenzen sind oft fließend, aber meist wird in der Literatur zwischen zehn Kulturräumen in den heutigen Staaten Kanada und USA unterschieden. Sechs dieser Kulturräume liegen ganz oder teilweise in Kanada.

Die Arktis ist der nördlichste Kulturraum. Die Küste Alaskas, der Norden der kanadischen Territorien Yukon, Nordwest-Territorien und Nunavut sowie die Nordspitze Québecs und Labrador gehören zu diesem Kulturraum. Er ist die Heimat der Inuit, der Yupik und der Aleuten, die auf der gleichnamigen Inselkette zwischen Alaska und Sibirien leben. An die Arktis schließt sich die Subarktis vom Inland Alaskas quer durch Nord-Kanada bis nach Labrador an. Hier leben indianische Völker wie Gwich'in und Carrier, Cree, Objibwe und Chippewa – auch Denesuline oder Dene genannt – und Innu, deren Lebensraum sich mit dem der Labrador-Inuit überschneidet und die daher oft mit diesen verwechselt werden.

Der Nordosten ist der Kulturraum rund um die Großen Seen bis an die Atlantikküste. Er umfasst große Teile der heutigen kanadischen Provinzen Québec und Ontario sowie die maritimen Provinzen New Brunswick, Nova Scotia und Prince Edward Island und die im Süden angrenzenden US-Staaten von Illinois bis zu den Neuenglandstaaten. Hier leben Völker wie die Algonquin und die Huronen, die Völker der Irokesen-Föderation, Mohikaner, Sauk und Fox.

Die Plains erstrecken sich vom südlichen Teil der kanadischen Prärie in den heutigen Provinzen Alberta, Saskatchewan und Manitoba weit nach Süden in die USA. Im kanadischen Teil dieses

Kulturraums leben unter anderen Blackfoot, Cree und Assiniboine, weiter im Süden Crow, Cheyenne, Kiowa und Komantschen.

Als Plateau wird das Gebiet bezeichnet, durch das die Flüsse Columbia und Fraser fließen. Der nördliche Teil gehört zur Provinz British Columbia mit den Völkern Shuswap, Lillooet, Okanagan und Kutenai, im Süden in den US-Staaten Montana, Idaho, Oregon und Washington leben Völker wie die Nez-Percé.

Im Westen schließt sich von den US-Staaten Oregon und Washington bis nach British Columbia der Kulturraum Nordwest-Küste an. Das Gebiet mit den ausgedehnten Regenwäldern ist Heimat vieler Völker wie der Tlingit, Tsimshian, Kwakwa ka'wakw, die früher unter dem Namen Kwakiutl bekannt waren, Nuxalk, früher Bella Coola genannt, Nuu-cha-nulth, Coast Salish und Nisga'a.

Vollständig auf US-Gebiet liegen vier weitere Kulturräume. Die südöstlichen US-Staaten bis Florida waren Heimat der sogenannten Fünf Zivilisierten Stämme, der Cherokee, Choctaw, Chickasaw, Creek und Seminolen. Der Kulturraum Südwesten (Arizona und New Mexico) ist Siedlungsgebiet von Zuni, Hopi, Navajo und Apachen. Der Kulturraum Great Basin wird von den wüstenähnlichen Ökosysteme Nevadas und Utahs und mehrerer angrenzender US-Staaten geprägt. Zu den bekanntesten indianischen Völkern dieser Region gehören die Schoschonen, Ute und Paiute. Der achte Kulturraum ist Kalifornien bis in das mexikanische Gebiet Baja California mit Völkern wie den Wintun und den Yana.

Als Kolumbus kam

Wie groß die indianische Bevölkerung Nordamerikas – und wir beschränken uns jetzt auf die heutigen USA und Kanada – zur Zeit der Ankunft der Europäer Ende des 15. Jahrhunderts war, lässt sich nur schwer ermitteln. Die Schätzungen gehen weit auseinander. Sie reichen von rund einer Million bis zu 18 Millionen. Die erste eingehendere Untersuchung nahm 1910 der Anthropologe James Mooney vor, der Berichte über die einzelnen Kulturräume, ihre mögliche Bevölkerungsdichte und ihre Subsistenzwirtschaft analysierte und auf eine Bevölkerung von etwa 1,115 Millionen Menschen kam. Eine noch niedrigere Zahl errechnete Alfred Louis Kroeber, ein weiterer einflussreicher US-Anthropologe: Er überprüfte Mooneys Ansatz und befand, dass damals etwa 900 000 Menschen in Nordamerika lebten.[21]

Aufsehen erregte dann der Ethnohistoriker Henry Dobyns, als er 1966 die Bevölkerung nördlich des Rio Grande, des Grenzflusses zwischen den USA und Mexiko, auf 9,8 Millionen bis 12,2 Millionen Menschen schätzte. 1983 korrigierte er diese Zahl sogar nach oben: Bis zu 18 Millionen Menschen lebten nach seinen Berechnungen Ende des 15. Jahrhunderts in Nordamerika. Diese hohen Zahlen beruhen auf einem völlig anderen Ansatz als dem von Mooney und Kroeber. Dobyns gehörte zu den ersten Wissenschaftlern, die die Auswirkungen von Epidemien auf die Bevölkerungsentwicklung indigener Völker untersuchten. Er studierte die Folgen von Epidemien wie Pocken und Lungenentzündung im 19. Jahrhundert mit Mortalitätsraten bis zu 95 Prozent und nutzte seine darauf beruhenden Erkentnnisse, um frühere Bevölkerungsdichten zu ermitteln.[22]

Falls Dobyns Berechnungen stimmen sollten, dann lebten in der westlichen Hemisphäre vor dem Eintreffen der Europäer zwischen 90 Millionen und 112 Millionen Menschen. Das würde bedeuten, wie Charles Mann in einem 2002 erschienenen Aufsatz in der Zeitschrift *The Atlantic* darlegt, dass damals mehr Menschen in den Amerikas als in Europa lebten. Dobyns Zahlen führten zu einem bis heute anhaltenden Streit unter Wissenschaftlern. Für den Historiker David Henige sind sie Hirngespinste.[23] Er vertritt die Ansicht, dass die Datenbasis, auf der die hohen Bevölkerungszahlen beruhen, dünn und oft nachweisbar falsch sei. Es sei unmöglich, heute verlässliche Schätzungen über die indianische Bevölkerung zum Zeitpunkt des Kontakts mit den Europäern zu machen.

Über Dobyns Arbeit urteilt Henige, dass sie schon 1966 suspekt gewesen und heute nicht weniger sei.[24]

Sind Dobyns Ideen tatsächlich politisch motiviert, um Anti-Amerikanismus zu fördern und die Zahl der Opfer imperialistischen Verhaltens der Eroberer des Kontinents hochzutreiben, wie manche Kritiker behaupten? Oder sind sie nicht doch eine korrekte Einschätzung, die Zeugnis davon ablegt, dass in den Amerikas einschließlich der heutigen Staaten USA und Kanada starke Völker lebten, die dadurch Rechte an diesem Land besaßen und bis heute besitzen? Eine Sichtweise, die »terra nullius« und die »Doktrin der Entdeckung« noch absurder machen würde, als sie ohnehin schon sind? Der Streit mag akademisch sein, aber er hat weitreichende politische Implikationen bis in die Gegenwart.

Verbündete und Gegner

Die indianischen Völker vor der Staatsgründung Kanadas 1867

Hoch über dem Ottawa-Fluss, dort wo der Rideau-Kanal in den Ottawa mündet, liegt Nepean Point, ein felsiger Hügel. Von hier blickt der Besucher auf das Parlament von Ottawa, die Nationalgalerie und das Canadian Museum of History auf der anderen Flussseite, das von Douglas Cardinal entworfen wurde, einem Künstler mit Métis- und indianischen Wurzeln. Auf diesem markanten Aussichtspunkt in der kanadischen Hauptstadt Ottawa thront die Statue von Samuel de Champlain. Zu Beginn des 17. Jahrhunderts hatte dieser französische Seefahrer, Kartograf, Geograf und Forscher als Teilnehmer einer französischen Pelzhandelsexpedition erstmals den Sankt-Lorenz-Strom befahren und an der Mündung des Sagenay in der heutigen Provinz Québec Kontakt mit Indianern aufgenommen.[1] Vermutlich traf er Vertreter der früher Montagnais genannten Innu, der Maliseet und der Anishnabe.

Vor Champlain war bereits sein Landsmann Jacques Cartier 1535 in diese Gegend vorgestoßen, die die Indianer »Kebec« nannten: »wo sich der Fluss verengt«. Dort wird der Sankt-Lorenz-Strom, der wenige Kilometer unterhalb noch wie ein Meer wirkt, zu einem Fluss. Die Indianer hatten Cartier zu ihrer Siedlung Stadacona geführt, die sie »kanata« nannten, was dem Land seinen Namen geben sollte. Aber erst Samuel de Champlain, der am 3. Juli 1608 im Gebiet der heutigen Stadt Québec Anker warf, gründete eine Gemeinde, die Keimzelle von »Nouvelle France«, Frankreichs Herrschaftsgebiet in Nordamerika, werden sollte. 1615 kam er bei einer weiteren Reise an die Stelle, die heute als Nepean Point im Stadtgebiet Ottawas liegt. Auf dieser Anhöhe soll Champlain mit einem Astrolab, einem Navigationsinstrument, den Himmel vermessen haben.

Anlässlich des 300. Jahrestags der Champlain-Reise schuf der Bildhauer Hamilton MacCarthy 1915 die heute auf Nepean Point weithin sichtbare Statue. Aber erst seit einigen Jahren präsentiert sich das Monument in der heutigen Weise. Lange Zeit befand sich am Fuße des Denkmals eine Indianerskulptur. Sie zeigte einen knienden Indianer und wurde zunächst »Indian Scout«, dann »Anishinabe Scout« genannt. Sie sollte verdeutlichen, dass die Indianer dem Forscher bei seiner Reise halfen. Ursprünglich sollte die Bronzeskulptur einen in einem Kanu knienden Indianer zeigen, aber die Bürgerinitiative, die das Projekt finanzierte, brachte nicht genug Geld zusammen. So wurde auf das Kanu verzichtet. Aber was kann ein zu Füßen des weißen Entdeckers kniender Indianer noch ausdrücken? Für die indigene Gemeinde Ottawas bedeutete diese Pose Gehorsam, Unterwürfigkeit und Kolonialismus. In den 1990er Jahren begannen Diskussionen über einen neuen Standort für die indianische Skulptur. Heute steht sie, getrennt von Samuel de Champlain, im nahe gelegenen Major's Hill Park – mit Blick auf das Parlament.

So stehen dieses Denkmal in Ottawa und die Diskussionen über den »Anishinabe Scout« auch für die Geschichte der Beziehungen zwischen der indigenen Urbevölkerung und den europäischen »Entdeckern«, Eindringlingen und Siedlern: Indianer hießen Neuankömmlinge willkommen und halfen ihnen. Sie verloren ihr Land, trotz des Widerstands, den sie leisteten. Sie wurden unterworfen. Erst in der jüngsten Vergangenheit erfährt und begreift die kanadische Gesellschaft, welches Unrecht der Urbevölkerung des Kontinents zugefügt wurde.

»Vorsichtige Kooperation«

Für die Ureinwohner Amerikas begannen mit der Ankunft der Europäer Jahrhunderte der Vertreibung, des Niedergangs und der Verweigerung grundlegender Rechte. Schon im 10. Jahrhundert hatte es erste Kontakte zwischen Europäern und Ureinwohnern gegeben, als Wikinger von Island und Grönland kommend an der Nordspitze Neufundlands eine Siedlung gründeten, die jetzt als Weltkulturerbe L'Anse aux Meadows bekannt ist. Kriegerische Auseinandersetzungen, aber auch ein funktionierender friedlicher Austausch von Lebensmitteln und Gebrauchsgegenständen zwischen den Wikingern und den von ihnen als »Skraelinger« bezeichneten indigenen Bewohnern dieser Gegend, vermutlich Vorfahren der Innu und Beothuk,[2] kennzeichneten diese Phase, die aber mit dem Abzug der Wikinger nach wenigen Jahren endete.

Der nächste Europäer, der diese Region erreichte, war Giovanni Caboto (John Cabot), ein Italiener im Dienste des englischen Königs, dessen Schiff »Matthew« mit 18 Mann Besatzung 1497 an der Küste Neufundlands oder Labradors anlegte. Er wollte eigentlich – wie Kolumbus – einen Seeweg nach Asien finden.[3] Der englische Seefahrer Martin Frobisher, der 1576 die heute nach ihm benannte Frobisher Bay im kanadischen Arktisterritorium Nunavut erreichte, dachte, den östlichen Eingang zur Nordwest-Passage gefunden zu haben, musste dann aber enttäuscht feststellen, dass er in einen Meeresarm eingefahren war, eine Sackgasse ohne Öffnung nach Westen.

Engländer und Franzosen etablierten sich an der fischreichen Atlantikküste des heutigen Kanadas, während sich Portugiesen und Spanier auf die Gebiete an der Karibikküste sowie auf Zentral- und Südamerika konzentrierten. 1607 gründeten die Engländer mit Jamestown in Virginia ihre erste Kolonie, und wenige Jahre später, 1620, folgte die berühmte »Mayflower« mit den als »Pilgrim Fathers« bezeichneten Siedlern. Etwa ein Drittel der rund 100 Kolonisten waren Puritaner, die religiöse Freiheit suchten und in ihrer neuen Heimat eine neue Gemeinde aufbauten, Plymouth im heutigen Massachussetts.[4]

Die eurozentriere frühere Geschichtsschreibung stellt die Phase der ersten Kontakte gern unter den Stichworten Entdeckung und Entwicklung dar. Aber in den ersten 200 Jahren hätten die Neuankömmlinge in dem für sie ungewohnten Klima kaum überleben können. »Vorsichtige Kooperation, nicht Konflikt« war das Leitmotiv dieser Phase, schreibt die kanadische »Royal Commission on Aboriginal Peoples« in ihrem Bericht von 1996.[5] Diese Periode reichte bis in das 18. und 19. Jahrhundert hinein, aber mit gravierenden, teils grausamen Unterschieden: Viele indigene Gemeinden mussten von Anfang an die Europäer als gewaltbereite Eindringlinge erleben, die ihnen Land wegnahmen und – vor allem im Süden – vor Plünderungen, Vergewaltigungen und Entführungen nicht zurückschreckten. Eroberer wie Hernando de Soto gingen nicht nur durch ihre »Entdeckungen«, sondern auch durch ihre Brutalität gegenüber den indianischen Völkern in die Geschichte ein.

Mit der Zuwanderung von Europäern trafen völlig unterschiedliche Kulturen und Denkweisen aufeinander. Die Beziehungen der Kolonisten von Jamestown und Plymouth zu den Indianern werden als zunächst friedlich und freundschaftlich beschrieben. Sie brachten den Europäern Überlebenstechniken bei, erlaubten ihnen, ihr Gebiet für Landwirtschaft und Jagd zu nutzen, und erhielten im Gegenzug Werkzeuge und vor allem Gewehre. Die Indianer lieferten den Siedlern in den ersten Jahren Nahrungsmittel, was in dem legendären ersten »Thanksgiving Dinner« zum Ausdruck kommt. Wieweit dies ein amerikanischer Traum und Mythos ist, der nicht ganz der Wirklichkeit entspricht, ist Gegenstand historischer Forschung. Pocahontas, die vermutlich 1596 in der Nähe von Jamestown in einer Siedlung der Powhatan als Tochter von Chief Powhatan geboren wurde und später den Siedler John Rolfe heiratete, steht für diese Phase relativ friedlicher Koexistenz, wobei auch in der Pocahontas-Geschichte Fiktion und Wahrheit verschwimmen. Mit dem Zustrom von Siedlern fand dieses Neben- und Miteinander oft sehr schnell ein Ende. So lieferten sich die Siedler von Virginia an der Chesapeake Bay und die indianischen Völker der Powhatan-Allianz zwischen 1622 und 1644 immer wieder kriegerische Auseinandersetzungen, die als Powhatan-Krieg in die Geschichte eingingen.

»Kanadier wissen wenig über die friedliche und kooperative Beziehung, die zwischen den Ersten Völkern und den ersten europäischen Besuchern in den frühen Jahren des Kontakts entstanden«, stellt die »Royal Commission on Aboriginal Peoples« fest.[6] Noch weniger wüssten sie über Veränderungen, die sich über Jahrhunderte vollzogen, über die »Geister der Vergangenheit«, die bis heute das Zusammenleben belasten: über die Missachtung von Verträgen, die zwischen indianischen Völkern und den Neuankömmlingen geschlossen wurden, den Diebstahl indigenen Landes, die Unterdrückung der Kulturen, Entführung von Kindern, Verarmung und Entmachtung der indigenen Völker.

Die ersten Verträge

In der anfänglichen Phase »vorsichtiger Kooperation« wurden die Beziehungen teilweise durch Verträge geregelt, in denen die indigenen Völker als Partner und Nationen anerkannt wurden. Es war eine Phase, für die eine heute so wichtige Formel gilt: »Nation-to-Nation Relations«, Beziehungen von Nation zu Nation. Verträge wie der berühmte zweireihige Wampum, ein Gürtel, der einen Vertrag von 1613 zwischen den Haudenosaunee, den »Völkern des Langhauses«, und den Holländern darstellt, waren Erklärungen »des Friedens, der Freundschaft, des Teilens und der Allianz, nicht der Unterwerfung oder Kapitulation«.[7] Die beiden violettfarbenen, parallel laufenden Perlenreihen des Wampums symbolisieren das respektvolle Nebeneinander. »In einer Reihe ist ein Schiff mit dem Weg unserer Weißen Brüder, in der anderen ein Kanu mit unserem Weg«, wie die Onondaga-Nation erklärt, eine der Nationen der Haudenosaunee-Föderation: Die Schiffe fahren Seite an Seite den Fluss des Lebens hinab, und keiner versucht, das Schiff des anderen zu steuern. Die Holländer legten diesen Vertrag auch schriftlich fest und versahen ihn mit einer Silberkette, weshalb das Abkommen auch als »Silver Covenant Chain of Friendship« bezeichnet wird.

Die britischen Kolonien schlossen ab 1701 Verträge mit den indigenen Bewohnern als Basis für ökonomische und militärische Beziehungen. Diese Verträge zwischen der »Krone«, also der britischen und später kanadischen Regierungen der verschiedensten Ebenen, schrieben die Rechte der Ureinwohner und der europäischen Neuankömmlinge fest. Für die Briten ging es zunächst darum, sich in der Auseinandersetzung mit den Franzosen die Unterstützung indianischer Völker zu sichern. Aber auch die Franzosen schlossen Vereinbarungen mit den ihnen zugeneigten Völkern. Als »historic treaties« (historische Verträge) werden die Verträge bezeichnet, die zwischen 1701 und 1923 zwischen indianischen Völkern und der Krone geschlossen wurden. Die kanadische Regierung erkennt 70 historische Verträge an, von denen lediglich 13 nach Gründung des Staates Kanada 1867 geschlossen wurden, darunter die elf »numbered treaties« (nummerierte Verträge), die den Großteil der kanadischen Prärieprovinzen abdecken. Die meisten historischen Verträge stammen aus der britischen Kolonialzeit. Waren die Verträge zunächst vorrangig »Treaties of Peace and Neutrality« (Verträge für Frieden und Neutralität) und »Peace and Friendship Treaties« (Verträge für Frieden und Freundschaft), so ging es in Folge zunehmend um das Abtreten von Land.

Verträge zu schließen, hatte eine lange Tradition bei den indigenen Völkern. Sie reicht zurück in die Zeit, bevor die Europäer Nordamerika erreichten, und diente dazu, den Handel zwischen ihnen zu regulieren, die Nutzung von Land und Resourcen zu teilen und Verteidigungsbündisse zu schließen. Durch das gemeinsame Rauchen von Pfeifen wurden diese Verträge besiegelt. Daher werden sie im deutschen Sprachraum gerne als »Friedenspfeifen« bezeichnet. Das Rauchen der Pfeife und andere Zeremonien verliehen diesen Verträgen die Qualität eines Schwurs. »Unsere Verträge sind Pakte mit Gott, dem Schöpfer und der ganzen Schöpfung. Daher können diese Pakte von Menschen nicht gebrochen werden. Was wir durch eine Zeremonie geschlossen haben, kann nicht gebrochen werden«, sagt heute National Chief Perry Bellegarde.[8]

Dies unterstreicht, warum Verträge, wann immer sie geschlossen wurden, so wichtig für die First Nations sind.

Für die Europäer in den jungen Kolonien waren die Verträge ein Instrument, das ihr Überleben sicherte. Nordamerika, vor allem das heutige Kanada, war ein gewaltig großes Land mit wenigen Siedlern, deren Niederlassungen von indianischen Dörfern umgeben waren. Die Verträge sicherten die Existenz der Siedlergemeinden und Kolonien. Zudem war Kanada vor allem wegen seines Reichtums an Pelztieren für die europäischen Mächte interessant. Sie kämpften um Einflusszonen und benötigten die Hilfe der indianischen Völker. Verträge dienten somit dem Frieden und dem Teilen der Reichtümer, die das Land bot.

Aber die Einstellung zu Verträgen offenbart bereits die kulturellen Unterschiede und divergierenden Erwartungen. Zwar waren die Verträge Vereinbarungen von »Nation zu Nation«, zugleich aber erwarteten die Europäer, vor allem die Briten, dass damit die Autorität des britischen Monarchen anerkannt wird. Ferner gingen sie davon aus, dass damit indianisches Land der Kontrolle der Kolonialmacht unterworfen wird. Dass Land übereignet wird und irgendjemandem ausschließlich gehört, war der indianischen Kultur aber fremd. Die First Nations mussten auch feststellen, dass die schriftlichen Aufzeichnungen der Verträge nicht immer dem entsprachen, was in den mündlichen Verhandlungen ihrer Ansicht nach vereinbart worden war. Der Keim für Misstrauen, Enttäuschung und Täuschung war gelegt.

Konföderationen und Koalitionen

In Nordamerika existierten in den ersten Jahrhunderten des ständig wachsenden Zustroms europäischer Siedler und ihres teilweise rücksichtslosen, von der Gier nach Land und Reichtümern getriebenen Vordringens gut organisierte indianische Konföderationen, die völlig dem europäischen Klischee von kleinen »nomadisierenden Stämmen« ohne ordnende Strukturen widersprechen. Im Südosten der USA hatte sich eine Konföderation aus fünf Nationen, den Cherokee, Choctaw, Creek, Chickasaw und Seminolen gebildet, die auch als »Fünf Stämme« oder »Fünf Zivilisierte Stämme« in die Geschichte eingingen. »Zivilisiert« sollte mit Vorsicht verwendet werden. Der Begriff suggeriert, dass nur Völker, die Gebräuche der Einwanderer annahmen, »zivilisiert« und die anderen »wild« oder »unzivilisiert« sind. Die fünf Völker hatten ein Regierungssystem nach dem Vorbild der USA aufgebaut, und der Cherokee Sequoyah entwickelte eine Schriftsprache. Das schützte die »Fünf Nationen« aber nicht vor einem schlimmen Schicksal, der tränen- und verlustreichen Zwangsumsiedlung von 60 000 Menschen in das »Indianerterritorium« Oklahama zwischen 1830 und 1850, die als »Trail of Tears« bezeichnet wird – eines der unrühmlichen Kapitel in der jahrhundertelangen Unterdrückung indianischer Völker in den USA und Kanada.[9]

In den heutigen Neuenglandstaaten der USA und den grenznahen kanadischen Gebieten entlang des Sankt-Lorenz-Stroms hatte sich die »Haudenosaunee Confederacy« gebildet, auch »Iroquois League« oder »League of Five Nations«, in Deutsch meist als Irokesen-Föderation bezeichnet. Ihr Name Haudenosaunee bedeutet »Völker des Langhauses«, was sich von den traditionellen, langgezogenen Holzhäusern der Irokesen-Nationen ableitet, in denen jeweils mehrere matrilinear, also durch die mütterliche Linie verwandte Familien wohnten. Der Konföderation gehörten ursprünglich die Seneca, Cayuga, Onondaga, Oneida und Mohawk an. Anfang des 18. Jahrhunderts schlossen sich die aus dem heutigen North Carolina kommenden Tuscarora als sechste Nation der Liga an, die damit zu den »Six Nations«, den Sechs Nationen wurden.[10]

Die Ursprünge dieser Konföderation gehen auf die Zeit vor den ersten Kontakten mit Europäern zurück. Wann genau sie gebildet wurde, ist nicht gesichert. Die Wurzeln liegen vermutlich im 15. oder 16. Jahrhundert, möglicherweise aber bereits einige Jahrhunderte früher.[11] Auslöser für den Zusammenschluss waren zunächst die vorkolonialen Konflikte zwischen indianischen Völkern, dann die kriegerischen Auseinandersetzungen, die den aufkommenden Pelzhandel und den Kampf der Kolonialmächte um Einflusszonen begleiteten. Der Prophet Deganawida, der von den etwas nördlicher lebenden Wendat-Huronen in das Gebiet der Irokesen kam, soll dort die Botschaft verbreitet haben, Blutfehden und Kriege durch Frieden zu ersetzen. In Hiawatha, einem Onondaga-Krieger, der in den Kriegen seine Frau und seine Töchter verloren haben soll, fand er einen Schüler. Hiawatha reiste zunächst zu den Mohawk, dann zu den anderen Völkern. Die Botschaft von Deganawida, der den Namen »The Great Peacemaker« (Der Große Friedensstifter) erhielt, ging als »Great Law of Peace«, das Große Gesetz des Friedens, in die Geschichte der Fünf, später Sechs Nationen ein. Es ist die Grundlage der Konföderation.[12]

Die Fünf Nationen entwickelten ein föderales Regierungssystem, dessen kleinste Einheit die Klans waren, etwa Bären-, Bieber- oder Schildkrötenklan. Die Klans entsandten jeweils drei Vertreter in die Ratsversammlung ihrer Nation, diese wiederum schickten Vertreter in den Großrat der Konföderation. Dieses ausgefeilte föderale Regierungssystem sollte im 18. Jahrhundert Benjamin Franklin und Thomas Jefferson beeindrucken. Franklin soll im März 1751 erklärt haben: »Es ginge schon mit seltsamen Dingen zu, wenn sechs Nationen unwissender Wilder fähig sein sollten, die richtige Staatsform für eine solche Nation zu finden […] – und eine solche Union nicht auch für zehn oder zwölf englische Kolonien anwendbar wäre.«[13] Der US-Kongress erkannte den Einfluss, den die Irokesen-Konföderation auf die Entwicklung der US-amerikanischen Verfassung hatte, in einer am 21. Oktober 1988 verabschiedeten Resolution an.

Die Haudenosaunee-Konföderation musste in den Auseinandersetzungen zwischen den Kolonialmächten und ihren Kämpfen um die Dominanz im Pelzhandel, im Amerikanischen Unabhängigkeitskrieg 1775 bis 1783 sowie im Britisch-Amerikanischen Krieg 1812 Position beziehen. Die Irokesen standen auf der Seite der

Briten gegen die Franzosen, die wiederum von der Wendat-Huronen-Konföderation unterstützt wurden. Aber auch die Sechs Nationen handelten nicht immer geschlossen. Im Amerikanischen Unabhängigkeitskrieg unterstützten sie mit Ausnahme der Oneida die Loyalisten und damit die britische Seite. Nach dem Sieg der Amerikaner siedelten viele Haudenosaunee unter Führung von Joseph Brant in der heutigen kanadischen Provinz Ontario. Im Britisch-Amerikanischen Krieg kämpften indianische Nationen überwiegend auf der Seite der Briten, der Krieg belastete aber auch die Beziehungen innerhalb der Haudenosaunee-Konföderation, weil einige Einheiten die USA unterstützten.[14] Die meisten indianischen Völker sahen die Briten als das geringere koloniale Übel, da sie bei den Briten im Vergleich zu den expansionistischen Amerikanern ein stärkeres Interesse vermuteten, die traditionellen Territorien der Indianer und den Handel mit ihnen aufrechtzuerhalten und zu schützen.

Widerstand gegen die europäischen Eindringlinge

Der Ottawa-Fluss ist Kanadas achtlängster Fluss. In der Geschichte des Landes spielt er eine wichtige Rolle. Über ihn stießen zunächst Samuel de Champlain und danach die Pelzhändler in das Landesinnere bis an die Georgian Bay vor, einer Bucht des Huron-Sees. Das Gebiet, durch das der Ottawa fließt, ist das traditionelle Siedlungsgebiet der Algonquin. Sie kontrollierten den Fluss, den sie Kichi sipi nannten, Großer Fluss. Für die Franzosen war er zunächst der »Grande Riviére des Algonquins«. Erst später erhielt er den Namen Ottawa, benannt nach einem indianischen Volk, das weiter westlich am Huron-See bis hinunter nach Detroit lebte, den Odawa oder Ottawa. Aus diesem Volk kommt ein Häuptling, der den erfolgreichsten Widerstandskrieg gegen die europäischen Invasoren führte: Chief Obwandiyag oder Pontiac, wie ihn die Engländer nannten.

2017 wurde auf der Québecer Seite des Ottawa-Flusses gegenüber dem kanadischen Parlament (im Hintergrund) eine Statue für Tessouat errichtet, einen Anishinabe/Algonquin-Chief des 17. Jahrhunderts, Foto von 2020.

Blicken wir zurück in das historisch wichtige Jahr 1763. Seit 1756 kämpfen die europäischen Großmächte im Siebenjährigen Krieg um die Vormachtstellung in Europa, in Nordamerika und in anderen Kolonialgebieten, womit er für viele Historiker als Weltkrieg gilt. 1759 siegen die Briten auf den Plains of Abraham vor den Toren Québecs über die Franzosen. Im Frieden von Paris vom Februar 1763 verliert Frankreich seine überseeischen Gebiete in Nordamerika.

Frankophone Pelzhändler – die sogenannten Coureurs des Bois (Waldläufer) und Voyageurs (Reisenden) – waren in den vorausgegangenen Jahrhunderten weit in das indianische Gebiet vorgestoßen. Die Franzosen beschränkten sich auf die Bildung kleiner Siedlungen und Missionen, die Voyageurs und Coureurs des Bois erlernten die indianischen Sprachen. Sie wurden zudem durch Ehen mit indianischen Frauen zu einem wichtigen Bindeglied zwischen den Repräsentanten der französischen Krone in Neufrankreich (Nouvelle France), wie das von Frankreich beanspruchte

Gebiet in Nordamerika genannt wurde, und den mit ihnen verbündeten indigenen Völkern.

Nun müssen Odawa, Huronen und andere indianische Völker fürchten, dass das punktuelle Eindringen der Franzosen durch den Zustrom einer großen Zahl englischer Siedler ersetzt wird. In dieser Lage gelingt es dem Odawa-Häuptling Pontiac, eine Allianz zu schmieden, die sich den britischen Eindringlingen entgegenstellt. Er gewinnt die Potawatomi und Huronen, dann auch die Ojibwa, Illinois, Delawaren, Shawnee und andere Völker für diese Allianz. Pontiac will zeigen, dass die indianischen Völker trotz des Sieges der Briten über die Franzosen die Herren des Landes sind, in dem sie und ihre Vorfahren seit Urzeiten leben. In der Region rund um die Großen Seen und im Tal des Ohio gewinnen die indianischen Streitkräfte mehrere Schlachten gegen die Briten, sie erobern Detroit und weitere Forts westlich von Niagara.[15] Letztendlich führt der indianische Widerstand und Pontiacs Krieg aber nicht zu dem erhofften Ziel, die Briten zurückzudrängen oder sie zumindest an der Übernahme französischen Territoriums zu hindern. Das Bündnis der indianischen Völker hält nicht lange. Die indianische Front zerfällt, weil verschiedene Nationen die Allianz mit Pontiac aufkündigen. Drei Jahre nach seinem Beginn endet Pontiacs Krieg. In Fort Ontario, dem heutigen Oswego im US-Staat New York, unterzeichnet er einen Friedensvertrag.

Eine »indianische Magna Charta«

Der Pontiac-Krieg hat dennoch weitreichende Folgen. Am 7. Oktober 1763 gibt der britische König Georg III. eine »Royal Proclamation«, eine Königliche Proklamation heraus. Sie regelt, wie das nunmehr britische Nordamerika regiert wird und welche Rechte die französischstämmige Bevölkerung haben soll, sie enthält Vorschriften über Handel und Landerwerb und Gründung von Siedlungen. Sie legt aber auch eine Grenzlinie zu einem riesigen Gebiet im Landesinneren fest, das als »Indian Reserve« bezeichnet wird. Dieses Gebiet westlich des Gebirgszugs der Appalachen sollte den indianischen Völkern vorbehalten sein. Ziel der Proklamation ist, die Beziehungen zu den indianischen Völkern zu stabilisieren. Die Briten wünschen sich Ruhe an der westlichen Grenze ihrer nordamerikanischen Atlantikkolonien. Expansion, wenn sie denn stattfindet, soll in geordneten Bahnen verlaufen.

Die zentrale Botschaft dieser Proklamation ist klar: Die »Nationen oder Stämme der Indianer« sollen das Land, das für sie als Jagdgründe vorbehalten ist, nutzen können, soweit sie es nicht an die Krone übergeben haben oder das Land von der Krone gekauft wurde. Kein Privatmann darf indianisches Land kaufen. Falls die indianischen Völker Land aus freien Stücken verkaufen wollen, dann nur an die Regierung, und dies im Rahmen »eines Treffens oder einer Versammlung« der Indianer. Damit werden die indianischen Völker als Verhandlungspartner anerkannt, die in einer Beziehung »Nation zu Nation« Landgeschäfte mit der britischen Krone abschließen.[16] Ein Jahr danach, im Sommer 1764, versammelten sich mehr als 2000 indigene Führungspersönlichkeiten in Niagara und ratifizierten die Proklamation als »Treaty of Niagara« mit der Krone.[17] Die Königliche Proklamation ist somit die erste konstitutionelle Basis für alle Verhandlungen über Landrechte und den Verkauf von Land. Sie wirkt bis heute. Die kanadische Verfassung von 1982 bezieht sich in Abschnitt 25 ausdrücklich auf die Proklamation von 1763. Als 2013 des 250. Jahrestags der »Royal Proclamation« gedacht wurde, wurde sie als »Kanadas ›indianische Magna Charta‹« bezeichnet.[18] Sie ist ein »entscheidendes Dokument in den Beziehungen zwischen indigenen und nichtindigenen Menschen in Nordamerika«. Denn die Proklamation erkennt die indianischen Nationen als autonome, politische Einheiten an, die zwar unter dem Schutz der britischen Krone leben, aber ihre eigene interne politische Autorität behalten. Sie ist die Basis für die Ausübung von Hoheitsrechten über das Land, das heute Kanada ist, durch die Ureinwohner und die Neuankömmlinge.[19]

Die Proklamation von 1763 hatte Folgen nicht nur für die Beziehungen zwischen britischen Kolonisten und indianischen Völkern. Siedler in den 13 Kolonien an der heutigen US-Ostküste waren verärgert, dass die Proklamation ihre Expansion nach Westen behinderte. Als ein Jahr später das britische Parlament auch noch die Québec-Akte verabschiedete, die zum Ärger der protestantischen Siedler nicht nur die religiösen Freiheiten der katholischen Québecer und das französische Zivilrecht garantierten, sondern das Gebiet der Kolonie Québec zudem bis an die Großen Seen und an den Ohio ausbreitete, wuchs der Unmut. In den amerikanischen Kolonien stieg das Verlangen nach Selbstbestimmung. 1775 brach der Revolutionskrieg aus. US-Milizen besetzten vorübergehend Montreal, der Versuch, die Stadt Québec zu erobern, scheiterte aber. 1776 erklärten die Vereinigten Staaten ihre Unabhängigkeit, die durch den Vertrag von Paris 1783 offiziell anerkannt wurde.[20]

Für die indianischen Völker war der Pariser Friedensvertrag von 1783 ein schwerer Rückschlag. Er hob die Landrechte, die ihnen in der Proklamation von 1763 zugestanden worden waren, wieder auf. Das Land westlich des Ohio-Flusses gehörte nun den jungen Vereinigten Staaten und ihren Bewohnern, die nach Expansion drängten. 1793 versuchten daher 29 indianische Nationen, eine neue Konföderation zu bilden, die sich den US-Amerikanern entgegenstellen sollte. Einer der Verhandlungsführer war Mohawk-Chief Joseph Brant (Mohawk-Name: Thayendanegea oder Tyendinaga) von den Sechs Nationen, der schon im Siebenjährigen Krieg und in der Amerikanischen Revolution auf der Seite der Briten stand. Die Bemühungen, ein Bollwerk gegen die vordringenden Amerikaner zu bilden, scheiterten aber an der Uneinigkeit der indianischen Völker.[21]

Unter den indianischen Völkern, die sich nun weiterem Zustrom amerikanischer Siedler ausgesetzt sahen, gewann eine neue Führungsperson an Statur: Tecumseh, der Häuptling der Shawnee. Er war ein erbitterter Gegner der US-Amerikaner, die sein Volk zu einem Vertrag gezwungen hatten, mit dem sie einen Großteil ihres

Landes an die Siedler hatten abtreten müssen. Sie hatten Tecumsehs Vater getötet und Shawnee-Dörfer zerstört. Als 1812 der Krieg zwischen Großbritannien und den USA ausbrach, stellte sich Tecumseh auf die Seite der Briten. Dies führte ihn und seine Krieger in das heutige Kanada. Seine Konföderation indianischer Nationen, zu der auch die in der heutigen kanadischen Provinz Ontario lebenden Delawaren gehörten, war der letzte große, am Ende aber vergebliche Versuch, indianisches Territorium vor dem Ansturm von Siedlern zu schützen.

Tecumseh und der Krieg von 1812

Denise Stonefish ist Chief der Delaware Nation of Moraviantown. Ihre Gemeinde Moraviantown und ihre Reservation liegen im Südwesten der kanadischen Provinz Ontario nördlich des Eriesees, etwa 70 Kilometer westlich der Stadt London. Rund 600 Mitglieder des Volkes der Delawaren leben hier, mehr als 1100 in anderen Gemeinden Ontarios oder außerhalb der Provinz.

Chief Stonefish ist stolz auf die Geschichte ihrer First Nation, deren Ursprünge in den heutigen US-Staaten New York, New Jersey, Delaware, Maryland, Pennsylvania und Ohio liegen. Die Delawaren, oder Lunaapeew, wie sie sich selbst nennen, gründeten Siedlungen am Delaware- und am Hudson-Fluss, betrieben Landwirtschaft, jagten, fischten und führten Handel mit anderen Nationen. Sie gehörten zu den ersten indigenen Völkern Nordamerikas, die Kontakt mit den Neuankömmlingen aus Europa hatten. Aber trotz ihrer Verträge im 17. Jahrhundert mit den Holländern und 1778 mit den USA mussten sie immer wieder Land abtreten und nach Westen ziehen. So kamen die Delawaren nach Ohio, Kansas, Texas und Oklahoma.[22]

Stark geprägt wurde die Geschichte der Delawaren durch die »Moravian Church«, die Herrnhuter Brüdergemeine, eine protestantische Glaubensgemeinschaft mit Wurzeln im heutigen Tschechien. Ab der ersten Hälfte des 18. Jahrhunderts missionierte die »Moravian Church« indianische Völker. Die Delawaren schlossen sich dieser Glaubensgemeinschaft an und hofften, dass die Partnerschaft mit dieser Kirche Schutz vor Gewalt und Kriegswirren bieten würde. Aber wieder wurden sie Opfer von Vertreibung. 1782 überfielen amerikanische Milizen die Delawaren-Gemeinde Gnadenhütten in Ohio und töteten mehr als 90 Delawaren, darunter viele Frauen und Kinder. Vermutlich war das Gnadenhütten-Massaker der Anlass, dass Delawaren nach Kanada in das damalige Gebiet Upper Canada zogen, wo sie den Ort Schönfeld (Fairfield) gründeten. Dort lebten sie einige Jahre in Frieden, dann erreichte wieder ein Krieg ihr Gebiet.

Am 18. Juni 1812 erklärten die USA Großbritannien den Krieg. US-Truppen und -Milizen rückten über den Niagara- und den Detroit-Fluss nach Upper Canada vor. Nach zweijährigen Kämpfen und 20 000 Toten wurde 1814 im Frieden von Gent eine Grenze gezogen, die der Vorkriegsgrenze entsprach und bis heute besteht. Ob sich eine der beiden Seiten als Sieger bezeichnen kann, ist bis heute unter Historikern umstritten. Der »War of 1812« war der letzte militärische Konflikt zwischen der damaligen britischen Kolonie, dem späteren Kanada, und den USA.

Die Delawaren hatten sich der Allianz unter der Führung von Shawnee-Chief Tecumseh angeschlossen. Auch Chippewa, Mississauga, Wendat und Ottawa gehörten zu diesem Bündnis. Für die Delaware Nation of Moraviantown hatte eine Schlacht eine besondere Bedeutung: Nahe ihrer Gemeinde Schönfeld kämpfte ein Heer unter Tecumseh und seines Kriegs-Chiefs Roundhead mit Beteiligung der Delawaren gegen die US-amerikanischen Truppen. »Wir standen an der Seite von Tecumseh und den anderen alliierten Kräften, First Nations und Briten, um unser Land gegen die eindringenden amerikanischen Soldaten zu behaupten«, erzählen die Delawaren heute. Für ihre Loyalität mussten sie einen hohen Preis zahlen. Ihr Dorf auf der Nordseite des Themse-Flusses wurde von Amerikanern, die sich zurückzogen, niedergebrannt. Dennoch

Tecumseh trifft den britischen General Isaac Brock, vermutlich 1812 zu Beginn des Krieges. Ölgemälde von Lorne K. Smith, circa 1920.

hatte der Kampf eine positive Folge. »Wir konnten in diesem Gebiet bleiben.« Bei einer Übernahme der Region durch die US-Milizen hätte den Delawaren eine weitere Vertreibung gedroht.

Die Schlacht vom 5. Oktober 1813, die als »Battle of the Thames« oder »Battle of Moraviantown« in die Geschichte dieses Krieges einging, endete für Tecumseh tödlich. Er wurde tödlich verwundet, als er sich nach der Flucht der Briten mit seinen Soldaten amerikanischen Truppen entgegenstellte. Wo er beerdigt wurde, ist nicht bekannt. Die Gemeinde wurde zwei Jahre später auf der anderen Seite der Themse neu aufgebaut und New Fairfield genannt. Wenig später erhielt sie den heutigen Namen Moraviantown. Ein Denkmal am Highway 2, der am Territorium der First Nation vorbeiführt, erinnert an die Schlacht und an Tecumseh.

Mehr als 10 000 Krieger der indianischen Nationen und der Métis, von den Großen Seen bis in das Tal des Sankt-Lorenz-Stroms, kämpften in den Schlachten dieses Krieges. Britische Generäle wie Sir Isaac Brock, der bereits am 13. Oktober 1812 in der Schlacht von Queenston fiel, schätzten ihre indigenen Mitstreiter als »außergewöhnliche Kämpfer«. Dass die Briten in diesem Krieg ihr kanadisches Territorium halten konnten, wird nach der gängigen kanadischen Geschichtsschreibung auch den First-Nations-Kämpfern gutgeschrieben.

Die indigenen Völker gehören aber zu den Verlierern des Krieges. Mit dem Tod von Tecumseh zerbrach seine Konföderation. In den Verhandlungen über den Friedensvertrag von Gent sollen die Briten versucht haben, die Schaffung eines »Indianerterritoriums« in den USA auszuhandeln, aber die US-Amerikaner sollen dies abgelehnt haben. Damit bedeutete der Krieg von 1812 für die indigenen Völker in »Britisch-Nordamerika« das Ende von Unabhängigkeit und Selbstbestimmung. Immer mehr Siedler kamen in ihr Land, in dem sie bald zur Minderheit wurden. Der Einfluss, den sie als strategisch wichtige Partner und aufgrund von Verträgen hatten, schwand. Innerhalb einer Generation sollte der Beitrag so vieler verschiedener Nationen, die mit ihren britischen und kanadischen Alliierten gegen einen gemeinsamen Feind gekämpft hatten, vergessen sein.[23]

Von Partnerschaft zu Unterwerfung

Nach dem Amerikanischen Unabhängigkeitskrieg waren etwa 40 000 Loyalisten, die zur britische Krone hielten, aus den USA nach Kanada gekommen. Auch indianische Völker, die auf der Seite der Briten gekämpft hatten, flohen nach Kanada. Nach dem Krieg 1812 bis 1814 verstärkte sich der Zustrom europäischer Siedler. Der Druck auf das Land der indianischen Völker stieg. Mit dem Ende des Krieges hatte sich Großbritannien als einzige Macht nördlich des 49. Breitengrads und nördlich des Sankt-Lorenz-Stroms und der Großen Seen etabliert. Militärische Allianzen mit den indigenen Bewohnern waren in den beiden Provinzen Upper

Canada – überwiegend das heutige Ontario – und Lower Canada – das heutige Québec – nicht mehr notwendig. Eine Ideologie europäischer Überlegenheit machte sich breit, die die frühere Partnerschaft verdrängte.

Zwischen 1764 und 1862 wurden insgesamt 30 Verträge abgeschlossen, die als »Upper Canada Land Surrenders« bezeichnet werden. In ihnen traten die First Nations Land an die Kolonialregierung ab. Sie erhielten Geld und Waren als Entschädigung, manchmal, aber nicht immer, auch Land, das als Reservation ausgezeichnet wurde. Bereits 1830 gab es nur noch vereinzelte Gebiete von Upper Canada, die nicht abgetreten waren, sogenanntes »unsurrendered First Nation land«. Als 1867 der kanadische Staat »Dominion of Canada« durch den »British North America Act« geschaffen wurde, war nahezu die gesamte Fläche der Provinz Ontario durch Vertrag an die Kolonialregierung abgetreten worden.[24] Es gab nur noch wenige Regionen, die »unceded territory«, nicht abgetretenes Land, waren.

Auch im Westen war von friedlicher Koexistenz nichts mehr übrig geblieben. Als Tsilhqot'in-Krieg ging eine Auseinandersetzung zwischen dem Volk der Tsilhqot'in und der Kronkolonie British Columbia in die Geschichte des Landes ein. Als 1864 für Siedler und Goldsucher eine Straße durch das Gebiet der Tsilhqot'in gebaut wurde, leistete das indianische Volk Widerstand. Viele Tsilhqot'in waren zuvor schon an den Pocken, die Weiße eingeschleppt hatten, gestorben. Zur Verteidigung ihres Landes griffen sie die Straßenarbeiter an. Vierzehn Arbeiter wurden getötet. Wenig später nahmen die Tsilhqot'in aber eine Einladung an, einen Friedensvertrag auszuhandeln. Als War Chief Lhatsassin und fünf weitere Chiefs guten Glaubens den Verhandlungsort erreichten, wurden sie festgenommen, vor Gericht gestellt und wegen Mordes zum Tode verurteilt. Am 26. Oktober 1864 wurden fünf Chiefs – Lhatsassin, Biyil, Tilaghed, Taqued und Chayses – erhängt, Chief Ahan wurde im darauffolgenden Jahr hingerichtet. Die Tsilhqot'in sahen die Verurteilung ihrer Chiefs stets als Unrecht, da es sich um eine kriegerische Auseinandersetzung zwischen Nationen gehandelt habe. Sie forderten einen posthumen Freispruch, auf den sie mehr als 150 Jahre, bis 2018, warten mussten.[25]

Als in Konferenzen ab 1864 über die Schaffung des Dominion of Canada zwischen den heutigen Provinzen Ontario, Québec, Nova Scotia, New Brunswick und Prince Edward Island verhandelt wurde, ließen die anglo- und frankokanadischen Politiker die ersten Völker Kanadas daran nicht teilnehmen. Sie spielten keine Rolle mehr. Sie hatten keinen Einfluss auf die Gestaltung der Konföderation, die dann 1867 gebildet wurde. Sollten die ersten Verträge der indigenen Bevölkerung noch Frieden, Freundschaft, Respekt und Schutz bieten, rückten in den Beziehungen zwischen dem Staat und den indigenen Völkern nun Kontrolle und Bevormundung in den Vordergrund. Das »Stammessystem« stand dem neuen jungen Staat im Weg. Ziel war die völlige Assimilierung der ehemals selbstbewussten und selbstständigen Völker.[26]

Eine Nation am Nass River

»Modern Treaties« und das Ringen um Landrechte

Der Skeena ist ein gewaltiger Fluss. An seinen Ufern ragen Berge mit dichten Wäldern in die Höhe. Manchmal wird das dunkle Grün von weißen Bändern durchbrochen: Sturzbäche fließen in das Tal, an Klippen bilden sich Wasserfälle. Wir fahren auf dem Trans-Canada Highway entlang des Skeena vom Küstenstädtchen Prince Rupert im Norden der Pazifikprovinz British Columbia in das Territorium der Nisga'a. Die Wolken hängen an diesem Septembertag 2019 tief, und Nebelschwaden ziehen durch das Tal.

Der Skeena ist einer der größten und wichtigsten Wanderwege für Lachse. In guten Jahren wandern mehrere Millionen Fische stromaufwärts zu ihren Laichgründen. Die Regenwälder, die den Fluss säumen, sind Heimat von Weißkopfseeadlern, Wölfen und Bären. Wer einmal durch diese Wälder ging, die gewaltigen Bäume und die umgestürzten, von Moos bedeckten Riesen sah, wird sich der Faszination, die von den Regenwäldern ausgeht, nicht entziehen können. Er wird verstehen, warum die indigenen Völker eine so intensive Beziehung zum Regenwald haben, der ihre Geschichten und ihre Geschichte bis in den heutigen Tag prägt.

In Küstennähe ist dieser Wald als »Regenwald des Großen Bären«, Great Bear Rainforest bekannt. Durch diesen Regenwald streift der Kermode-Bär.[1] Die First Nations dieser Region, die Tsimshian, Gitxsan, Wet'suwet'en und Nisga'a, nennen ihn Spirit Bear oder Ghost Bear. Er ist ein Schwarzbär, der wegen einer genetischen Variante ein helles Fell hat. Für die First Nations hat der Bär eine spirituelle Bedeutung. Der Rabe, Schöpfer der Erde, wollte, dass sich die Menschheit später an die Zeit erinnert, in der die Erde weiß und von Eis bedeckt war. Daher vereinbarte er mit

Gemeindeverwaltung von Gitlaxt'aamiks, eine der Nisga'a-Gemeinden, 2019.

dem Schwarzbären, dass jeder zehnte Schwarzbär weiß sein sollte. Dafür sollte der Schwarzbär immer und ewig in Frieden und Sicherheit leben. Geschätzt wird, dass etwa 400 Kermode-Bären ein völlig weißes Fell haben. Da der Spirit Bear übernatürliche Fähigkeiten hat und sich unsichtbar machen kann, müssen Menschen viel Glück haben, um ihn sehen zu können.

Wir hatten dieses Glück nicht, nicht bei unseren Wanderungen im Regenwald und natürlich auch nicht auf unserer Fahrt entlang des Skeena nach Terrace. Die Stadt Terrace liegt auf dem traditionellen Territorium der Kitsumkalum, die zur Tsimshian-Nation gehören. Hier verlassen wir den Trans-Canada Highway und fahren auf dem Highway 113, dem Nisga'a Highway, nach Norden in das Nisga'a-Gebiet. 97 Kilometer sind es von Terrace nach Gitlaxt'aamiks, dem Hauptort der Nisga'a-Nation, der früher New Aiyansh hieß. Die Hinweisschilder am Straßenrand geben auch die Distanz zu den drei anderen Nisga'a-Dörfern an: Gitwinksihlkw 103 Kilometer, Laxgalts'ap 139 Kilometer und Gingolx 169 Kilometer. Sie liegen am Lisims, wie die Nisga'a den Nass River nennen. Die Nisga'a sind »das Volk des Nass River«.

Wir erreichen den Lava Lake. Milchig-grün schimmert das Wasser. Wir sind im Nisga'a-Territorium. »The Nisga'a Nation Welcomes You«, verkündet ein Schild am Straßenrand, ein Willkommensgruß der vier Klans der Nisga'a, Wolf, Adler, Rabe und Schwertwal. Das Tal öffnet sich. Links und rechts des Highway liegt eine Ebene aus dunklem Lavagestein, das von grauen Flechten und grünem Moos bedeckt wird. In den Vertiefungen, die der Lavastrom hinterließ, sammelten sich über Jahrzehnte Sand, Erde und Laub und bildeten die dünne, aber ausreichende Grundlage für neues Leben. Bäume, die Bonsais gleichen, Büsche und Farne wachsen hier im »Nisga'a Memorial Lava Bed Provincial Park«, den die Nisga'a in ihrer Sprache »Anhluut'ukwsim Laxmihl Angwinga'asanskwhl Nisga'a« nennen. Er wird von den Nisga'a und der Regierung British Columbias gemeinsam verwaltet und gilt als Modell für eine erfolgreiche Kooperation.

Der Park ist gewissermaßen das Herz des Nisga'a-Territoriums. Hier brach Mitte des 18. Jahrhunderts, vor mehr als 250 Jahren, ein Vulkan aus. Es war die bislang letzte große Vulkaneruption in Kanada. Glühende Lava ergoss sich über Dörfer der Nisga'a. Geschätzt wird, dass 2000 Menschen ums Leben kamen. Der Park markiert somit nicht nur ein geologisches Ereignis. Er ist ein Friedhof und der Ort, an dem die Vorfahren geehrt werden. Ein Weg führt über das Lavafeld zu einem Aussichtspunkt auf einem Hügel. Vor uns liegt das Lavatal in seiner rauen Schönheit, ein Kontrast zu den umliegenden Wäldern. Hier lebten Menschen, bevor sie von der Katastrophe überrascht wurden.

Der Weg der Nisga'a aus der Bevormundung

In ihrem Büro im Regierungsgebäude in Gitlaxt'aamiks treffe ich Eva Clayton, die Präsidentin der Nisga'a-Nation. Seit 2016 ist sie im Amt, die erste Präsidentin der Nisga'a und damit Sprecherin ihres Volkes.[2] Ich erzähle Eva Clayton von meinem Besuch im »Lava

Bed Provincial Park«. Sie nickt zustimmend, als gebe sie mir nachträglich die Erlaubnis. Dann sagt sie mit ruhiger, nachdenklicher Stimme: »Es ist ein wichtiger Ort für uns alle. Unter der Lava liegen meine Vorfahren.«

Die Nisga'a-Nation hat rund 7000 Bürgerinnen und Bürger. Die vier Gemeinden am Nass River zählen aber nur etwa 3000 Einwohner. Mehr als die Hälfte der Nisga'a lebt in Terrace, Prince Rupert und Vancouver. Das Regierungsgebäude in Gitlaxt'aamiks ist ein schmuckes zweigeschossiges Bauwerk im Blockhausstil mit großen Fenstern. Hier arbeiten Regierung, genannt Nisga'a Lisims Government, und Verwaltung, und hier kommt das 36 Mitglieder zählende Parlament Wilp Si'ayuukhl Nisga'a zusammen, um Gesetze zu beraten. Vor dem Regierungssitz steht ein Totempfahl, der die Geschichte der Klans erzählt. Im Innern schmücken Masken der Nisga'a die Wände.

In früheren Zeiten, in denen die Nisga'a weitgehend unter der Kuratel der Bundesregierung nach dem »Indian Act« standen, eingeschränkt in ihrer Entscheidungskompetenz, hätte ich den Präsidenten oder Chief der Nisga'a in einem »Band Office« getroffen: in einem billigen Wohncontainer. Aber seit 20 Jahren leben die Nisga'a nicht mehr unter dem »Indian Act«, sondern unter einem Vertrag, dem »Nisga'a Final Agreement«, den sie mit der Bundes- und Provinzregierung ausgehandelt haben.[3] Kanadas Verfassung spricht nur sehr allgemein von der Anerkennung der Rechte der indigenen Völker. Der Vertrag dagegen beschreibt wie die meisten anderen »modernen Verträge«[4] konkret die Rechte der Nisga'a an ihrem Land, ihre Selbstverwaltung und Selbstbestimmung. Wenige Monate nach Inkrafttreten des Nisga'a-Vertrags am 11. Mai 2000 konnten Regierung, Verwaltung und Parlament der Nisga'a den neuen Sitz in Gitlaxt'aamiks beziehen. »Dieses Gebäude zeigt den Stolz unserer Nation darüber, was wir in diesen Jahren erreicht haben«, sagt Eva Clayton. »Der Nisga'a-Vertrag war der Weg aus dem Indian Act und der Bevormundung. Wir haben unseren Weg, der uns nach Kanada führte, ausgehandelt und können jetzt eigene

Entscheidungen treffen. Wir entscheiden, was auf Nisga'a-Land im Tal des Nass River geschieht.«[5] Eva Claytons Worte zeigen, dass sich die Nisga'a nun diesem Land Kanada zugehörig fühlen. Was bedeutet der Vertrag für die Elders, die so lange für diese Rechte gekämpft haben? »Sie wissen, dass für ihre Kinder und Enkel gesorgt ist und dass sie Entfaltungsmöglichkeiten haben, die sie selbst niemals hatten.«

Ich habe die Nisga'a-Nation als Beispiel für die modernen Verträge gewählt, weil ich seit 1997 die Verhandlungen, die Paraphierung des Vertrags ein Jahr später und die parlamentarische Beratung bis zur Verabschiedung verfolgt hatte. In jenen Monaten erlebte ich in Ottawa den damaligen Nisga'a-Präsidenten Joe Gosnell. »Wir sind jetzt nicht mehr Bettler auf unserem eigenen Land«, sagte er. Die Nisga'a schlossen sich Kanada und British Columbia als freie Bürger an und ließen die Ära der Erniedrigung, der Zerstörung und des kulturellen Genozids hinter sich. So formulierte es damals Chief Gosnell.

Als der Vertrag im Frühsommer 2000 in Kraft trat, feierten die Nisga'a mit Trommelmusik, Tänzen und Gesang in Gitwinksihlkw die »Geburt ihrer Nation«. Mehr als 2000 Menschen – viele in den traditionellen schwarz-roten Gewändern gekleidet und mit geschnitzten Holzmasken geschmückt – zelebrierten das historische Ereignis. Bis dahin hatte das Nisga'a-Land aus kleinen Reservationen mit einer Fläche von insgesamt 62 Quadratkilometern bestanden. Der Vertrag weitete dies nun auf 1992 Quadratkilometer aus. Die Rechte der Nisga'a bei der Ausbeutung der Bodenschätze, in Forstwirtschaft und Fischfang wurden festgeschrieben, ebenso Regierungs- und Verwaltungsaufbau und die Schaffung eines eigenen Bildungssystems, eines Justiz- und Polizeiapparats. Der bevormundende »Indian Act«, der ihre Handlungsfreiheit selbst in der Reservation einschränkte, galt nicht mehr. Die Nisga'a erhielten die Hoheit, kommunale Steuern zu erheben. Schrittweise endeten aber Vorschriften nach dem »Indian Act«, die sie von Bundessteuern freistellten: Nach einer zwölfjährigen Übergangsfrist endete die

Eva Clayton, Präsidentin der Nisga'a-Nation 2019.

Befreiung von der Steuerpflicht. Bund und Provinz überwiesen den Nisga'a in den ersten 14 Jahren des Vertrags insgesamt rund 200 Millionen kanadische Dollar.[6] Vor 20 Jahren meldeten sich auch Kritiker zu Wort. Sie rügten, dass sich die Nisga'a mit einem Territorium begnügten, das mit knapp 2000 Quadratkilometern deutlich kleiner ist als das traditionelle Territorium. Sie berücksichtigen dabei aber nicht, dass das »Nisga'a Final Agreement« der Nisga'a-Nation Rechte sichert, die über die 2000 Quadratkilometer Land hinausgehen. In der »Nass Wildlife Area«, etwa 14 000 Quadratkilometer, haben sie Jagdrechte, und ihre Fischfangrechte erstrecken sich über das gesamte Nass-Gebiet, das rund 26 000 Quadratkilometer umfasst.

Heute ist bei Gesprächen in den Nisga'a-Gemeinden immer wieder Genugtuung darüber zu vernehmen, dass die Nisga'a nun selbst entscheiden können und eine Regierung haben, die auf ihrem Territorium residiert, nicht fernab in Victoria oder Ottawa. Zu den sichtbaren Veränderungen gehört, dass es in allen vier Gemeinden jetzt Grundschulen gibt und in Gitlaxt'aamiks zudem eine Highschool mit Lehrern, die aus dem Nisga'a-Volk kommen und auch diese Sprache lehren. »Die Nisga'a-Verfassung verpflichtet uns, unsere Sprache zu schützen. Wir sind auf der Liste der aussterbenden Sprachen«, sagt Eva Clayton. Aber sie hofft, dass eine Trendwende möglich ist. Auch Gemeindemitglieder, die nicht mehr in der Schule sind, aber ihre Sprachkenntnisse wiederbeleben wollen, können Unterricht nehmen. Das Land sieht zudem einen stetigen Zustrom von Nisga'a, die in den Jahren vor dem Vertrag in die Städte abwanderten, weil sie sich dort ein besseres Leben erhofften, nun aber zurückkehren wollen. Dafür muss das Gesundheits- und Bildungswesen gestärkt und Wohnraum geschaffen werden. Mit Zuschüssen bis zu 50 000 Dollar können Nisga'a rechnen, die ein Unternehmen gründen. Beispiele dafür sind ein Café in Gingolx oder ein Unternehmen, das Touren auf dem Nass River und in die Regenwälder anbietet. Eine kommerzielle Fischereiwirtschaft wird aufgebaut, die auf Diversität setzt und nicht nur Lachse, sondern auch Seeigel und Krabben für den lokalen und überregionalen Markt liefern will. »Wohlstand kommt nicht über Nacht«, sagt Eva Clayton. »Auch Rom wurde nicht an einem Tag erbaut. Unsere Leute verstehen das.«

1000 Kilometer mit dem Kanu

113 Jahre lang hatten die Nisga'a darauf gewartet, über ihr Land entscheiden zu dürfen: 1887 paddelte eine Delegation des Volkes in einem Kanu 1000 Kilometer in die Provinzhauptstadt Victoria, um über Landrechte zu verhandeln. Die Nisga'a hatten nie einen Vertrag mit Kanada oder British Columbia abgeschlossen und hatten somit ihr traditionelles Siedlungsgebiet nie abgetreten. Nun wollten sie die Anerkennung ihrer Rechte, die 1763 in der Königlichen Proklamation bestätigt worden waren, einfordern. Auf der Treppe zum Parlament aber wurden sie schroff zurückgewiesen. 1913 versuchten sie es mit einer weiteren Petition, die sie an den Privy Council, den Kronrat in London, schickten. Ohne Ergeb-

nis. Es sollte viele Jahrzehnte dauern, bis sie am Ziel waren. Immer wieder wurden ihnen und anderen indigenen Gemeinden Kanadas auf dem Weg zur Selbstbestimmung Steine in den Weg gelegt. Die Bundesregierung verbot 1927 indigenen Völkern, Organisationen zu bilden, die mit dem Staat über Landrechte diskutieren sollten. Bis 1951 waren Initiativen zu Landrechtsfragen untersagt. Und erst 1960 erhielt die indigene Bevölkerung das Recht, an Wahlen zum Bundesparlament teilzunehmen.

Dass die Nisga'a und mit ihnen viele indigene Nationen Kanadas heute unter »modernen Verträgen« leben oder diese jetzt mit Bundes- und Provinzregierungen aushandeln, haben sie einem Mann zu verdanken, der 1955 den Kampf um Landrechte der Nisga'a aufgenommen hatte: Frank Calder. Sein Vater war Chief der Nisga'a. Nach dem Besuch einer Residential School war er einer der ersten indigenen Studenten an der University of British Columbia. Er wurde selbst Chief und 1949 der erste indigene Abgeordnete eines Parlaments in Kanada, des Provinzparlaments von British Columbia. 1967 initiierte Frank Calder, unterstützt von dem Juristen Thomas Berger, ein Gerichtsverfahren, in dem die Nisga'a Anspruch auf das von ihnen traditionell genutzte Land erhoben. Sie pochten darauf, dass ihre Rechte, die in der Königlichen Proklamation von 1793 festgeschrieben worden waren, fortbestehen und als Bestandteil des kanadischen Rechts niemals erlöschen. Das Verfahren endete im Januar 1973 mit einer Entscheidung des Supreme Court of Canada, des höchsten kanadischen Gerichts. Es war ein gespaltenes Urteil, in dem der Anspruch der Nisga'a auf ihr Land letztendlich an einer verfahrenstechnischen Erwägung eines der sieben Richter scheiterte. Der Supreme Court stellte aber fest, dass es im kanadischen Recht »indigene Titel« gibt – das Recht indigener Völker an der Nutzung des Landes, das traditionell über Generationen hinweg ihr Lebensraum war.

Während Frank Calder und die Nisga'a um die Rechte aller First Nations in Kanada kämpften, drohte Gefahr von höchster Ebene. Premierminister Pierre Trudeau und sein Minister für »Indian Affairs and Northern Development«, der spätere Premierminister Jean Chrétien, legten 1969 ihr »White Paper« vor, offiziell »Statement of the Government of Canada on Indian Policy« genannt. Es hatte die Beendigung des speziellen Status und spezieller Rechte der Ureinwohner und die Aufhebung des »Indian Act« zum Ziel. Dadurch sollte den indigenen Völkern gleichberechtigte Teilhabe im kanadischen Staat ermöglicht werden. In den Augen vieler indigener Repräsentanten aber war es nicht mehr als ein erneuter Versuch der Assimilierung.[7] Es war, wie mir 1978 der Cree Ivan McNab sagte, ein Plan, »wie man die Indianer loswird, wie man aus Indianern braune Weiße macht«.[8] Für den früheren Juraprofessor Trudeau dagegen war das Modell von Nationen innerhalb einer Nation nicht akzeptabel. Der Widerstand der indigenen Völker, darunter des National Indian Brotherhood, der heutigen AFN, veranlasste Trudeau aber, das Papier ein Jahr später zurückzuziehen. Verärgert soll der Premierminister erklärt haben: »Wir werden sie im Getto halten, so lange sie es wollen.«

Das »White Paper«, der Widerstand der indigenen Bevölkerung Kanadas und das Calder-Urteil hatten weitreichende Folgen. First Nations, Métis und Inuit sahen sich durch das Urteil gestärkt. Unmittelbar nach der gerichtlichen Entscheidung kamen die Chiefs der Yukon First Nations zusammen und machten sich auf den Weg nach Ottawa, um Pierre Trudeau ihre Denkschrift *Together Today for Our Children Tomorrow* zu überreichen.[9] Ein halbes Jahr später vollzog die kanadische Bundesregierung eine Kehrtwende und legte ein Papier zu »comprehensive landclaims«, umfassenden Landrechten und Landansprüchen, vor. Es war die Basis für moderne Verträge, »modern treaties«. »Calder öffnete die Tür für alle First Nations«, sagt Nisga'a-Präsidentin Clayton mit berechtigtem Stolz auf einen ihrer Vorgänger.

Seit dem Fall Calder wurden die indigenen Rechte in Kanada nicht nur durch ihre Anerkennung in der Verfassung gestärkt. Im April 1977 veröffentlichte eine Kommission, die von Thomas Berger geleitet wurde, ihre Empfehlungen zum Bau einer Erdgas-Pipeline durch das Tal des Mackenzie-Flusses. Berger, der Calder im Verfahren gegen British Columbia vertreten hatte, überprüfte mögliche Auswirkungen des Pipeline-Projekts auf die Umwelt und die Rechte der indigenen Völker. Die Kommission empfahl, das Projekt zurückzustellen, bis die Landrechte im Tal des Mackenzie geklärt sind. Sie schlug ein zehnjähriges Moratorium vor, um in dieser Zeit die Ansprüche der indigenen Völker dieser Region zu klären.

Kurz vor Abschluss der Verhandlungen über den Nisga'a-Vertrag fällte der Supreme Court of Canada im Dezember 1997 zudem mit seiner Delgamuukw-Entscheidung ein bahnbrechendes Urteil, das die indigenen Rechte weiter stärkte. In diesem Verfahren, das Earl Muldoe Delgamuukw im Namen der Völker der Gitksan und der Wet'suwet'en betrieb, erhoben diese Anspruch auf mehr als 58 000 Quadratkilometer Land, das sie vor Holzeinschlag schützen wollten. Eine Vorinstanz hatte geurteilt, dass die First Nations ihre Ansprüche verloren hatten, als British Columbia 1871 der kanadischen Föderation beitrat. Nun fiel das Urteil anders und im Sinne der Kläger aus: Es sprach den indigenen Völkern umfassende Rechte an ihren Siedlungsgebieten zu. Er widersprach den Vorgerichten, dass die indigenen Ansprüche »ausgelöscht« seien. Die indigenen Völker müssen ihre Ansprüche allerdings nachweisen: Sie müssen gegenüber anderen First Nations und den ankommenden Europäern deutlich gemacht haben, dass sie das Land kontinuierlich genutzt und bewohnt hatten und es integraler Teil ihrer Kultur war. Dafür müssen sie Nachweise haben, zu denen auch mündliche Überlieferungen gehören können. Dies ist eine der vielen bemerkenswerten Festlegungen des Gerichts: Mündliche Überlieferungen, »oral history«, wird als Dokument anerkannt. Zugleich ermahnte der Gerichtshof Bund und Provinzen, Landrechte mit den indigenen Völkern auf dem Verhandlungsweg zu klären.[10] Spätestens seit diesem Urteil ist klar, dass in Kanada nicht mehr über die Köpfe der indigenen Völker hinweg über die Nutzung ihres Territoriums entschieden werden kann und dass diese Rechte und Titel an ihrem Land haben.

In den darauffolgenden Jahren stärkte der Supreme Court die Rechte der indigenen Bevölkerung in weiteren Grundsatzentscheidungen. In einem Verfahren, das die Haida initiiert hatten, die seit mehr als 100 Jahren die Rechte an Haida Gwaii, der früheren Queen Charlotte Islands vor der Küste British Columbias, für sich beanspruchen, verpflichtete er die Provinzregierungen, die Ureinwohner zu konsultieren, bevor sie Unternehmen gestatten, von First Nations beanspruchte Territorien für Forstwirtschaft oder Bergbau zu nutzen.[11] Eine weitere wichtige Entscheidung fällte der Oberste Gerichtshof des Landes 2014 in dem Verfahren der Tsilhqot'in-Nation gegen die Provinz British Columbia, als er den Tsilhqot'in Rechtstitel an 1700 Quadratkilometer Land zusprach, das sie traditionell bewohnt hatten: Wirtschaftliche Nutzung des Landes durch Dritte bedarf der Zustimmung des indianischen Volkes. Damit endete ein mehrjähriges Gerichtsverfahren, mit dem sich die Tsilhqot'in gegen die Genehmigung von Holzeinschlag durch ein Forstunternehmen auf ihrem Gebiet gewehrt hatten.[12] Dass so viele wichtige Gerichtsentscheidungen Konflikte in der Pazifikprovinz British Columbia betrafen, ist nicht verwunderlich: Hier wurden in der Kolonialzeit und in den ersten Jahrzehnten nach der Staatsgründung Kanadas keine Verträge zwischen Regierungen und First Nations geschlossen, sodass die Rechtsunsicherheit über indigene Titel am Land dort besonders groß war.

Die Fortentwicklung des Rechts spiegelt sich nun in zahlreichen »modernen Verträgen« wider, die seit Beginn der 1970er Jahre in Kanada ausgehandelt wurden. Sie gehen sehr tief ins Detail, und da meist drei Verhandlungsparteien am Tisch sitzen – das indigene Volk, die Bundesregierung und die Provinz- oder Territorialregierung –, können sich Verhandlungen über Jahrzehnte erstrecken. Durch die Verträge wird eine neue Entscheidungsebene nach Bund, Provinz / Territorium und Kommunen anerkannt: die Regierung einer indigenen Einheit. Sie schafft eine neue Beziehung innerhalb der kanadischen Föderation, die die Kooperation von Regierungen und die Abgrenzung ihrer Kompetenzen, die Landnutzung einschließlich der Ressourcennutzung durch Bergbau und Forstwirtschaft, die Sozialleistungen, die Finanzhoheit und Finanztransfers und das Sozial- und Kulturleben umfasst. Erreicht wird dadurch auch Berechenbarkeit und Vorhersehbarkeit etwa bei Investitionsentscheidungen. Bis zum Jahr 2000 waren Landrechtsfragen der Schwerpunkt der Verträge. Sie waren meist »comprehensive land claim agreements«, umfassende Vereinbarungen über Landansprüche. Seit 2000 sind Selbstverwaltung und Selbstregierung Bestandteil der modernen Verträge. In der »Land Claims Agreements Coalition« (LCAC) haben sich First Nations, Inuit und Métis zusammengeschlossen, die »moderne Verträge« mit dem kanadischen Staat ausgehandelt haben. Sie sehen in den heutigen Verträgen »die Basis für eine neue, positive Beziehung zwischen der indigenen Bevölkerung und der weiteren kanadischen Gesellschaft«.[13]

Von Meer zu Meer zu Meer

Die Entwicklung zu »modernen Verträgen« setzte nahezu zeitgleich in den USA und Kanada ein. In Alaska hatten sich Inuit und indianische Völker zur »Alaska Federation of Natives« zusammengeschlossen und nach der Entdeckung von Ölvorkommen in Alaska mit der US-Regierung einen Vertrag ausgehandelt. Er trat 1971 als »Alaska Native Settlements Act« in Kraft und gilt als erster neuerer Vertrag zwischen einer Regierung und den indigenen Völkern in Nordamerika.[14]

Sehr bald folgten »moderne Verträge« in Kanada. Der geplante Bau von Wasserkraftwerken auf dem Land der Cree und der Inuit in Québec führte 1975 zum Abkommen »James Bay and Northern Québec«, das die Regierungen Kanadas und Québecs, das Energieunternehmen Hydro-Québec, der Große Rat der Cree von Québec und die »Northern Québec Inuit Association« aushandelten. Dies war der erste große Vertrag über Landrechte zwischen der Regierung Kanadas und den indigenen Völkern seit den Verträgen des 19. und frühen 20. Jahrhunderts. Vorbehalte gegen diese neue Politik kamen auch aus First Nations. Befürchtet wurde, dass sich die indigenen Völker ihre Rechte abkaufen lassen. Die Geschichte zeigt aber, dass indigene Rechte durch »moderne Verträge« gestärkt werden.

Für die vier Siedlungsgebiete der Inuit in der kanadischen Arktis, die sich von der Atlantikküste bis zum Arktischen Ozean erstrecken, handelten der Staat und die Inuit-Organisationen Verträge aus. Es sind die Gebiete Nunatsiavut in Labrador, was »unser schönes Land« heißt, Nunavik, »großes Land«, in Nord-Québec und Nunavut, »unser Land«. Hinzu kommt die Region in den Nordwest-Territorien, in der die Inuvialuit leben, »the real people«, »die wirklichen Menschen«.[15] Als Meilenstein gelten insbesondere das »Nunavut Land Claims Agreement« von 1993 und die Gründung des von Inuit dominierten Territoriums Nunavut sechs Jahre danach.

Auch in anderen Regionen gab es Fortschritte. Die First Nations des Yukon-Territoriums im äußersten Norwesten Kanadas verständigten sich 1988 mit der Bundesregierung und der Regierung des Yukon auf ein Rahmenabkommen, das sogenannte »Umbrella Final Agreement«. Es ist kein Rechtsdokument, sondern eine politische Vereinbarung. Es beschreibt die Rechte an der Nutzung des Landes von First Nations, enthält Entschädigungsregelungen, Vorschriften über Selbstregierung und vieles mehr. Dieses Dokument stellte die Basis für Verhandlungen der 14 First Nations des Yukon mit den Regierung dar. Seitdem haben unter dem Schirm dieser Vereinbarung elf First Nations des Yukon »moderne Verträge« mit der Bundes- und Territorialregierung abgeschlossen, darunter die Kluane, die Vuntut Gwitchin, die Teslin Tlingit und die Champagne and Aishihik First Nations. »Wir haben heute eine junge Generation, die weiß überhaupt nicht mehr, was Indian Act bedeutet«, sagt Kluane Adamek, Regional Chief der First Nations des Yukon. »Wir haben den Indian Act hinter uns gelassen.«

In den Nordwest-Territorien kamen die Déline, Sahtu Dene und Métis sowie die Tlicho zu Vereinbarungen mit den Regierungen Kanadas und des Territoriums. Das 2003 in Rae-Edzo am Großen Sklavensee unterzeichnete Tlicho Agreement, das ein Gebiet von 39 000 Quadratkilometern abdeckt, war das erste für die Nordwest-Territorien, das Land- und Selbstregierungsrechte enthielt. Die 3000 Tlicho sind auch unter ihrem englischen Namen Dogrib bekannt, weil sie nach ihrer Kosmologie aus der Rippe eines Hundes geschaffen wurden. Ihr Gebiet ist dünn besiedelt, aber wirtschaftlich bedeutend: Es ist Kanadas Diamantenregion.

In British Columbia haben neben den Nisga'a auch die Maanulth First Nations auf der Vancouver-Insel mit insgesamt fünf First Nations, die Tsawwassen First Nation und die Sechelt Indian Band sowie die Westbank First Nation im Okanagan-Tal Verträge geschlossen. Als vorerst Letzte folgte die Tla'amin Nation an der Sunshine Coast bei Powell River. Als die Tla'amin am 5. April 2016 um Mitternacht mit einer Zeremonie vor ihrem damals noch nicht fertiggestellten Regierungsgebäude die neue Epoche feierten, verbrannten sie ein Exemplar des »Indian Act« als Symbol für Freiheit und das Ende der kolonialen Zeit.[16] Es war für sie »Heilung und Feier« zugleich, wie Hegus Clint Williams auf der Land-Claims-Konferenz in Ottawa sagte. Hegus ist das Tla'amin-Wort für Chief. Dass sich der Regionalbezirk Powell River zu »qathet Regional District« umbenannt hat, sehen die Tla'amin als Symbol für die engen Beziehungen und Fortschritte im Reconciliation-Prozess, »qathet« heißt in ihrer Sprache »zusammenarbeiten«.

Seit dem James-Bay-Abkommen wurden insgesamt 25 »moderne Verträge« ausgehandelt. Achtzehn dieser Verträge enthalten auch Bestimmungen über Selbstregierung oder haben ein begleitendes Zusatzdokument über Selbstregierung. Hinzu kommen vier Verträge, die ausschließlich Selbstregierung festlegen, aber nicht umfassend die Landrechte beschreiben. Ein Beispiel dafür ist das Abkommen über Selbstregierung der Cree in Eeyou Istchee, den Cree-Gemeinden an der James Bay und in Nord-Québec. Das Abkommen von 2017 gibt den Cree auf dem Gebiet ihrer Gemeinden weitreichende kommunale Selbstverwaltungsrechte.

Die »modernen Verträge« decken nun ein Gebiet ab, das von der Atlantikküste im Osten zur Küste des Arktischen Ozeans im Norden und bis zum Pazifik im Westen reicht. Die modernen Verträge erstrecken sich über Teile von sechs Provinzen und die drei Territorien. 600 000 Quadratkilometer Land sind aufgrund der Verträge als Eigentum der indigenen Völker ausgewiesen. Aber ihre Mitspracherechte gehen, wie beim Nisga'a-Vertrag dargelegt, über dieses Eigentum hinaus. Die Verträge initiierten einen Kapitaltransfer von mehr als 3,2 Milliarden kanadischen Dollar – umgerechnet etwa 2,1 Milliarden Euro – von der Bundes- und den Provinzregierungen an die indigenen Nationen. Anfang 2020 standen rund 80 indigene Nationen in Verhandlungen mit der Bundes- und den Provinzregierungen über einen »modern treaty«.[17] Die kanadische Regierung bezeichnet die »modernen Verträge« als kanadische Besonderheit und »reconciliation in action«, was mit gelebter, praktizierter Versöhnung übersetzt werden kann.

So leben heute etwa 100 indigene Gemeinden der First Nations, Inuit und Métis mit etwa 90 000 Menschen unter »modern treaties«. Es sind überwiegend zahlenmäßig kleinere First Nations, und auch die Inuit-Territorien sind relativ dünn besiedelt. Darüber hinaus gibt es Regionen Kanadas mit indigener Bevölkerung, für die bisher überhaupt keine Verträge abgeschlossen wurden. Die Mehrheit der First-Nations-Bevölkerung aber lebt in Gebieten, für die nicht die »modern treaties«, sondern die 70 »historischen Verträge« aus den Jahren 1700 bis 1923 gelten. Dazu gehören auch die »numbered treaties«, elf durchnummerierte Verträge, die die kanadische Regierung nach der Staatsgründung zwischen 1871 und 1921 mit First Nations und Métis geschlossen hatte. An diesen Verträgen halten die betreffenden First Nations fest. Warum, zeigt ein Blick zurück auf die Zeit der »historischen Verträge«.

Missverständisse und Täuschung

»Numbered treaties«, die Besiedlung des Westens und kolonialistische Gesetze

Wir sind im Frühjahr 1921. Die kanadische Bundesregierung in Ottawa hat großes Interesse daran, mit den indianischen Völkern der heutigen Nordwest-Territorien einen Vertrag über die Nutzung ihres Landes abzuschließen. Der Grund: In dem Gebiet werden reiche Ölvorkommen vermutet. Alexander Mackenzie, der 1789 den jetzt nach ihm benannten Fluss erkundete, hatte bei seiner Forschungsreise Spuren von Öl entdeckt, die darauf schließen lassen, dass im Boden Ölvorkommen liegen. Das Volk der Dene weiß dies, denn es nennt dieses Gebiet Le Gohlini, »wo das Öl ist«.[1] Aber erst 1919 wurde gezielter nach Öl gesucht, und das Unternehmen Imperial Öl bohrte die ersten Brunnen. Es ist höchste Zeit, 1921, dass Kanada sich den Zugriff auf diese Vorkommen sichert.

In der Nähe der Ölbohrungen, dort wo Fort Norman, die heutige Gemeinde Tulita, liegt, haben Dene unter Führung von Chief Albert Wright ihr Camp. Als der Chief im Frühling 1921 die Nachricht erhält, dass eine Delegation aus Ottawa zu Vertragsverhandlungen kommen will, zieht er mit seinen Hunden auf einem Schlitten in die Berge. Er will andere Dene informieren. Diese aber sind bereits zur Jagd in das Yukon-Gebiet gezogen. Daher rammt Chief Wright zahlreiche Holzpfosten in den Boden und hinterlässt Nachrichten, um seinen Kollegen mitzuteilen, dass sie in ihre Camps zurückkehren sollen, um mit Ottawa über einen Vertrag zu verhandeln. Tatsächlich finden dann im Sommer an mehreren Orten am Mackenzie die Verhandlungen über den Vertrag statt, der als Treaty 11 bezeichnet wird. Chief Wright setzt am 15. Juli 1921 in Fort Norman seine Unterschrift unter Treaty 11. Er war der elfte und letzte der sogenannten »numbered treaties«.

Die Geschichte über Chief Albert Wright erzählt Ethel Blondin-Andrew im Februar 2020 auf einer Konferenz in Gatineau bei Ottawa. Sie ist die Enkelin von Chief Wright, wurde 1951 in der Gemeinde Tulita am Mackenzie geboren und ist eine Dene. 1988 wurde sie als erste indigene Frau in das Bundesparlament gewählt und war in verschiedenen Funktionen Mitglied der liberalen Regierungen von Jean Chrétien und Paul Martin. Nachdem sie bei der Wahl 2006 ihr Mandat verloren hatte, kehrte sie in die Nordwest-Territorien zurück. Ein Jahrzehnt lang war sie für die Umsetzung des »Sahtu Dene and Métis Comprehensive Land Claims Agreement« von 1994 verantwortlich.[2] Dieser heute gültige »moderne Vertrag« entwickelte sich aus dem Treaty 11, den ihr Großvater 1921 unterzeichnet hatte. »Ich kannte immer meine Geschichte und wusste, woher ich kam«, sagt sie.

Wie bereits dargestellt, hatte die britische Krone vor der Gründung des Staates Kanada mit den indigenen Völkern Friedens- und Freundschaftsverträge abgeschlossen und in der Königlichen Proklamation von 1763 deren Souveränität über ihr Land anerkannt. Aber die wirtschaftlichen Interessen veränderten sich. Der Pelzhandel, für den die britische und später die kanadische Regierung die indianischen Völker brauchte, war der Erschließung durch Landwirtschaft gewichen. Siedler strömten in das Land, eine Eisenbahn sollte gebaut werden. Die indigenen Völker waren im Weg. Die Phase der »Kollaboration« war vorbei.[3] Nach der Staatsgründung Kanadas sollte sich dieser Prozess beschleunigen.

Der Krieg von 1812 und die Expansion der USA nach Westen hatten die britischen Kolonien im heutigen Kanada bewogen, sich 1867 zum Dominion of Canada zusammenzuschließen. Aber Kanada war damals nur ein relativ kleines Gebiet, das aus den südlichen Regionen der heutigen Provinzen Ontario und Québec sowie aus den beiden Provinzen Nova Scotia (Neuschottland) und New Brunswick (Neubraunschweig) bestand. Die Befürchtungen, dass die Amerikaner erneut nach Norden vorstoßen und Land annektieren könnten, bestanden fort. Denn das Land westlich und nördlich des kleinen Dominion of Canada gehörte zum einen Teil unter dem Namen Rupert's Land dem britischen Handelsunternehmen Hudson's Bay Company (HBC), zum anderen Teil, als Nordwest-Territorien, direkt zu Großbritannien. Die HBC war am 2. Mai 1670 in London durch eine Charta des englischen Königs Charles II. unter dem Namen »The Governor and Company of Adventurers of England trading into Hudson's Bay« gegründet worden, als »Unternehmen der Abenteurer«, die Handel an der Hudson Bay betreiben. Die Company, die auf Französisch Compagnie de la Baie d'Hudson hieß, hatte das Handelsmonopol für das gesamte Territorium, das von Flüssen durchzogen wird, die zur Hudson Bay fließen. Mehr als ein Drittel der Fläche des heutigen Kanadas gehörte der HBC, annähernd vier Millionen Quadratkilometer.

Pelzhandel war das Schwergewicht der Aktivitäten der »Bay«, wie sie auch genannt wurde. Ihre Forts und Handelsposten erstreckten sich vom Norden Ontarios und Québecs über die Küste der Hudson Bay bis weit in die Prärie und in den hohen Norden des Kontinents bis in die Arktis. Zu den Handelsposten kamen Trapper, Indianer und Inuit und brachten Pelze, um sie gegen Munition, Werkzeug, Kessel und Töpfe, Decken und Lebensmittel einzutauschen. Dort, wo heute Winnipeg, Calgary und Edmonton liegen, waren im 18. Jahrhundert Niederlassungen der HBC. 1821 schloss diese sich mit dem Konkurrenzunternehmen North West Company zusammen und wurde zu einem Unternehmen, das vom Atlantik bis zum Pazifik reichte, Kanada und Teile der USA und den hohen Norden umfasste.

Für Kanada war die Möglichkeit, sich nach Westen und Norden auszudehnen, von existenzieller Bedeutung. Sollte das Gebiet an die USA fallen, wäre Kanada auf einen schmalen Landstreifen in der Nordostecke des Kontinents begrenzt geblieben. Daher begann das Dominion of Canada direkt nach seiner Gründung Verhandlungen mit Großbritannien zur Übernahme von Rupert's Land. Bereits 1868 wurde das Gebiet mit dem »Rupert's Land Act«

Historisches Gebäude der Hudson's Bay Company in Iqaluit, Hauptstadt von Nunavut, 2015.

an Kanada transferiert.[4] Kanada zahlte dafür 1,5 Millionen Dollar. Zwei Jahre später folgte die Übergabe der Nordwest-Territorien. Damit gehörte ein riesiges Gebiet, in dem etwa 150 000 Angehörige indianischer Völker und Métis lebten, zu Kanada.[5] Sie lebten plötzlich auf Land, das der neu gegründete Staat für sich reklamierte.[6]

Verträge als Instrument zur Assimilierung

Um aber Souveränität über das Land beanspruchen zu können, musste es besiedelt werden. Voraussetzung dafür war wiederum die Verständigung mit den First Nations. Vorlage für die nun folgenden »numbered treaties« waren die in den 1850er Jahren geschlossenen »Robinson treaties« für Land am Huron- und am Oberen See. In diesen Verträgen wurde First-Nations-Land der Krone übertragen im Gegenzug zur Ausweisung von Reservationen, jährlichen Geldzahlungen und dem Recht, auf ungenutztem Staatsland (»crown land«) zu jagen und zu fischen.[7]

Nach und nach wurde das ganze frühere Rupert's Land von Verträgen abgedeckt.[8] Es waren Verträge über die Abtretung von Land. Auch wenn sie alle dem Modell der »Robinson treaties« folgten, so waren sie doch unterschiedlich ausgestaltet. Der Pro-Kopf-Betrag, den die Bundesregierung den First Nations zahlte, variierte zwischen drei und fünf Dollar. Es gab unterschiedliche Regelungen über die Entschädigung der Chiefs, über Geldzahlungen für den Kauf von Munition und Schnüren und über die Reservationsfläche, die pro Familie ausgewiesen wurde. Einige Verträge erwähnten das Recht zur Jagd und zum Fischfang, einige zudem auch das Recht zum Fallenstellen.

Die Verträge enthielten auch Klauseln über die Einrichtung von Schulen, die Entsendung von Lehrern und über die Lieferung von Werkzeugen und Geräten, die den First Nations helfen sollten, Landwirtschaft zu betreiben und sesshaft zu werden. Die indianischen Völker sollten ein Leben führen, bei dem sie nicht von der Bisonjagd abhängig sind. Für sie hatte der Bison, auch Büffel genannt, Leben bedeutet. Gab es Bisons, dann mussten die Völker der Prärie und der nördlichen Waldregionen keinen Hunger leiden. Als im 17. Jahrhundert europäische Erforscher und Siedler in den Westen des heutigen Kanadas vordrangen, zogen schätzungsweise zwei Millionen Präriebisons über die endlosen Ebenen. Andere Schätzungen gehen davon aus, dass in ganz Nordamerika, von Mexiko bis Alaska, bei Ankunft der Europäer bis zu 50 Millionen dieser Tiere gelebt haben könnten. Ende des 19. Jahrhunderts führte das große Abschlachten binnen weniger Jahrzehnte fast zur völligen Ausrottung. Der Bison wurde nicht nur abgeschossen, um Fleisch und Felle zu bekommen. Die Vernichtung dieses Tieres entzog den Prärievölkern auch die Lebensgrundlage und erhöhte den Druck auf sie, in Reservationen sesshaft zu werden.

Die »numbered treaties« waren ein Instrument, das der Regierung in der Politik der Assimilierung der indianischen Völker helfen sollte. Vielleicht ging in Einzelfällen die Initiative, einen Vertrag zu schließen und Reservationen zu bilden, von Chiefs der First Nations aus: In Zeiten dramatischer Umwälzungen, angesichts des Verschwindens der Bisons und des Hunger und der Epidemien, erhofften sie sich von der Bundesregierung Hilfe für ihre Not leidende Bevölkerung.[9] Aber diese Notlage war erst durch das Vordringen der Siedler geschaffen worden. Schon nach dem Britisch-Amerikanischen Krieg war die Einstellung der britischen Kolonialherren gegenüber den indianischen Völkern immer stärker von dem Willen geprägt, ihnen »Zivilisation« entsprechend britischem Verständnis beizubrigen und sie dazu zu bewegen, ihren traditionellen Lebensstil aufzugeben.[10]

Die Gesandten der Regierung beschrieben in den Verhandlungen über die »numbered treaties« die Reservationen als Gebiete, die beim Übergang zur Sesshaftigkeit helfen sollten. Sie waren aber vor allem ein Vehikel, den kanadischen Staat auszuweiten und ihm im Westen weitere Provinzen anzugliedern. Zunächst Manitoba 1870, worauf im Kapitel über die Métis noch näher eingegangen wird, dann Saskatchewan und Alberta 1905. Sie ermöglichten die Ansiedlung europäischer Einwanderer und zwischen 1881 und 1885 den Bau der transkontinentalen Eisenbahn Canadian Pacific Railway.[11] Das Versprechen, die transkanadische Eisenbahn zu bauen, bewog die Kronkolonie British Columbia, 1871 dem Dominion of Canada beizutreten.

Die Verträge 1 bis 7 sicherten Kanadas Anspruch auf das Land nördlich der kanadisch-amerikanischen Grenze und ermöglichten eine von Küste zu Küste reichende Kette an Provinzen und Territorien, die ein Bollwerk gegen Expansionsgelüste der US-Amerikaner bildete. Die Verträge 8 bis 11 folgten dann vor allem wirtschaftlichen Erwägungen, die sich aus Rohstofffunden ergaben. So wurde über Vertrag 8 nach dem Klondike-Goldrausch 1897 und Berichten über mögliche Goldstätten in der Region des Großen Sklavensees in den Nordwest-Territorien verhandelt. War ein wirtschaftlicher Nutzen nicht erkennbar, so bestand kein Zwang, mit den First Nations zu verhandeln.

Dies zeigt sich auch beim Treaty 11: Er wurde erst abgeschlossen, nachdem im Norden Öl gefunden wurde. Die Geschichte dieses Vertrags zeigt, dass sich Verhandlungspartner gegenübersaßen, die völlig unterschiedliche Vorstellungen von Verhandlungen und »gutem Glauben« hatten. Die Bundesregierung hatte Henry Conroy, der bereits an den Verhandlungen über Treaty 8 beteiligt war, zum Verhandlungsführer ernannt. Mit ihm reiste der katholische Bischof Gabriel Breynat. Er war als »fliegender Bischof« bekannt, weil er sich in die weit zerstreut liegenden Gemeinden am Mackenzie fliegen ließ, um dort Gottesdienste zu halten. Wirklich verhandeln sollten die beiden aber nicht. Die Regierung hatte klare Vorstellungen und wollte, dass ihre Vorgaben durchgesetzt und keine Versprechungen außerhalb des Vertragsentwurfs gemacht werden. Breynat soll sich später darüber beklagt haben, dass er kein richtiges Verhandlungsmandat hatte, sondern der vorbereitete Vertrag durchgesetzt, statt »frei im Geiste des Ausgleichs und der gegenseitigen Konzessionen diskutiert« werden sollte.[12]

Fraglich ist bei einigen Verträgen, ob sie wirklich von Führungspersonen der First Nations unterzeichnet wurden, die dafür das Mandat hatten. Vor allem bei den First Nations im Norden war das Konzept eines mit umfassenden Vollmachten ausgestatteten Chiefs offenbar fremd. Darstellungen der Vertragsgeschichte deuten darauf hin, dass etwa im Ort Wrigley der Treaty 11 von einem Repräsentanten unterzeichnet wurde, der über weite Strecken bei den Verhandlungen nicht anwesend war. Der Inhalt des Vertrags wurde unzureichend erklärt, die Anwesenheit von Bischof Breynat aber schien die Chiefs davon zu überzeugen, dass der Gegenseite vertraut werden könne. Bischof Breynat bestätigte, dass er und Conroy mündliche Zusagen gemacht und erwartet haben, dass diese in der endgültigen schriftlichen Fassung des Vertrags berücksichtigt würden. Mit dem Tod von Conroy 1922 hatte er aber keinen Beweis und keinen Zeugen, dass Zusagen, die den First Nations die Fortsetzung ihres traditionellen Lebensstils sichern sollten, tatsächlich gemacht wurden.

Ähnliches kann auch bei anderen Verträgen festgestellt werden. So ist bei Treaty 7, den die Siksika (Blackfoot), Kainai (Blood), Pikani (Peigan), Stoney-Nakoda und Tsuut'ina (Sarcee) 1877 mit der Regierung schlossen, davon auszugehen, dass bei den First Nations ein völlig anderes Verständnis über den Zweck des Vertrags bestand oder diese Opfer bewusster Irreführung durch die Verhandlungsführer der Regierung wurden.[13] Die indianischen Völker sahen den Vertrag offenbar vor allem als Friedensvertrag zwischen ihnen, der Regierung und den Siedlern. Sie litten zudem unter dem wiederholten Auftreten der Pocken und dem Verschwinden der Büffel. Auch wenn die Regierungsvertreter von dem »Abtreten« oder der »Übergabe« von Land sprachen, so zeigen Unterlagen über die Verhandlungen doch etwas anderes: Durch Versprechen, die First Nations könnten ihr Land weiter für Jagen, Fischen und Fallenstellen und traditionelle Lebensweise nutzen, wurde die wahre Natur der Landübergabe bewusst oder unbewusst verschleiert.

Im besten Fall kann angenommen werden, dass Sprachbarrieren verhinderten, dass der Vertrag aufseiten der First Nations vollkommen verstanden wurde. Ein Beispiel für ein Missverständnis gab mir Chief Norman Bone von der Keeseekoowenin Ojibway First Nation, eine der First Nations im Bereich von Treaty 2. »Unsere Vorfahren, die den Vertrag aushandelten, hörten von ›ceded territory‹, aber sie verstanden ›seeded territory‹«, erzählte er mir am Rande der Jahresversammlung der AFN im Juli 2019 in Fredericton. Die beiden ähnlich klingenden Wörter haben eine völlig andere Bedeutung: »ceded« heißt abgetreten, »seeded« aber »eingesät« oder »gesät«, deutet also auf eine Ackerbaufläche hin. An die Abtretung von Land an die Regierung dachten sie offensichtlich nicht.

Für eine Gesellschaft, die so sehr auf mündlichen Überlieferungen fußt, sind mündliche Versprechungen, die die Krone während der Verhandlungen machte, ein integraler Bestandteil der Vereinbarungen. Dies stellte auch der kanadische Senat in seinem Bericht »How did we get here?« vom April 2019 fest. First Nations sprachen nur ihre eigene Sprache, waren des Englischen nicht mächtig. Sie verließen sich auf die Übersetzer und darauf, dass das, was in den Verhandlungen gesagt wurde, dann Bestandteil der Verträge war. Aber viele mündliche Versprechungen der Krone wurden in die Verträge nicht aufgenommen. Für die kanadische Regierung war dagegen nur bindend, was schriftlich festgelegt wurde.[14]

Dies führt bis heute zu Rechtsstreitigkeiten bei der Auslegung der »historischen Verträge«. Um diese beizulegen, wurde ein besonderes Specific-claims-Verfahren eingeführt. »Specific claims«, also konkrete Forderungen, sind Ansprüche, die sich aus der möglichen Verletzung von Verpflichtungen ergeben, die der Staat aufgrund der Verträge gegenüber einer First Nation hat. Premierminister Stephen Harper legte 2007 seinen »Specific Claims Action Plan« vor, um diese Verfahren zu beschleunigen, einen fairen Ausgleich und Sicherheit für First Nations, Regierungen und Wirtschaft zu schaffen. Darauf aufbauend, wurde 2008 durch Gesetz ein von einem Richter geleitetes unabhängiges Tribunal geschaffen, das »Specific Claims Tribunal«. Stellt das Tribunal tatsächlich Vertragsverletzungen fest, die in unzureichenden finanziellen Leistungen, der Wegnahme von First-Nations-Gebieten oder dem Missmanagement von Treuhandsfonds bestehen können, darf es Entschädigungen bis zu 150 Millionen Dollar, rund 100 Millionen Euro, pro Klage gewähren. Die Verfahren können auch dazu führen, dass den Reservationen Land hinzugefügt wird. Wie das Tribunal in seinem Jahresbericht 2018/19 darlegt, waren am Ende des Berichtszeitraums 82 Verfahren anhängig, wobei in 28 Fällen die Parteien eine Streitbeilegung durch direkte Verhandlungen oder Mediation anstrebten.[15]

Trotz ihrer Unzulänglichkeiten und der nicht eingehaltenen Versprechen stellen die »numbered treaties« aber bis heute wichtige Dokumente dar, die die Beziehungen zwischen der Bundesregierung und First Nations prägen. Auf sie stützen sich die First

Nations, wenn es um die Verbesserung ihrer Lebensverhältnisse, Bildung, Gesundheitsfürsorge, aber auch um eigene Jurisdiktion geht. »Wir haben Verträge mit der Krone. Unsere Beziehungen sind direkt mit der Queen. Diese Verträge stehen über allem, auch über kanadischem Recht«, sagte Chief Kurt Burnstick von der Alexander First Nation in Alberta bei der AFN-Versammlung 2019.

Für mehr als 600 000 Angehörige von First Nations in rund 360 Gemeinden gelten heute noch die »historischen Verträge« einschließlich der Verträge 1 bis 11. Sie betreffen nahezu 60 Prozent der Fläche Kanadas.[16] Historische und moderne Verträge schaffen komplexe Rechtsbeziehungen zwischen Staat und First Nations. Hinzu kommen Regionen wie British Columbia, für die lange Zeit keine Verträge existierten. Hier wirken die von den höchsten Gerichten bestätigten Rechte, die sich aus den »traditionellen Territorien« ableiten und in die Zeit vor der Ankunft der Europäer zurückgehen. Weil die Verträge so verschieden sind und jede der First Nations ihre eigene Geschichte hat, muss immer wieder verhandelt werden, bis zum heutigen Tag. Eine Lösung, die für alle passt, gibt es nicht.

Gefangene auf dem eigenen Land

Meine ersten Eindrücke von Reservationen gewann ich bei meiner ersten Kanadareise 1978. Mit Hillard McNab, Chief von Gordon Reserve, einer Reservation östlich von Regina in der Prärieprovinz Saskatchewan, saß ich vor seinem Haus, und der Chief erzählte mir von seiner Reservation, die nach Abschluss von Treaty 4 im Jahr 1874 geschaffen worden war. Er erzählte mir vom Mangel an Arbeitsplätzen und dem Zwang junger Menschen, in die Städte zu ziehen. »Die Verträge versprachen uns ökonomische Entwicklung. Wären sie erfüllt worden, wären die Cree das reichste indianische Volk.« Dann erzählte er, dass die Indianer – und Ende der 1970er Jahre war in Kanada überwiegend noch von »Indians« die Rede – ihre Reservationen ohne Genehmigung durch einen »Indian Agent«, der das Ministerium für »Indian Affairs« vertrat, nicht verlassen durften, diese Genehmigung aber oft verweigert wurde. »Wir waren Gefangene auf unserem eigenen Land«, sagte er.

Ich konnte es kaum glauben. Aber es war für viele First Nations bis in die 1950er Jahre Realität. Das wurde mir auch bei dem Gespräch klar, das ich 40 Jahre später mit Chief Norman Bone am Rande der AFN-Versammlung in Fredericton führte: »Wir hatten die Verträge, aber dann kam Macdonald,[17] und er wollte die Indianer aus dem Weg räumen. Die Reservationen wurden zu Gefangenenlagern.«

Die Verträge 1 bis 11, die »numbered treaties«, waren die Grundlage für die Einrichtung der Reservationen. In den Verhandlungen war den First Nations vage zugesagt worden, dass ihre Rechte zu jagen, zu fischen und Fallen zu stellen nicht beeinträchtigt würden, dass sie über die Reservationen hinaus das Land nutzen und auf dem Land, das sie der »Krone« übergaben, weiter ihren traditionellen Lebensstil praktizieren könnten. Bei den Verhandlungen 1871 über den Treaty 1 wurde ihnen versichert, dass es, »so lange die Sonne scheint, keinen Indianer geben soll, der keinen Platz hat, den er sein Heim nennen kann«. Dass manchmal einschränkend festgestellt wurde, dass die Landnutzung so lange gestattet sei, bis das Land für andere Zwecke benötigt werde, ging vermutlich unter.[18] Selbst wenn Reservationen zu Beginn als Schutzraum geplant worden sein sollten, der den indianischen Völkern die Fortführung ihres »way of life« ermöglichen sollte, so entwickelten sie sich doch sehr schnell zu Parzellen, auf denen sich die Bewohner, eingeschränkt in ihrer Bewegungsfreiheit, wie Gefangene fühlen mussten.

Es gibt in Kanada heute rund 3000 »Reserves« im weitesten Sinne, darunter sind aber viele kleine Parzellen, die nicht bewohnt oder nicht bewohnbar sind. Die kanadische Statistikbehörde erkennt in ihren »Aboriginal Profiles« 984 Reservationen, die bewohnt sind oder zumindest potenziell bewohnt werden können. Bei 637 First Nations bedeutet dies, dass eine First Nation mehrere

Reservationen haben kann.[19] Deren Größe hängt von der Zahl der Angehörigen der First Nation beziehungsweise der Zahl der Familien ab. Als die Schaffung der Reservationen in den Verträgen festgelegt wurde, enthielten diese auch Formeln über die Größe des Landes. So galt in einigen Verträgen die Faustformel, dass pro Familie mit fünf Mitgliedern eine Fläche von 160 Acres, umgerechnet 60 bis 65 Hektar, bereitgestellt werden sollen. Dies mag viel klingen. Eine kleine First Nation, in den Verträgen als »band« bezeichnet, die ihren Lebensunterhalt durch Jagen, das Sammeln von Beeren oder durch Fallenstellen bestritt, konnte dieses Leben auf einer nur wenige Quadratkilometer großen Parzelle aber nicht fortführen.

Das Areal einer Reservation wurde von der Regierung »nach Beratung« mit der First Nation festgelegt. Aber nicht alle indianischen Gemeinden erhielten das ihnen zugesagte Land. Und ihre Rechte, auf ihrem außerhalb der kleinen Reservationen liegenden Land zu jagen, zu fischen und zu ernten, wurden missachtet. Selbst das Land, das ihnen zugewiesen wurde, wurde nach und nach reduziert. Ein Beispiel dafür ist die Osoyoos Indian Band im Okanagan-Tal in British Columbia, der fruchtbares, für Landwirtschaft geeignetes Land weggenommen wurde, weil neuankommende Siedler daran Interesse hatten. Tatsächlich war in British Columbia 1912 die sogenannte McKenna-McBride-Kommission geschaffen worden, die Vorschläge ausarbeitete, um die »indianische Landfrage« zu lösen. Das Ergebnis war, dass zahlreichen Reservationen agrarisch wertvolles Land aberkannt und ihnen dafür Land von geringerer Fläche und Nutzbarkeit erstattet wurde. Wie die Untersuchungskommission »Royal Commission on Aboriginal Peoples« 1996 darlegte, »verschwanden« seit Gründung der Konföderation nahezu zwei Drittel des Landes, das der indigenen Bevölkerung vorbehalten war.20 Wäre den indigenen Völkern das gegeben worden, was ihnen aufgrund der Verhandlungen mit der Regierung zustand – ein angemessener Anteil an Land und Ressourcen, der Schutz ihrer traditionellen ökonomischen Aktivitäten und die Möglichkeit, an der

»neuen Ökonomie« der Siedler teilzunehmen –, »wäre die Lage der indigenen Völker in Kanada heute eine andere. Sie wären wichtige Landeigentümer. Die meisten indigenen Nationen wären wahrscheinlich ökonomisch selbstständig. Einige wären wohlhabend«, mutmaßte die »Royal Commission«.

Die Bundesregierung erhielt durch die Verfassung von 1867 Gesetzgebungsmacht über »Indianer und Land, das für die Indianer vorbehalten ist«. Das Parlament nahm diesen Auftrag sehr ernst und ging ihn mit Entschlossenheit an. Zunächst wurden 1869 mit dem »Gradual Enfranchisement Act«[21] die ersten Schritte zur Assimilierung der indianischen Bevölkerung eingeleitet. Dazu gehörte auch die Vorschrift, dass indianische Frauen, die einen nichtindianischen Mann heirateten, ihren Status als Indianer und damit auch Ansprüche gegenüber dem Staat verloren. Selbst wenn sie die Sprache ihres Volkes sprachen, nach den Traditionen ihres Volkes lebten und ihre Kinder in diesem Geiste erzogen, waren sie aufgrund einer Entscheidung der Bürokratie keine »Indianerinnen« mehr, und ihre Kinder verloren diesen Status ebenfalls. Umgekehrt verloren indigene Männer, die eine nichtindigene Frau heirateten, ihren Status nicht.[22] Der Staat maßte sich also an, über indianische Identität zu bestimmen. Er untergrub zudem die in vielen First Nations übliche starke Rolle von Frauen in ihren Gemeinden, die nicht selten matriarchalisch organisiert waren. Oft ging mit dem Verlust des Status der Zwang einher, die Reservation zu verlassen, da man nicht mehr Teil der First Nation war.[23] Die Folge war der Verlust von Kultur, Sprache und Identität.

Der »Indian Act« – Ärger und Leid

Ein Bundesgesetz, der »Indian Act« von 1876, machte dann die indigene Bevölkerung in Reservationen zu Mündeln des Staates ohne eigene Entscheidungsbefugnisse.[24] Die staatliche Verwaltung und die Kirchen, vom Staat autorisiert, »managten« die First Nations und griffen in ihre Selbstbestimmung ein. Ein Leben nach ihren Traditionen und Werten war nicht mehr möglich. Der »Indian Act« griff die Vorschriften auf, wonach Frauen durch Heirat mit einem nichtindigenen Mann ihren Status als »Indian« verloren. Er führte weitere Klauseln ein, die zum Verlust indianischer Identität führen sollten: Wer studierte, Arzt oder Rechtsanwalt wurde, verlor automatisch seinen Status als »Indianer«, denn er hatte nach Lesart des eurozentrierten Kanada ja bewiesen, dass er fähig ist, sich in die Mehrheitsgesellschaft zu integrieren. Gleiches galt für diejenigen, die bereit waren, Wehrdienst zu leisten. In den Weltkriegen kämpften Tausende First-Nations- und Métis-Soldaten. Ermöglicht wurde auch, freiwillig den Status aufzugeben. Als Belohnung wurde dem Betreffenden ein Teil des Reservationslands überschrieben. Allerdings waren nur sehr wenige bereit, diesem Angebot zu folgen: Bis 1920 gaben nur 250 »Indians« freiwillig ihren Status auf. Bei einer Änderung des »Indian Act« 1920 beschrieb Duncan Campbell Scott, der stellvertretende Minister für »Indian Affairs«, das Ziel der Regierungspolitik mit den Worten, man müsse weitermachen, »bis es keinen einzigen Indianer in Kanada gibt, der nicht absorbiert ist, und bis es keine Indianerfrage mehr gibt«.[25]

Die Eingriffe in das indianische Leben mit dem Ziel der Unterdrückung von Zeremonien und kulturellen Praktiken nahmen zu.[26] 1884 wurde die Potlatch-Zeremonie verboten, die bei den Westküsten-Völkern eine wichtige Rolle im Sozialleben spielte. Potlatch-Zeremonien mit dem Austausch von Geschenken waren Bestandteil von Festen der Klans einer First Nation sowie bei Treffen verschiedener First Nations. Damit wurden Sozialstrukturen und Beziehungen zwischen Klans und First Nations gefestigt. Sie waren aber auch ein Weg, durch kulturelle Praktiken zu unterstreichen, dass man Rechte und Titel an diesem Land hat. Die Regierung sah in Potlatchs aber einen »unchristlichen« Brauch und eine Verschwendung von Besitz. Bis 1951 waren sie verboten. Als Potlatchs wieder zugelassen wurden, waren die Sozialstrukturen in vielen First Nations beschädigt oder zerstört.[27] 1885 wurde der Sonnentanz verboten, der bei den Prärievölkern eine wichtige Rolle spielt. Die Teilnahme an den Tänzen wurde zur Straftat erklärt.

Im gleichen Jahr führte das »Indianerministerium«, das »Department of Indian Affairs«, das Passsystem ein. Außenstehende durften Reservationen nur mit Genehmigung des »Indian Agent« betreten, und umgekehrt wurde vielerorts das Passsystem praktiziert, um den Bewohnern einer Reservation das Verlassen des Gebiets zu untersagen. »Reservationen begannen Gefängnissen zu ähneln«, heißt es im Bericht der »Royal Commission on Aboriginal Peoples«. Es dauerte bis in die 1950er Jahre, bis dieses Passsystem und die Einschränkung der Bewegungsfreiheit komplett abgeschafft war. Wählen durften ab 1920 nur die »Indianer«, die sich assimiliert und den Status als Indianer verloren hatten. Erst 1960 erhielten alle Angehörigen der indigenen Völker das Wahlrecht. Den Zweck des »Indian Act« hatte bei der Beratung des Gesetzes 1876 der damals zuständige Innenminister David Laird mit den Worten beschrieben: »Indianer müssen entweder wie Kinder oder wie der Weiße Mann behandelt werden.« Dazwischen gab es nichts.[28]

Wenige Dokumente in der kanadischen Geschichte haben so viel Debatte, Ärger und Leid verursacht wie der »Indian Act«, stellt Ken Coates fest. First Nations leisteten offen oder im Geheimen Widerstand. Die Autorität der unter dem »Indian Act« gewählten oder eingesetzten Chiefs und Gemeinderäte wurde missachtet oder infrage gestellt und stattdessen auf die Hereditary Chiefs gehört, die ihre Wurzeln im traditionellen Regierungssystem der First Nations haben. Potlatchs wurden im Verborgenen gehalten, das Verbot, traditionelle Lieder zu singen und die Legenden des Volkes zu erzählen, wurde missachtet, und fantasievoll wurden Warnsysteme installiert, die das Nahen eines »Indian Agent« ankündigten. Von einer jungen Nisga'a-Frau, die mich durch das faszinierende Nisga'a-Museum in der Gemeinde Laxgalts'ap am Nass River führte, hörte ich die Geschichte von den Grammofonen: Grammofone standen bereit, die angeschaltet wurden und nichtindigene Lieder spielten, wenn sich ein »Indian Agent« näherte. Die Musik sollte den Agenten, der über die Einhaltung der Verbote wachen sollte, täuschen.

Die vom Staat willkürlich geschaffene Unterscheidung zwischen »Status- und Nicht-Status-Indianern« ist weiterhin bedeutend, wenn es um Rechte und Ansprüche dieser beiden indigenen Bevölkerungsgruppen gegenüber dem Staat geht. Lange Zeit hatten sich Bund und Provinzen gegenseitig die Verantwortung für Métis und »Nicht-Status-Indianer« zugeschoben. Sie lehnten deren Forderungen auf Unterstützung ab und erklärten sich für nicht zuständig. Diese Unsicherheit wurde mit einem Urteil des Supreme Court von Kanada 2016 beendet. Darin entschied das Gericht, dass die 600 000 Métis und die »Nicht-Status-Indianer« »Indians« im Sinne der Verfassung von 1867 sind. Damit wurde endgültig geklärt, dass die Bundesregierung für sie zuständig ist und mit ihnen verhandeln muss.[29] In dem Urteil werden zwar keine ausdrücklichen Fürsorgepflichten des Staates gegenüber den beiden Bevölkerungsgruppen formuliert. Sie werden auch nicht den »Status-Indianern« gleichgestellt, die Reservationen haben und aufgrund von Verträgen Leistungsansprüche gegenüber dem Staat bei Unterbringung, Ausbildung und Gesundheitsfürsorge erheben können. Aber das Gericht stellt generell eine Pflicht der Bundesregierung fest, mit den beiden Gruppen über ihre Rechte zu verhandeln, also auch über Leistungen, die die soziale und ökonomische Benachteiligung beenden. Die Regierung der Métis-Nation sieht daher das Urteil als wichtigen Schritt auf dem Weg der Reconciliation und der Beseitigung von Ungleichheit.[30]

Bis heute ist der »Indian Act« in Kraft, hat aber durch zahlreiche Änderungen seine Bedeutung schrittweise verloren. Wie bereits dargestellt, hat er für First Nations, die unter »modernen Verträgen« leben, nahezu keine Gültigkeit mehr. Statt Reservationen gibt es »settlement land« oder »First Nation land«, das um ein Vielfaches größer ist als die früheren Reservationen. Es gibt kein Ministerium mit dem Namen »Department of Indian Affairs« mehr, das in seiner ursprünglichen Form geschaffen wurde, um den »Indian

Act« durchzusetzen und mit paternalistischer Politik die Rechte der indigenen Nationen Kanadas zu unterhöhlen.[31]

Mehrere Versuche, den »Indian Act« durch eine neue Gesetzgebung zu ersetzen – wie etwa 2002 durch einen »First Nations Governance Act«, den die liberale Regierung von Premierminister Paul Martin vorlegte –, führten aus unterschiedlichen Gründen nicht zum Erfolg. Daher ist der »Indian Act« weiter geltendes Recht und ein wichtiger Bestandteil der Beziehungen zwischen einem großen Teil der First-Nations-Bevölkerung und dem kanadischen Staat. Er bietet diesem auch heute noch die Rechtsgrundlage, unmittelbar in die Verwaltung einer First Nation einzugreifen. Über die komplette Abschaffung des Gesetzes wird diskutiert, aber dies ist nicht mit einem Federstrich möglich. Politische Strukturen, Verwaltung und Rechtsansprüche wurden über Jahrzehnte durch den »Indian Act« geprägt und wirken auch heute noch. Wann es so weit ist, dass er komplett aufgehoben werden kann, ist derzeit nicht absehbar. Eine der schlimmsten Folgen des »Indian Act« wirkt heute noch fort. Und es wird noch lange dauern, bis dieses Erbe abgetragen ist: die Tragödie der Residential Schools.

Dunkle Seiten Kanadas

Residential Schools und die Entschuldigungen kanadischer Regierungen

Alex Greyeyes war Präsident des »Saskatchewan Indian Cultural College«, als meine Frau und ich ihn 1982 in Saskatoon in der kanadischen Prärieprovinz Saskatchewan trafen. Das College, das inzwischen in »Saskatchewan Indigenous Cultural Centre« umbenannt wurde, war 1972 gegründet worden und war eine der ersten Bildungseinrichtungen unter First-Nations-Kontrolle. Es hatte die »Stärkung von Bildung und kulturellem Bewusstsein« der First Nations zum Ziel und entwickete Curricula für die nun entstehenden Schulen unter indigener Führung.[1] Alex Greyeyes kam in unserem Gespräch schnell auf die Residential Schools zu sprechen. Er berichtete von seinen Erfahrungen als Schüler einer dieser Residential Schools, die als Internate betrieben wurden. »Ich habe meine Sprache in der Schule verloren. Wir wurden bestraft, wenn wir eine indianische Sprache sprachen. Ich musste meine Sprache später wieder lernen.« Von weit entfernten Reservationen wurden Kinder in die Internatsschulen gebracht. »Wir wurden in einem Gefängnis gehalten. Wir durften nicht nach Hause gehen, nicht zu Ostern, nicht zu Weihnachten.« Dann sagte er: »Unser Stolz wurde gebrochen.« Aber er war überzeugt, dass sich jetzt die Chance für die indianischen Völker öffne, diesen Stolz wiederzuerlangen.[2]

Ich wusste also einiges über Residential Schools, als ich 15 Jahre später in Ottawa meine Arbeit als Korrespondent aufnahm. Aber erst an dem Tag, an dem die liberale Regierung von Premierminister Jean Chrétien das Dokument »Gathering Strength – Canada's Aboriginal Action Plan« veröffentlichte, wurde mir das Ausmaß dieser Katastrophe und das bis in die Gegenwart reichende Trauma voll bewusst, das diese Schulen mit ihrem Mandat der erzwungenen Assimilierung und der Zerstörung indigener Kultur, Sprache und Identität angerichtet hatten. Am 7. Januar 1998 veröffentlichte die Regierung dieses Dokument, zu dem auch ein »Statement of Reconciliation« gehörte: Erstmals entschuldigte sich die kanadische Regierung für jeden hörbar für das Unrecht, das den indigenen Völkern über Jahrhunderte zugefügt wurde. Zentraler Punkt der Versöhnungserklärung, die Vertretern der First Nations, Inuit und Métis überreicht wurde, war das Eingeständnis, dass Kinder indigener Völker in den vom Staat errichteten, meist von Kirchen betriebenen Residential Schools psychischer und physischer Gewalt bis hin zum sexuellen Missbrauch ausgesetzt waren. Der Kernsatz der Erklärung lautet: »Wir sagen allen, die unter dieser Tragödie gelitten haben: Es tut uns zutiefst leid.«[3]

Ich beobachtete von der Pressetribüne des Parlaments die Zeremonie, die von Gesang, Musik und Gebeten der First Nations, Inuit und Métis begleitet und umrahmt wurde. Es war ein bewegender Moment. Das Dokument enthielt zwar vor allem aus juristischen Gründen nicht das Wort »apology«, Entschuldigung. Aber National Chief Phil Fontaine stand auf und akzeptierte die Erklärung als Entschuldigung und Beginn einer neuen Ära.

Die Geschichte der Residential Schools

Das System der Residential Schools hat seine Wurzeln im 18. Jahrhundert, wurde aber erst mit Beginn des 19. Jahrhunderts in Kanada gezielt aufgebaut. Die ersten, damals als Boarding School bezeichneten Einrichtungen wurden bereits vor Gründung des Staates Kanada 1867 geschaffen.[4] Residential Schools existierten in Kanada etwa 150 Jahre. Die letzten Schulen wurden zwar erst in den 1990er Jahren geschlossen, aber ab Ende der 1960er Jahre setzte ihr schneller Niedergang und eine Abkehr von der dahinterstehenden Ideologie ein. Etwa 150 000 Kinder durchliefen dieses Schulsystem, das etwa 130 Internate umfasste. Schätzungsweise 90 Prozent der

Schülerinnen und Schüler kamen aus First Nations, die übrigen waren Inuit und Métis. Wegen des Übergewichts an »indianischen« Kindern wird das Schulsystem auch als »Indian Residential School System« bezeichnet.

Residential Schools hatten das Ziel, die Ureinwohnerkinder in den von europäischen Einwanderern und ihren Werten geprägten Staat einzugliedern. Sie sollten in diesem Sinne erzogen und in Handwerk und Landwirtschaft ausgebildet werden. Und sie sollten lesen und schreiben lernen. Die Schulen dienten aber vor allem einem Ziel: die Kinder zu assimilieren und ihre indianische Identität und Kultur zu zerstören. Denn die Kinder wurden ihren Familien entrissen. Für viele war der Morgen des Abschieds grausam. Die »Truth and Reconciliation Commission« schreibt dazu:

> »Es kann mit dem Klopfen an der Tür am frühen Morgen beginnen. Es ist der Indian Agent oder der Priester der Pfarrei oder vielleicht ein Polizist der Mounted Police. Der Bus zur Residential School fährt an diesem Morgen ab. Es ist der Tag, vor dem sich die Eltern so lange gefürchtet haben. […] Die Kinder müssen gehen. Über mehr als ein Jahrhundert lang war dies für Zehntausende indigener Kinder der Beginn ihrer Zeit in Residential Schools. Sie wurden ihren Eltern entrissen, die sie oft nur übergaben, weil ihnen Strafverfolgung angedroht worden war. Sie wurden an einen fremden Ort gebracht, an dem ihre Eltern und ihre Kultur erniedrigt und unterdrückt werden sollte. […] ›Ich konnte meinem Vater oder meinem Bruder Allan nicht Lebewohl sagen, ich konnte meine Hunde nicht mehr streicheln.‹«[5]

Das McCord-Museum in Montreal zeigte im Frühjahr 2019 eine Ausstellung von Gemälden des Cree-Künstlers Kent Monkman. *Shame and Prejudice: A Story of Resilience* war ihr Titel, *Scham und Vorurteil: Eine Geschichte der inneren Widerstandsfähigkeit.* Monkmans Gemälde *The Scream* stellt die Entführung indigener Kinder aus ihren Gemeinden in einem schockierenden Realismus dar.[6]

In den Verträgen mit den First Nations war zwar von Schulen und dem Entsenden von Lehrern die Rede, nicht aber von Resi-

Cree-Schüler der »All Saints Indian Residential School«, Lac La Ronge, Saskatchewan, 1945.

dential Schools fern der Reservationen. Über Monate, manchmal über Jahre hinweg sahen die Kinder ihre Familien nicht. Sie verloren ihre Kultur und Identität. Sie durften ihre Muttersprache nicht sprechen und ihre Gebräuche nicht pflegen. Den Kindern wurden die langen Haare abgeschnitten, wenn sie in die Schule kamen. Kanadas erster Premierminister John A. Macdonald war ein großer Verfechter der Residential Schools, der Assimilierung der indigenen Bevölkerung und der Auslöschung ihrer Kultur. Er war überzeugt: Wenn das Kind bei seinen Eltern in der Reservation bliebe, dann würde es vielleicht lesen und schreiben lernen, »ist aber einfach nur ein Wilder, der lesen und schreiben kann«.[7] Fast genauso formulierte es sein Minister Hector Langevin, der 1883 Investitionen in dieses Schulsystem damit begründete, dass man Kinder in der Zeit ihres Heranwachsens von ihren Eltern trennen müsse. »Wenn man sie in der Familie lässt, lernen sie vielleicht lesen und schreiben. Aber sie bleiben dennoch Wilde. Wenn man sie in der vorgeschlagenen Weise von den Eltern trennt, nehmen sie die Sitten und Vorlieben zivilisierter Menschen an.«[8]

Duncan Campbell Scott war zu Beginn des 20. Jahrhunderts ein angesehener Poet mit verschiedenen Ehrungen, prägte als stellvertretender Minister für »Indian Affairs« aber auch maßgeblich die Indianerpolitik. Er sprach von der Bedeutung der Erziehung, wenn der Staat das »Indianerproblem« lösen wolle. 1920 sagte er im Parlament: »Ich möchte das Indianerproblem loswerden.«[9] Schulbildung wurde als das entscheidende Instrument gesehen, Indianer aus ihrem »Zustand als Wilde« zu befreien.[10] Man war überzeugt: Solange die Kinder ihre Muttersprache sprechen, bleiben sie Teil ihrer Gemeinde. Es galt, indigene Sprachen in den Schulen »auszumerzen«. Die planenden Politiker und Bürokraten mutmaßten, dass »der Einfluss des Wigwams stärker war als der der Schule« und die Kinder daher dauernd in einem Umfeld »zivilisierter Bedingungen« gehalten werden mussten.

Um die Erziehungsideologie durchzusetzen, wurden Kinder körperlich gezüchtigt. Einige begingen Suizid, oder sie flüchteten aus den Residential Schools, manchmal mitten im Winter, und erfroren. Der zwölfjährige Ojibwe-Junge Chanie Wenjack floh im Oktober 1966 aus der Residential School in Kenora und wollte in seine Heimatgemeinde Marten Falls zurückkehren. Auf dem 600 Kilometer langen Weg kam er durch Hunger und Kälte ums Leben. Der kanadische Künstler Gord Downie, Leadsänger der Rockgruppe *The Tragically Hip,* widmete Chanie 2016 sein letztes Album *Secret Path.*[11]

Der Beginn der Aufarbeitung

Die dunkelste Seite des Residential-School-Systems wurde erst Anfang der 1990er Jahre bekannt: der sexuelle Missbrauch. In den Jahren zuvor hatte in Kanada die Auseinandersetzung mit Missbrauchsfällen in nichtindigenen Einrichtungen begonnen. Bei den

First Nations aber scheuten sich Erwachsene lange, offen darüber zu sprechen, was ihnen in den Residential Schools zugefügt worden war. In den Regierungsdokumenten fanden sich keine Hinweise auf schlimme Taten. Einer der Ersten, die darüber sprachen, war Phil Fontaine. Er war Vorsitzender der Chiefs der Provinz Manitoba, als er 1990 bei einem Treffen mit Kirchenvertretern seine Erfahrungen vortrug. Als er dann die kanadische Öffentlichkeit in einem TV-Gespräch mit der kanadischen öffentlich-rechtlichen Rundfunkanstalt *CBC* mit seinen Erlebnissen konfrontierte, war das Erschrecken groß. Jeder der 20 Jungen in seiner dritten Klasse habe erfahren, was er erfahren habe, »irgendeine Form sexuellen Missbrauchs«.[12] Es hatte schon vorher Berichte über Missbrauch an indigenen Mädchen, Frauen und Jungen gegeben, es gab Studien über das Ausmaß des Missbrauchs. Aber nichts davon drang ins Bewusstsein der Öffentlichkeit. Die Aussagen Fontaines und anderer aber öffneten »Schleusentore der Erinnerungen, die sich nun vor der Öffentlichkeit ergossen«.[13]

Viele Probleme indigener Gemeinden – zerstörte Familien, Alkohol- und Drogenmissbrauch und Gewalt – werden auch auf die Residential Schools zurückgeführt. Denn die Schulen richteten unermesslichen Schaden an, indem sie über mehrere Generationen Familien- und Gesellschaftsstrukturen zerstörten. Die »Royal Commission« machte deutlich, dass der Schaden von Generation zu Generation weitergegeben wird: Das Leben der Überlebenden des »Indian Residential School System« wurde durch diese Erfahrungen geprägt. Sie kämpften mit ihrer Identität, nachdem ihnen über Jahre eingebläut worden war, sich und ihre Kultur zu hassen. Sie hatten nicht die Liebe ihrer Eltern erfahren können und waren daher oft nicht in der Lage, später ihren eigenen Kindern Liebe zu geben. Sie hatten gelernt, Macht und Kontrolle durch Missbrauch auszuüben, und viele von ihnen zeigten dieses Verhalten gegenüber ihren Kindern. So beschreibt die Kommission die Weitergabe traumatischer Erfahrungen aus den Residential Schools.[14] Ich las die Schilderung einer älteren First-Nations-Frau: »Sie hatten Millionen Möglichkeiten, unsere Selbstachtung herabzusetzen.« Sie habe eine Ausbildung erhalten, vor allem aber habe sie gelernt, sich und ihre Kultur zu hassen. »Alles, was du bist, ist ein großer Behälter für Hass und Wut.«

Die Kirchen – die anglikanische und die presbyterianische Kirche sowie die protestantische United Church of Canada – begannen Anfang der 1990er Jahre, das dunkle Kapitel aufzuarbeiten, und entschuldigten sich. Auch katholische Diözesen und der Orden »Oblaten der Unbefleckten Jungfrau Maria«, der zahlreiche Schulen führte, entschuldigten sich. Allerdings warten Kanadas indigene Völker noch 2020 darauf, dass der Papst offiziell und öffentlich Worte der Entschuldigung findet.[15]

Die öffentliche Debatte in Kanada über die Residential Schools erhöhte den Druck auf die Regierung, eine Entschuldigung auszusprechen und eine Untersuchungskommission einzusetzen. 1998 erfolgte mit dem erwähnten »Statement of Reconciliation« der erste Schritt. Angesichts der Klagewelle Überlebender, mit der Staat und Kirchen konfrontiert wurden, begannen Gespräche über eine Entschädigung und eine außergerichtliche Beilegung der Verfahren. Die liberale Regierung von Premierminister Paul Martin verständigte sich im Herbst 2005 mit First Nations, Inuit und Métis auf einen knapp zwei Milliarden Dollar umfassenden Entschädigungsfonds. Zugleich sollte durch den »Truth and Reconciliation Process« die öffentliche Debatte über das diskreditierte Schulsystem und dessen anhaltende Folgen gefördert und die Erinnerung an die Residential Schools wachgehalten werden.

Vor der endgültigen Verabschiedung dieses »Indian Residential Schools Settlement Agreement« stürzte die liberale Regierung und wurde durch eine konservative unter Stephen Harper ersetzt. Sie hielt an der Vereinbarung fest und stimmte ihr im Mai 2006 zu. »Diese Regierung erkennt das traurige Erbe der Residential Schools an«, sagte der »Minister for Indian Affairs« Jim Prentice im Parlament. Das Geld sollte den fast 80 000 Überlebenden der Residential Schools zugutekommen. Zwei Jahre später kam der Tag, auf den die indigene Bevölkerung lange gewartet hatte: Offiziell entschuldigte sich die Regierung für das Leid, das Residential Schools und Zwangsassimilierung ihnen zugefügt hatten.

»Die Regierung von Kanada bittet um Vergebung«

Die Rede von Premierminister Harper am 11. Juni 2008, in der er mehrfach »we apologize« sagte, wird zu Recht als historisch bezeichnet.[16] Angehörige von First Nations, Métis und Inuit, darunter die 104 Jahre alte Cree-Frau Marguerite Wabano, die älteste Überlebende der Residential Schools, waren im Parlament zugegen, als der Premierminister die Worte sprach: »Ich stehe vor Ihnen, um mich bei den indigenen Völkern für Kanadas Rolle im Residential-School-System zu entschuldigen.« Ich sah, wie viele der Zuhörer mit ihren Emotionen kämpften und sich Tränen aus dem Gesicht wischten. Marguerite Wabano hat diese Entschuldigung mit Sicherheit akzeptiert. »Lerne zu vergeben, und es wird dir helfen, lange zu leben«, sagte sie bei ihrem 110. Geburtstag im Januar 2014.[17]

Die Residential Schools, die bis in die 1960er und 1970er Jahre das Leben so vieler First Nations prägten und tiefe Wunden rissen, sind ein dunkles Kapitel der kanadischen Geschichte. Schonungslos beschrieb Harper die dahinterstehende Ideologie jener Tage. Kultur und religiöse Überzeugungen der Ureinwohner wurden als minderwertig angesehen. Die Politik hatte zum Ziel, Kinder von ihren Familien und Kulturen zu isolieren und sie in die dominante Kultur zu assimilieren. Sie sollte, wie ein berüchtigtes Zitat aus jener Zeit sagt, »den Indianer im Kind töten«.[18] Harper griff in seiner Rede auch diese schlimme Wendung auf. Kinder wurden in den Schulen unzureichend ernährt und gekleidet. Sie wurden der Liebe und Fürsorge ihrer Eltern und Großeltern beraubt. Zwar hatten einige Schüler auch positive Erfahrungen gemacht. Es gibt Berichte von gut geführten Schulen, von Missionaren und Nonnen, die sich um ihre Schutzbefohlenen bemühten und die – aus damaliger

Sicht – ihr Bestes wollten. Es gibt Stellungnahmen von Schülern, die dankbar für die Ausbildung sind. Aber insgesamt ist das Urteil verheerend. Die positiven Geschichten werden überschattet von tragischen Berichten von emotionalem, physischem und sexuellem Missbrauch, der Vernachlässigung von Kindern und ihrer Trennung von Familien und Gemeinden. »Die Regierung von Kanada entschuldigt sich aufrichtig und bittet um die Vergebung der indigenen Völker dieses Landes. […] Es tut uns leid.«[19]

Ich war im Parlament und hörte Harper und die Antworten der indigenen Völker. »Niemals wieder wird dieses Haus uns als ›Indianerproblem‹ bezeichnen«, sagte National Chief Fontaine. Er nahm damit Bezug auf das berüchtigte Zitat von Duncan Scott. Im Geiste der Versöhnung strecke er die Hand aus. Mary Simon, damals Vorsitzende der Inuit-Organisation »Inuit Tapiriit Kanatami«, sagte: »Lasst uns unsere Kräfte bündeln, damit diese Entschuldigung die Tür zu einem neuen Kapitel unserer Geschichte öffnet.«[20]

In den Gängen des Parlaments standen nach der Entschuldigung Gruppen von Angehörigen indigener Völker, viele der Anwesenden waren aufgewühlt. Mit mehreren, die ich von früheren Begegnung kannte, konnte ich sprechen. »Wir sind einen weiten Weg gegangen«, sagte mir Elmer Courchene, ein Elder von der Sagkeeng First Nation in Manitoba, aus der auch Phil Fontaine kommt. Zehn Jahre war er in einer Internatsschule. »Ich bin froh über das, was wir heute gehört haben.«

Ein Überlebender spricht: Interview mit Phil Fontaine

Wenige Tage vor der Entschuldigungsrede Harpers empfing mich National Chief Phil Fontaine in den Büros der AFN in Ottawa. Ich glaube, dass mein damaliges Interview mit ihm auch heute noch deutlich macht, wie wichtig diese Entschuldigung für die First Nations und die anderen indigenen Völker ist. Ich möchte daher einige Passagen daraus zitieren:

»Die Entschuldigung ist für die Überlebenden des Schulsystems, ihre Gemeinden und das ganze Land äußerst wichtig, weil es um das traurigste, dunkelste Kapitel der kanadischen Geschichte geht, über das faktisch niemand etwas weiß. Die Internatsschulen basierten auf einer Politik, die darauf angelegt war, und ich zitiere, ›den Indianer im Kind zu töten‹. Es war eine Assimilierungspolitik, die für viele Menschen tragische Folgen hatte. Vielen wurde Schaden zugefügt, so viele unschuldige Kinder wurden missbraucht. Die Politik legitimierte dies. Es geht um die Übernahme der Verantwortung für diese Politik. Es geht um die Anerkennung, dass diese Politik angelegt war, unsere Existenz als Völker zu leugnen, unsere Rechte zu leugnen, uns zu assimilieren und jedes Gefühl für ›Indianisch-Sein‹ in diesem Land auszulöschen. Daher ist es für uns so wichtig, dass die Regierung durch den Premierminister sagt: Ja, unsere Politik war falsch, wir fügten unschuldigen Kindern Schaden zu und akzeptieren die Verantwortung für diese Verletzungen.«

Der National Chief sprach über die Folgen, die das Schulsystem bis heute hat:

»Wir sprechen über eine Erfahrung, die 150 000 Menschen betraf. Von ihnen leben noch etwa 80 000, aber täglich sterben etwa vier. Menschen wurde schwerer Schaden zugefügt. Die Folgen betreffen Generationen. Sie sind nicht auf die Personen beschränkt, die diese Verletzungen erlitten. Es betrifft ihre Kinder, Enkel, ganze Gemeinden. Wir sehen die Konsequenzen in jeder Gemeinde unserer Völker. Das ist die traurige Geschichte. […] Die meisten Kanadier wissen nichts über die Erfahrungen, die wir dort machten. Aber es ist ein wichtiger Teil ihrer Geschichte, und sie sollten es wissen. Ihre Kinder sollten in der Schule davon hören. Ich glaube, dass wir die Geschichte in einer fairen Weise schreiben können. […] Wir wissen, dass die Kanadier ein fair gesinntes Volk sind, die an Gleichheit glauben. Aber sie sind sich nicht bewusst, wie unfair wir behandelt wurden. Wenn sie wissen, wie wir behandelt werden, werden auch sie eine Änderung der Politik fordern.«

National Chief Phil Fontaine bei einem Interview, 2009.

Ich musste den National Chief auch fragen, was dieser Tag für ihn persönlich bedeute, da er doch selbst ein Überlebender dieses Systems ist und als einer der ersten offen über Missbrauch gesprochen hat:

> »Ich bin nicht einzigartig. Ich bin einer der Überlebenden. Ich bin Teil dieser Erfahrung. Diese Entschuldigung ist wichtig für mich, meine Familie, meine Gemeinde. Unsere Stimme wurde zum Schweigen gebracht. Die Entschuldigung wird uns helfen, wieder unsere Stimme zu erheben, als Gemeinden, nicht nur als Individuen. Es wird kein Leugnen unserer Rechte und unserer Existenz mehr geben. Ich brauchte viele Jahre, meine Erfahrungen zu verarbeiten. Wie andere musste ich erfahren, dass dies eine lebenslange Reise ist.«

Ob er nach all den Enttäuschungen der Vergangenheit optimistisch sein könne, fragte ich ihn:

> »Wir müssen optimistisch sein. Wären wir es nicht, würden wir uns selbst auf einen Ort der Hoffnungslosigkeit und Verzweiflung begrenzen. Wir müssen optimistisch sein. Wir müssen unser Volk ermutigen. Wir wollen ein besseres Leben für unser Volk und

starke, gesunde Gemeinden schaffen. Das erreicht man nicht mit Pessimismus und Hoffnungslosigkeit. Optimismus gibt uns die Kraft, unseren Kampf fortzusetzen.«

Die Wahrheits- und Versöhnungskommission

Ein Jahr danach nahm die Wahrheits- und Versöhnungskommission unter Vorsitz von Murray Sinclair aus dem Volk der Ojibway ihre Arbeit auf. Sinclair wuchs in der St. Peter's Reservation in Manitoba auf, er war der zweite indigene Richter Kanadas und ist jetzt Mitglied des Senats von Kanada.[21] Ihm zur Seite standen als weitere »Commissioner« Chief Wilton Littlechild und Marie Wilson. Die »Truth and Reconciliation Commission« hatte das Mandat, »die Kanadier durch die schwierige Entdeckung der Fakten hinter dem System der Residential Schools zu leiten« und die Grundlage für eine dauerhafte Versöhnung zu schaffen. Sie bot die Chance, ein fehlendes Kapitel der kanadischen Geschichte zu schreiben.

Sechs Jahre lang reiste die Kommission durch Kanada, hörte die Geschichten von mehr als 6000 Zeugen und veröffentlichte Ende 2015 ihren 4000 Seiten umfassenden Bericht. Bei der Präsentation des Abschlussberichts im voll besetzten Saal des Kongresszentrums von Ottawa blieben zwei Stühle leer: Sie erinnerten an Tausende indigene Kinder, die nicht in ihre Familien zurückkehrten. Sie starben an Krankheiten, Bränden, töteten sich aus Verzweiflung, sie flohen aus den Schulen, ertranken, erfroren oder verhungerten. »Ich stehe vor ihnen in der Hoffnung, dass wir an der Schwelle einer neuen Ära dieses Landes stehen«, sagte Murray Sinclair.

Die Wahrheits- und Versöhnungskommission stellte fest, dass es über mehr als ein Jahrhundert Ziel der Politik Kanadas war, indigene Regierungsstrukturen zu beseitigen, indigene Rechte zu ignorieren, die Verträge zu beenden und durch Assimilation das Ende der indigenen Völker als legale, soziale, kulturelle, religiöse und ethnische Einheiten herbeizuführen. Die Einrichtung von

Residential Schools war ein »zentrales Element dieser Politik, die am besten als ›kultureller Genozid‹ beschrieben werden kann«. Die Kommission definiert »kulturellen Genozid« als Politik, die darauf abzielt, Gesellschaftsstrukturen zu zerstören, Ureinwohnern Land wegzunehmen, ihre Bewegungsfreiheit einzuschränken, Sprachen und spirituelle Praktiken zu verbieten und Familien so zu zerstören, dass sie ihre Werte und Identität nicht an folgende Generationen weitergeben können. Residential Schools waren mehr als ein Erziehungsprogramm – sie waren ein »integraler Bestandteil einer bewussten Politik des kulturellen Genozids«.[22]

Insgesamt 94 Empfehlungen gab die Kommission. Sie betreffen die Curricula im öffentlichen Schulsystem, die über die Residential Schools informieren sollen, und die Ausbildung von Juristen, um zu einem gerechteren Justizsystem mit »restaurativer Justiz«[23] zu kommen und die überproportional hohe Haftrate indigener Menschen in kanadischen Gefängnissen abzubauen.[24] Die Kommission fordert, die Lücken im Lebensstandard zwischen indigener und nicht-indigener Bevölkerung zu schließen und Einwanderer, von denen viele aus Ländern kommen, in denen sie selbst Unterdrückung und Rassismus erfuhren, über die besondere Rolle und Geschichte der indigenen Völker im multikulturellen Land Kanada zu informieren.

Eine der schlimmsten Erfahrungen der Kommission war die Konfrontation mit dem Los der verschwundenen Kinder. Bis 2015 konnte das Schicksal von 3200 Kindern geklärt werden, die in den Internaten oder auf der Flucht ums Leben kamen. Die Kommission glaubt, dass es mindestens doppelt, wenn nicht sogar zehnmal so viele waren. Viele wurden in anonymen Gräbern beigesetzt, oft erfuhren ihre Eltern erst viel später, dass ihre Kinder gestorben waren. Dokumente hierüber in staatlichen oder kirchlichen Archiven gingen unter. Der Verdacht besteht, dass sie vernichtet wurden, um Spuren zu verwischen. Das Schicksal der »verlorenen Kinder« müsse aufgeklärt werden, verlangt die Kommission.

Die Wahrheits- und Versöhnungskommission hat diese düstere Geschichte Kanadas für immer festgehalten. Die Dokumentation mit vielen erschütternden Berichten ist Zeugnis der katastrophalen Folgen der Schul- und Assimilierungspolitik. Die Kommission stellte nach Übergabe des Berichts ihre Arbeit ein. An der Universität von Manitoba in Winnipeg wurde das »National Centre for Truth and Reconciliation« geschaffen. Es hat das Mandat, dafür zu sorgen, dass Geschichte und Erbe der Residential Schools nie vergessen werden.

Trudeaus Entschuldigung in Neufundland und Labrador

Die Entschuldigung Harpers war mit einem Makel behaftet: Sie bezog nicht die Innu und Inuit der kanadischen Atlantikprovinz Newfoundland and Labrador ein. Es war eine in erster Linie legalistische Entscheidung der Regierung. Als die Residential Schools geschaffen wurden, gehörte Neufundland nicht zur kanadischen Föderation. Neufundland und Labrador schlossen sich ihr erst 1949 an. Die fünf dort beheimateten Schulen standen demnach unter direkter Aufsicht der Provinzbehörden. Die konservative Bundesregierung sah deshalb keinen Anlass, Verantwortung für die 1980 geschlossenen Schulen zu übernehmen. Für die Betroffenen war dies schmerzvoll. Die ab Herbst 2015 amtierende liberale Regierung von Premierminister Justin Trudeau korrigierte dies. Zunächst verständigte sie sich mit Innu und Inuit auf einen Entschädigungsfonds in Höhe von 50 Millionen Dollar, etwa 35 Millionen Euro. Am 24. November 2017 reiste Trudeau nach Happy Valley-Goose Bay in Labrador, um sich im Namen der Regierung und des kanadischen Volkes zu entschuldigen.

Denn die Kinder der fünf Einrichtungen in Neufundland und Labrador waren dem gleichen, ihre Kultur und Traditionen unterdrückenden Regime ausgesetzt wie die Kinder in den anderen Residential Schools. Sie wurden von ihren Familien getrennt, sie durften ihre Muttersprache nicht sprechen und wurden gezwungen, »eurokanadische« Verhaltensweisen zu praktizieren. »Sie wurden entwurzelt und ihrer Identität beraubt. Es wurde ihnen das Gefühl vermittelt, unbedeutend und minderwertig zu sein. Sie wurden gelehrt, sich dafür zu schämen, wer sie waren und woher sie kamen«, sagte Trudeau, der dabei mit seinen Emotionen kämpfen musste. Ihm war bewusst, dass das Versäumnis 2008, die Kinder von Neufundland und Labrador nicht in die Entschuldigung einzubeziehen, Schmerz und Leid ausgelöst und den Heilungsprozess erschwert oder gar unmöglich gemacht hatte: »Heute stehe ich demütig vor Ihnen, um im Namen der Regierung Kanadas und aller Kanadier die schon lange überfällige Entschuldigung auszusprechen.«[25]

Fast vergessen – die Indian Day Schools

Angesichts der Tragödie, die sich in den Residential Schools abspielte, geriet ein weiterer Teil des Schulsystems für indigene Kinder fast völlig in Vergessenheit: die Indian Day Schools. Mindestens ebenso viele Kinder aus First Nations, der Métis und der Inuit besuchten diese Tagesschulen innerhalb oder in der Nähe von Reservationen. Geschätzt wird, dass nahezu 200 000 Kinder indigener Völker diese ab 1920 eingeführten Indian Day Schools besuchten. Sie konnten zwar abends zu ihren Eltern zurückkehren, aber auch in diesen Schulen galt die Prämisse der offiziellen Politik, die Kinder zu assimilieren und ihnen das »Indianer-Sein« abzugewöhnen. Auch diese Schulen hinterließen bei vielen Kindern traumatische Erinnerungen an physischen und sogar sexuellen Missbrauch. Trotzdem waren die Indian Day Schools nicht Teil des »Indian Residential School Settlement« von 2006.

Einer der Jungen, die eine Indian Day School besuchten, war der 1951 geborene Garry Leslie McLean. Er musste von 1957 bis 1965, wie vom »Indian Act« vorgeschrieben, die Dog Creek Day School der Lake Manitoba First Nation besuchen. Er sei emotionalem, mentalem, physischem und sexuellem Missbrauch ausgesetzt gewesen, erzählte er später. »Ich konnte kein Englisch, als ich die Schule begann. Ich sollte meine Sprache Saulteaux nicht sprechen. Wenn ich meine Sprache sprach, wurde ich gezwungen, mich hinzuknien, das Gesicht in die Ecke des Klassenraums gerichtet, und Wörter zu wiederholen, bei denen ich erst später begriff, dass sie Gebete waren. Als Strafe musste ich das über eine längere Zeit machen, und oft wurde mein Mund mit Seife ausgewaschen.« Das Auswaschen des Mundes war eine nicht unübliche Strafe, um »böse Wörter wegzuwaschen«. Claudette Commanda von der Kitigan Zibi First Nation nördlich von Ottawa berichtete, sie habe sich zunächst gefreut, in die Schule gehen zu dürfen und neue Freundschaften schließen zu können. Aber diese Freude sei bald der Furcht gewichen, weil die Lehrer »streng und gemein zu den Kindern waren«. Die Lehrerin habe sie mit einem Lineal geschlagen, und die Kinder seien bestraft worden, wenn sie Algonquin sprachen. »Wir wurden ›Wilde‹ genannt.«[26]

Garry Leslie McLean und Claudette Commanda wollten, dass ihre Geschichte nicht vergessen wird. 2009 initiierten sie eine Sammelklage gegen die Regierung. 2019 wurden eine Einigung erreicht und das Verfahren außergerichtlich beendet. Die Vereinbarung sieht individuelle Entschädigungszahlungen von mindestens 10 000 Dollar vor. 200 Millionen Dollar erhält die »McLean Day Schools Settlement Corporation« für Projekte, die den Heilungsprozess, Ausbildungsprogramme und das Gedenken an die Tagesschulen fördern.

Wieder musste Kanada bekennen, dass die Misshandlung indigener Kinder im staatlichen Schulsystem ein beschämender Teil seiner Geschichte ist, und versucht nun, auf dem Weg zu Reconciliation, Versöhnung und Respekt die Fehler der Vergangenheit zu korrigieren.[27] Garry Leslie McLean, der für die Schüler der Indian Day Schools gekämpft hatte, durfte den Tag im März 2019, als Bundesministerin Carolyn Bennett die Einigung bekanntgab, nicht mehr erleben. Er erlag am 19. Februar 2019 einem Krebsleiden.

Der »Sixties Scoop«

In den 1960er Jahren wurden die verheerenden Folgen von Residential Schools und der drakonischen Politik nach dem »Indian Act« immer deutlicher. Armut, Alkoholabhängigkeit und zerstörte Familien gefährdeten in immer größerer Zahl die Kinder der indigenen Völker. Die Gemeinden waren finanziell nicht in der Lage, von sich aus Hilfe zu gewähren. Bund und Provinzen zögerten, direkt in den Gemeinden zu investieren, um die Probleme anzugehen. Die Bundesregierung hatte den Provinzen durch Änderung des »Indian Act« bereits 1951 größere Zuständigkeit in der Jugendfürsorge übertragen.[28] Nun konnte Provinz- und Territorialrecht auf First Nations angewendet werden. Die Provinzregierungen beschlossen, Kinder aus ihren Familien zu nehmen und viele von ihnen zur Adoption oder Pflege freizugeben. Begründet wurde dies mit der angeblich unzureichenden Fürsorge, die die Kinder in ihren Familien erhielten, ein Zustand, den der Staat durch seine bevormundende und kulturzerstörende Politik selbst mit zu verantworten hatte. In den 1950er und verstärkt mit Beginn der 1960er Jahre griff eine Politik um sich, die später als »Sixties Scoop« bezeichnet werden sollte. Patrick Johnston vom regierungsunabhängigen »Canadian Council on Social Development«[29] soll diesen Begriff erstmals in einem 1983 veröffentlichten Bericht über indigene Kinder und die Jugendfürsorge in Kanada verwendet haben. Er bezeichnete die Entfernung von Kindern der First Nations, Métis und Inuit aus ihren Familien als »scooping«. Der Begriff kann mit »wegnehmen« oder »abschöpfen« übersetzt werden.

Von Mitte der 1960er bis Mitte der 1980er Jahre wurden indigene Kinder aus ihren Familien und Gemeinden gerissen und überwiegend nichtindigenen Familien in Kanada und den USA, manchmal auch in Übersee, zur Adoption oder Pflege übergeben. Dies geschah oft ohne Zustimmung der Eltern oder ihrer Gemeinden. Geschätzt wird, dass mindestens 11 000, vermutlich aber mehr als 20 000 Kinder Opfer dieser Politik wurden.[30] Der Verlust von

Kultur, Sprache und Identität gehört zu den langfristigen negativen Folgen des »Sixties Scoop«. Aufgrund restriktiver gesetzlicher Vorgaben bei der Offenlegung von Adoptionsdokumenten und Geburtsurkunden erfuhren viele Betroffene erst als Erwachsene von ihrer Herkunft. Selbst wenn sie in liebevoller Umgebung aufwuchsen, konnten ihre Adoptiveltern keine Erziehung anbieten, die ihnen eine Verbindung zu ihrer ursprünglichen Kultur ermöglichte. Berichtet wird zudem von Missbrauchsfällen.[31]

Im Oktober 2017 präsentierte die Regierung eine Vereinbarung mit Überlebenden dieser Politik über eine finanzielle Entschädigung der Opfer. Bis zu 800 Millionen Dollar stellte Kanada bereit. Auch dieses unrühmliche Kapitel im Umgang mit den indigenen Völkern kommt den Staat also teuer zu stehen. Vom Gesamtbetrag sind 50 Millionen Dollar für die Sixties-Scoop-Stiftung vorgesehen. Sie soll den Opfern der »fehlgeleiteten früheren Politik« beim Heilungsprozess helfen.

»Der Sixties Scoop war ein dunkles, schmerzhaftes Kapitel in Kanadas Geschichte.« Dies sagte die für die Beziehungen zwischen Regierung und indigenen Völkern zuständige Ministerin Carolyn Bennett. Gespräche mit einigen Opfern hatten einen tiefen Eindruck bei ihr hinterlassen: »Ihre Erzählungen sind herzzerreißend. Sie sprachen davon, dass ihre Identität gestohlen wurde. Dass sie nicht wissen, wohin sie gehören.« Marcia Brown Martel war damals Chief der Beaverhouse First Nation bei Kirkland im Norden Ontarios. Als Vierjährige wurde sie ihrer Familie weggenommen und Pflegeeltern übergeben. »Ich habe große Hoffnung, dass so etwas nie wieder in Kanada passieren wird. Die Zeiten, in denen Kinder gestohlen und in eine Umgebung platziert wurden, die nicht ihr Lebensstil, ihre Kultur ist, und sie von ihrer Sprache entfernt wurden, diese Tage sind zu Ende«, sagte sie. Die Vereinbarung galt zunächst nur für die Kinder von First Nations und der Inuit. »Nicht-Status-Indianer« und Métis waren davon nicht erfasst. Auch hier strebt die Regierung eine Vereinbarung an, die weitere kostspielige Gerichtsverfahren verhindern soll.

Allen Beteiligten an der Vereinbarung war bewusst, dass die Anerkennung des Unheils, das der »Sixties Scoop« angerichtet hatte, auch Folgen für die gegenwärtige Wohlfahrtspraxis haben muss. Immer noch werden überproportional viele indigene Kinder aus ihren Familien genommen, weil die Behörden der staatlichen Kinder- und Jugendfürsorge glauben, dass in ihren Familien Vernachlässigung drohen könnte. Laut Volkszählung 2016 sind 7,7 Prozent aller kanadischen Kinder im Alter unter 14 Jahren Indigene. Aber von allen Kindern, für die eine private Pflegeunterbringung in Familien angeordnet wurde, kommen 52 Prozent aus indigenen Gemeinden: Rund 15 000 der annähernd 30 000 kanadischen Kinder in Pflegefamilien sind indigene Kinder.[32] Zählt man die indigenen Kinder hinzu, die von ihren Familien getrennt unter staatlicher Fürsorge in Einrichtungen des Staates leben, so ist die Zahl noch viel höher. Allein in Manitoba waren 2018 von insgesamt 11 000 Kindern in »care«, also in staatlicher oder privater Fürsorge, rund 10 000 indigene Kinder. Kanadaweit waren es bis zu 40 000 und damit die Hälfte aller Kinder, die sich in Fürsorge befanden.

Erschreckend ist, dass offensichtlich bis in die Gegenwart mehr indigene Kinder getrennt von ihren Eltern aufwachsen als auf dem Höhepunkt der Residential Schools.[33] »Das Monster, das in den Residential Schools geschaffen wurde, ist in ein neues Haus gezogen. Dieses Monster lebt nun im Jugendwohlfahrtssystem«, sagt Murray Sinclair, der Vorsitzende der »Truth and Reconciliation Commission«.[34] In einigen Provinzen existierten über viele Jahre sogenannte »birth alerts«: Krankenhäuser waren aufgefordert, die Behörden für Kinder- und Jugendfürsorge sofort, auch ohne Information oder Zustimmung der Mutter, zu informieren, wenn ein Kind geboren wurde, das aufgrund des »Hintergrunds« seiner Familie Risiken ausgesetzt sein könnte. Betroffen waren davon in hohem Maße indigene Mütter, denen die Kinder dann oft bereits im Krankenhaus weggenommen wurden. Die Provinz

British Columbia stellte diese Praxis 2019 ein, Manitoba folgte am 1. April 2020.[35]

First Nations, Métis und Inuit fordern seit Langem, dass der Staat mehr in soziale Unterstützung in den Gemeinden investieren soll, statt für Unterbringung in Pflegefamilien oder staatlichen Einrichtungen zu zahlen, und dass die indigenen Gemeinden die Zuständigkeit für Kinder- und Jugendfürsorge erhalten, wie es auch die »Wahrheits- und Versöhnungskommission« gefordert hatte. Im November 2018 trat die damalige Ministerin für »Indigenous Services«, Jane Philpott, in Ottawa vor die Presse und sagte:

> »Jeden Tag geht in diesem Land jemand in ein Haus oder ein Krankenhauszimmer, in dem eine First-Nation-, Inuit- oder Métis-Mutter ein Kind zur Welt gebracht hat, und nimmt ein Baby, ein Kleinkind oder Kind seiner Familie weg. Meistens werden sie aus Gründen weggenommen, die euphemistisch Vernachlässigung genannt werden. In Wahrheit aber werden sie aus Gründen weggenommen, die in ökonomischer Armut, mangelhafter Wohnsituation oder ungelösten Gesundheitsproblemen liegen.«[36]

Im Juni 2019 verabschiedete das Parlament Kanadas das Gesetz C-92, das »Gesetz über Kinder, Jugendliche und Familien der First Nations, Inuit und Métis«. Es trat am 1. Januar 2020 in Kraft und gibt den indigenen Völkern weitreichende Jurisdiktion über die Kinder-, Jugend- und Familienfürsorge. Es setzt Standards fest, regelt den Übergang der Zuständigkeit auf indigene Institutionen und stellt Modelle zur Verfügung, die auch eine gemeinsame Fürsorge mit Bund oder Provinzen ermöglichen. Mit diesem Gesetz wurde erneut eine Vorschrift des »Indian Act«, das dem Bund die Entscheidungsbefugnis über die Wohlfahrtspflege gibt, ersetzt. Indigene Kinder sollen, wann immer es möglich ist, künftig in ihren Gemeinden aufwachsen.

Bundesregierung und Provinzen sind nun gefordert, indigenen Kindern die gleiche Unterstützung zukommen zu lassen wie nichtindigenen Kindern. 2007 hatte das kanadische Parlament den

Rechtsgrundsatz »Jordan's Principle« verabschiedet. Dieser besagt, dass Kinder von First Nations, Inuit und Métis Anspruch auf gleiche Leistungen des Staates haben wie alle anderen Kinder auch.[37] Analysen der Bundes- und Provinzbudgets hatten ein klares Bild ergeben: Für nichtindigene kanadische Kinder gaben die Provinzen pro Kopf weitaus mehr Geld aus als der Bund für die indigenen Kinder, für die er zuständig war. Weil auch Jahre später Anspruch und Wirklichkeit weit auseinanderklafften, erhob die »First Nations Child and Family Caring Society«, die sich für Gleichheit in der Sozialhilfe einsetzt, Klage vor dem kanadischen Menschenrechtstribunal. 2019 verurteilte dieses die kanadische Regierung zu Schadenersatz, weil indigene Kinder über Jahre hinweg gegenüber nichtindigenen Kindern benachteiligt wurden. Das Tribunal setzte eine Entschädigung von bis zu 40 000 Dollar (27 000 Euro) für ein Kind und seine Familie fest. Nach Angaben der AFN könnten zwischen 40 000 und 50 000 Kinder und ihre Familien Anspruch auf Entschädigung haben.[38]

Die Tragödie der ermordeten indigenen Frauen

Bei meinem Besuch im Nisga'a-Territorium im September 2019 sah ich am Ortsausgang der Nisga'a-Gemeinde Gitlaxt'aamiks ein bedrückendes Schild: ein Gemälde, das eine junge Frau am Straßenrand zeigt, im düsteren Hintergrund eine Reihe von Kreuzen und die Scheinwerfer eines sich nähernden Autos. Und auf dem Schild stand: »Hitch Hiking – is it worth the risk?« Am Trans-Canada Highway warnen Schilder vorm Trampen: »No Hitch Hiking!«

Der Highway 16 von Prince Rupert an der Küste nach Prince George im Landesinneren von British Columbia hat einen unrühmlichen Namen: »Highway of Tears«, Straße der Tränen. Auf dem 720 Kilometer langen Abschnitt des Trans-Canada Highway starben viele indigene und nichtindigene Frauen. Etliche wurden ermordet am Straßenrand aufgefunden, andere werden immer

Demonstration in Ottawa gegen das ungeklärte Verschwinden indigener Frauen und Mädchen, 2011.

noch vermisst. Vor sieben Jahren hatte ich erstmals Gladys Radek getroffen, eine bemerkenswerte Frau aus einer First Nation in British Columbia. Die Mutter von fünf Kindern und Großmutter von fünf Enkeln kämpfte dafür, dass die Familien verschwundener und ermordeter Frauen gehört werden. Ihre 22 Jahre alte Nichte Tamara Chipman verschwand am 21. September 2005 bei Prince Rupert. Sie wurde letztmals gesehen, als sie als Anhalterin am Highway 16 stand.

Amnesty International hatte 2004 im Bericht »Stolen Sisters« die Gewalt gegen indigene Frauen in Kanada dokumentiert.[39] Die kanadische Bundespolizei RCMP (Royal Canadian Mounted Police) räumte 2012 ein, dass indigene Frauen und Mädchen überproportional oft Opfer von Gewalt sind. Nach ihren Daten wurden von 1980 bis 2012 landesweit 1017 indigene Frauen getötet, hinzu kommen 169 vermisste Frauen – insgesamt 1186 Opfer. Indigene Organisationen gingen schon damals von einer höheren Zahl aus. Nach seiner Wahl setzte Premierminister Trudeau die von den indigenen Völkern geforderte Kommission ein. Im Juni 2019 legte die »National Inquiry into Missing and Murdered Indigenous Women and Girls« ihren Bericht vor: 1200 Seiten über Gewalt gegen Frauen, Mädchen und LGBT-Menschen der indigenen Gemeinden.[40] Gladys Radek schrieb eines der Vorworte – im Gedenken an ihre Nichte.[41]

In der Großen Halle des Museums der kanadischen Geschichte in Gatineau mit den imposanten Totempfählen der First Nations der Pazifikküste flossen viele Tränen. Schluchzen und Weinen war zu vernehmen. Hunderte hatten sich versammelt, viele von ihnen rot gekleidet. Die rote Kleidung ist das Symbol für die getöteten und verschwundenen indigenen Frauen und Mädchen. Der kanadische Staat habe vorsätzlich und systematisch Menschen- und indigene Rechte verletzt, um »indigene Menschen ihrem Land, ihren Sozialstrukturen und Regierungsformen zu entreißen«, sagte die Vorsitzende der Kommission Marion Buller, eine Cree und die erste indigene Frau, die als Richterin an ein Gericht der Provinz British Columbia berufen worden war. Dies sei Völkermord. Auch der 1200 Seiten lange Bericht greift dieses nicht unumstrittene Wort auf. Aufgrund der Zeugenaussagen war die Kommission überzeugt, dass der Begriff Genozid gerechtfertigt sei. Der »kanadische Genozid« ziele auf alle Angehörigen der indigenen Völker, besonders aber auf Frauen, Mädchen und Angehörige der LGBT-Gemeinde bei den indigenen Völkern. Koloniale Gewalt, Rassismus, Sexismus, Homophobie und Transphobie seien Teil ihres Alltagslebens. Daher befand die Kommission, »dass dies Völkermord gleichkommt«.[42]

Die Untersuchungskommission stellt fest, dass für indigene Frauen und Mädchen die Wahrscheinlichkeit, getötet zu werden oder als Gewaltopfer zu verschwinden, zwölfmal größer ist als bei jeder anderen Bevölkerungsgruppe und 16-mal höher als bei weißen Frauen. Zu den Ursachen der Tragödie zählen die sozialen Lebensumstände in vielen indigenen Gemeinden, zudem Drogen- und psychische Probleme sowie Rassismus. Der Bericht zeigt den Zusammenhang zwischen sozialen Problemen wie mangelndem

Wohnraum, schlechterer Gesundheitsfürsorge, Armut und Arbeitslosigkeit einerseits und Sicherheit und Gewalt andererseits auf. Der Polizei wurde oft vorgeworfen, bei Gewalttaten gegen indigene Frauen, zumal wenn sie drogensüchtig waren oder der Prostitution nachgingen, nicht mit dem gleichen Nachdruck ermittelt zu haben wie bei weißen Frauen. Besonders deutlich wurde dies im Fall des Schweinefarmers Robert Pickton, auf dessen Farm in British Columbia die sterblichen Überreste und DNA-Spuren von mehr als zwei Dutzend Frauen gefunden worden waren. Unter seinen Opfern waren überproportional viele indigene Frauen. Ein Untersuchungsbericht zeigte später, wie eklatante Fehler der Polizei, die durch Vorurteile gegenüber den Opfern ausgelöst worden waren, das mörderische Treiben lange Zeit unentdeckt ließen.

Indigene Frauen werden Opfer von Gewalt durch Täter aus ihren Gemeinden und Familien sowie durch Außenstehende. »Unser Justizsystem funktioniert nicht. Wir werden nicht geschützt. Das muss aufhören«, sagte Kommissionsmitglied Michèle Audette. Mehr als 200 Forderungen, »Calls for Justice«, veröffentlichte die Kommission. Sie zielen auf eine Anerkennung indigener Rechte, gesichertes Einkommen, Änderungen im Polizei- und Justizapparat und die Schaffung weiterer Polizeieinheiten unter indigener Führung. Die Forderungen richten sich auch an die ganze Gesellschaft: »Nehmt Stellung gegen Gewalt gegen indigene Frauen und Mädchen! Dekolonialisiert euch! Lernt die wahre Geschichte Kanadas und der indigenen Völker«, sagte Marion Buller in ihrer Rede.

Premierminister Trudeau versprach, die Empfehlungen umzusetzen, und gestand ein, dass Kanadas Justiz bei der Behandlung der Todes- und Vermisstenfälle versagt habe.

Im Frühsommer 2020 appellierte die »Native Women's Association of Canada«, die sich als Stimme der Frauen und Mädchen der First Nations, Inuit und Métis versteht, an die Regierung, den Umsetzungsplan endlich zu präsentieren.[43] Es war Zeit zum Handeln, auch wegen der Covid-19-Krise, die offensichtlich zur Zunahme von Gewalt gegen indigene Frauen führte.

Das lange vergessene Volk

Die Métis, eine Kultur zwischen First Nations und europäischen Einwanderern

Meist ist es still in Batoche. Mehrmals habe ich den Flecken besucht, der auf einem Plateau hoch über dem South-Saskatchewan-Fluss liegt, und diese Ruhe genossen. Die kleine Kirche Saint Antoine de Padoue, ein Pfarrhaus, einige Reste von Häusern und ein Friedhof. Die Namen auf den Grabsteinen sind überwiegend französischen Ursprungs. Etwas abseits davon liegt das Informationszentrum. In den Wintermonaten ist es geschlossen. Nur im Sommer kommen Besucher zum »Batoche National Historic Site«, 80 Kilometer nordöstlich von Saskatoon in der kanadischen Prärieprovinz Saskatchewan. Neben der kanadischen Flagge flattert die Flagge der Métis-Nation im Wind: das Infinity-Zeichen, das mathematische Unendlichzeichen, auf blauem Grund. Es symbolisiert die Identität der Métis, eines jungen indigenen Volkes, Nachkommen von europäischen Trappern, Pelzhändlern und Waldläufern und Frauen aus First Nations. Es steht aber auch für das Bewusstsein, dass die Métis-Kultur für immer bestehen wird.

Einschusslöcher an Kirche und Pfarrhaus zeigen, dass es hier nicht immer so friedlich gewesen ist. 1885 war Saskatchewan Schauplatz der »Nordwestrebellion«, in der sich die Métis erhoben und für ihre Rechte eintraten. Allein der Begriff Rebellion ist umstritten. Für die Métis war es ein Widerstand. Geführt wurden sie vom 41-jährigen Louis Riel. In Batoche fand im Mai 1885 die Entscheidungsschlacht zwischen den Métis und den von der Regierung in Ottawa entsandten Truppen statt. Riel wurde gefangen genommen und in der Provinzhauptstadt Regina von einer aus protestantischen Anglokanadiern bestehenden Jury wegen Verrats zum Tode verurteilt. Am 16. November 1885 wurde er gehenkt.

Die Métis sind neben First Nations und Inuit als indigenes Volk in der Verfassung Kanadas von 1982 anerkannt. Sie sind mit etwa 600 000 Angehörigen die zweitgrößte indigene Bevölkerungsgruppe nach den First Nations. Angesichts der vielfältigen Kulturen und historischen Erfahrungen bei den First Nations können die Métis für sich in Anspruch nehmen, die größte indigene Bevölkerungsgruppe mit einer gemeinsamen Geschichte und Kultur zu sein. 80 Prozent der Métis leben in Ontario und in den Westprovinzen und nahezu zwei Drittel in Städten. Winnipeg, Hauptstadt von Manitoba, hat mit mehr als 50 000 die höchste Métis-Population aller Städte. Aber weiterhin lebt ein beträchtlicher Teil dieses indigenen Volkes in kleineren ländlichen Gemeinden entlang der Pelzhandelsrouten des 19. Jahrhunderts von Ontario über die Prärien bis in den Einzugsbereich des Peace River im Norden Albertas. Dort gibt es Gemeinden mit Métis-Mehrheiten oder sehr hohem Métis-Anteil. Île-à-la-Crosse und Buffalo Narrows in Nord-Saskatchewan sind Beispiele.

Die Métis mussten in Kanada sehr lange um ihre Anerkennung kämpfen und waren lange Zeit »das vergessene Volk« unter den indigenen Völkern Kanadas, wie Jean Teillet, die Urgroßnichte des legendären Métis-Politikers Riel, in ihrem 2019 erschienenen Buch *The North-West Is Our Mother* schreibt.[1] Die wirtschaftlichen Aktivitäten der Handelsgesellschaften Hudson's Bay Company und North West Company sowie der Pelzhandel führten zum Entstehen des Métis-Volkes. Für die beiden Unternehmen waren frankokanadische und schottische Pelzhändler und Trapper unterwegs. Diese Trapper und Pelzhändler, Coureurs des Bois – Waldläufer – und Voyageurs, die mit Kanus die Pelze transportierten, heirateten Frauen der Cree, Ojibwa, Dene und manch anderer First Nations. Und ihre Nachkommen entwickelten eine neue Kultur, »weder europäisch noch indianisch, sondern eine Fusion beider«, wie mir Clément Chartier, Präsident des »Métis National Council«, erzählte. »Das Métis-Volk bildete sich.«

Im östlichen Kanada gingen Familien mit gemischten ethnischen Wurzeln, die sehr schnell nach den ersten Kontakten zwischen Europäern und indianischen Völkern entstanden, in den Siedlergemeinden oder den First Nations auf. In den abseits gelegenen Prärieebenen entstand dagegen ein neues Volk: Die Métis formten ihre eigene Kultur, die sich sowohl von der Kultur der First Nations als auch der der europäischen Einwanderer unterschied. Neben ihrer gemischten Herkunft als indianisch-europäisches oder inuit-europäisches Volk schufen sie eine gemeinsame soziale Identität. Auch eine eigene Sprache entwickelten sie – Michif, eine Kombination vor allem aus Französisch, Cree und Ojibwa.[2] »Ihre Tänze verbanden den Reel-Tanz Schottlands mit den komplizierten Schritten der Indianer der Prärie. Ihre Kleidung war halb europäisch und halb indianisch, aber nach europäischem Schnitt und oft mit Glasperlen und Federn dekoriert.«[3] Herz des Métis-Landes waren ihre Siedlungen in der Red-River-Region, ein Gebiet, das vom Red River und dem Assiniboine River durchzogen wird und sich über den Süden der heutigen Provinzen Manitoba und Saskatchewan und den Norden North Dakotas und Minnesotas erstreckte.

Ein wichtiges Kriterium für Métis-Angehörigkeit ist die Verbindung zu historischen Siedlungen der Métis vor allem in den Prärieprovinzen und zur Métis-Bewegung Mitte des 19. Jahrhunderts unter Riel. Kontroverse Debatten, wer sich rechtmäßig als Métis bezeichnen darf, werden trotz klärender Gerichtsurteile, die sich mit dieser Frage befassten, bis heute geführt.[4] Die frühere Unterscheidung zwischen den französischsprachigen, überwiegend katholischen Métis und den anglophonen und anglikanischen »Halfbreed« ist Vergangenheit. Im heutigen Sprachgebrauch umfasst Métis Menschen sowohl französisch- als auch englischsprachiger Herkunft. Der Begriff »Half-breed«, was mit Mischling oder Halbblut übersetzt werden kann, ist abwertend und wird nicht mehr verwendet.

Die Métis mussten seit ihrem Entstehen für ihre Rechte kämpfen und ihr Siedlungsgebiet gegen einströmende Kolonisten verteidigen. 1816 griffen sie erstmals zu den Waffen. »Die Métis-Nation wurde im Kampf geboren«, schreibt Jean Teillet über diese kriegerische Auseinandersetzung.[5] Als die Hudson's Bay Company 1869 ihr gesamtes Land, Rupert's Land, ohne Mitsprache der Métis und ohne Garantie ihrer Rechte an Kanada verkaufte, waren Konflikte vorprogrammiert. Zweimal – 1869 und 1885 – führte Riel im Gebiet der heutigen Provinzen Manitoba und Saskatchewan den Widerstand der Métis und First Nations gegen vordringende anglokanadische Siedler, gegen die Enteignung ihres Landes und ihrer Existenzgrundlage an. 1869 schuf er mit der Proklamation einer provisorischen Regierung der Métis die Grundlage für die wenig später folgende Gründung der Provinz Manitoba. Denn die Proklamation führte zu Verhandlungen mit Ottawa und zum »Manitoba Act« von 1870, mit dem die Red-River-Region der Konföderation als fünfte Provinz unter dem Namen Manitoba beitrat. Englisch und Französisch wurden Amtssprachen. Das Gesetz bestätigte die Landrechte derer, die am Red River lebten, überwiegend Métis, und reservierte mehrere Hunderttausend Hektar Land für die Kinder der Métis-Familien. Aber die Hoffnung auf ein friedliches Leben am Red River erfüllte sich nicht. Aggressive Siedler, unterstützt von der Bundesregierung, strömten in das Land. Louis Riel sah sein Leben bedroht und floh nach Montana.

1885 sahen sich die Métis, wie anfangs schon beschrieben, erneut gezwungen, Widerstand zu leisten. Als »Nordwestrebellion« ging dieser Widerstand in die Geschichte ein. Der Führer der Métis in Saskatchewan, Gabriel Dumont, hatte Riel ein Jahr zuvor überzeugt, nach Kanada zurückzukehren. In der Schlacht von Batoche vom 9. bis 12. Mai 1885 wurden die Métis besiegt. Riel ergab sich und wurde in Regina vor Gericht gestellt.

Rachegelüste eines Teils der anglokanadischen Bevölkerung

mussten gestillt werden: Riel hatte in der ersten Rebellion 1869/70 den Anglokanadier Thomas Scott, einen zu Gewalt neigenden Mann, der Riel zu ermorden drohte und zuvor schon einen Menschen umgebracht hatte, vor ein Métis-Gericht stellen lassen. Scott war verurteilt und hingerichtet worden. 1885 wurde abgerechnet: In Regina urteilten eine sechsköpfige, aus weißen, anglophonen Protestanten bestehende Jury und ein Richter, der kein Französisch sprach[6], über Riel. Er lehnte es ab, sich für unzurechnungsfähig erklären zu lassen, wie es sein Verteidigerteam anstrebte. Er war ein zutiefst religiöser Mann, der davon überzeugt war, dass Gott ihn leite. Riel wurde wegen Verrats zum Tode verurteilt und gehenkt. Wie Jean Teillet schreibt, war der Straftatbestand Verrat gewählt worden, weil ein Schuldspruch dann nur eine Strafe zuließ: die Todesstrafe. Rund 40 000 Frankokanadier demonstrierten am Tag seiner Hinrichtung in Montreal gegen die Vollstreckung der Todesstrafe. Der konservative Premierminister John A. Macdonald hatte unerbittliche Härte gezeigt. »Er soll sterben, auch wenn jeder Hund in Québec für ihn bellt«, lautet eine berüchtigte Aussage Macdonalds.[7]

Louis Riel, der Gründer Manitobas

Heute wird Louis Riel in Kanada ganz anders gesehen. Es ist nicht mehr der Verräter, zu dem ihn die Regierung Kanadas zu Lebzeiten abstempelte. Er wird als Gründer der Provinz Manitoba gefeiert, der für die Rechte der Métis und der frankophonen Kanadier in der Prärie kämpfte und einen bedeutenden Beitrag zum Aufbau der kanadischen Konföderation leistete. Im März 1992 erkannte das kanadische Parlament durch Annahme einer Resolution die »einzigartige und historische Rolle von Louis Riel als ein Gründer Manitobas und seinen Beitrag bei der Entwicklung der Konföderation« an.[8] 2020 wird des 150. Jahrestags der Gründung Manitobas gedacht, »des Beitritts der Métis-Nation zur Konföderation«, wie Kanadas Premierminister Trudeau es formulierte.[9]

Louis Riel, Anführer des Métis-Widerstands, etwa 1870.

Zudem ist der Todestag von Louis Riel, der 16. November, ein Gedenktag: der Louis-Riel-Tag. Métis und Regierung würdigen an diesem Tag die Verdienste des Métis-Anführers. »Louis Riels Führung hinterließ eine unauslöschliche Spur in der kanadischen Konföderation. Er war ein Champion der Métis-Nation, ein Verteidiger von Minderheitenrechten und der Gründer von Manitoba. Louis Riels Vision einer gerechten Provinz, in der Gleichheit herrscht, wies den Weg in ein besseres und inklusiveres Land«, sagte Trudeau zum Louis-Riel-Tag 2019.[10] Die Ministerin für die Beziehungen zwischen der Krone und den indigenen Völkern, Carolyn Bennett, sprach in ihrer Botschaft auch die Hinrichtung Riels an: »Der 16. November ist ein dunkler Tag in der Geschichte dieses Landes, denn er markiert den Jahrestag seiner Hinrichtung. Wir wissen, dass die Handlungen einer früheren repressiven kolonialen Regierung von Rassismus und Angst getrieben waren – Angst vor einer anderen Kultur und einem ungewöhnlichen Lebensstil.« Das dürfe »auf dem gemeinsamen Weg der Versöhnung nicht vergessen werden«.[11] Für die Métis-Nation erinnert der Gedenktag »an eine der großen Tragödien der kanadischen Geschichte«, ist aber auch Anlass, Métis-Kultur zu feiern und sich bewusst zu werden, dass durch Zusammenarbeit Versöhnung, Reconciliation, erreicht werden kann.[12]

Am Tag der Indigenen Völker Kanadas am 21. Juni 2017, wenige Tage vor den Feiern zum 150. Jahrestag der Staatsgründung Kanadas, ehrten junge Métis-Erwachsene Premierminister Trudeau, indem sie ihm einen Sash umbanden. Der Métis-Sash ist ein handgewobener farbenprächtiger Gürtel aus Wolle, manchmal auch mit Pflanzenfasern. Er wurde früher als Kleidung und Gebrauchsgegenstand zugleich verwendet, denn er konnte zum Ziehen oder Tragen von Kanus benutzt werden, zum Transport von Waren und Beute, als Sattel oder gar als Verband nach Verletzungen. Heute dient er vor allem als schmückendes traditionelles Kleidungsstück. Die Métis-Föderation in Manitoba schuf eine Zeremonie, die »Order of the Sash« genannt wird: Der Gürtel wird als Dank und als Auszeichnung für Leistungen für die Métis-Nation überreicht. Trudeau konnte sich somit zu Recht über diese Auszeichnung freuen.

Aber wie bei den beiden anderen indigenen Bevölkerungsgruppen muss sich Kanada auch in den Beziehungen zu den Métis historische Ungerechtigkeiten eingestehen, die bis in die Gegenwart reichen. Das geht über das Regierungshandeln zur Zeit der Staatsgründung und den Strafprozess gegen Riel hinaus. 1872 hatte Kanadas Parlament den »Dominion Lands Act« beschlossen. Er regelte die Verteilung von Land an Siedler, Unternehmen, die Hudson's Bay Company, an Eisenbahngesellschaften für den Bau von Bahntrassen, an Städte und religiöse Gruppen. Das Gesetz stellte auch Land für die Einrichtung von Reservationen für First Nations zur Verfügung. Forderungen der Métis, auch ihre Landrechte in dem Gesetz anzuerkennen, verhallten zunächst ungehört. Zwar wurde 1879 der »Dominion Lands Act« ergänzt, sodass auch für Métis Land bereitgestellt werden konnte, aber erst mit der »Nordwestrebellion« wurden Verwaltungsvorschriften erlassen, die diese Landvergabe regelten.

Landbetrug durch »Scrip«

Die Landzuweisung erfolgte durch sogenannte »Scrip«. Scrip waren eine Art Gutschein, ein Coupon, der entweder eine festgelegte Landfläche oder einen Geldbetrag auswies. Die Scrip konnten für den Erwerb von Land eingesetzt werden, das zuvor von Landvermessern der Regierung für Besiedlung freigegeben wurde. Es war ein kompliziertes Verfahren. Die Métis mussten oft weit reisen, um das Gebiet zu erreichen, das für sie bestimmt war, mussten sich dort registrieren und warten, bis ihnen Urkunden ausgestellt wurden. Große Gebiete, die die Métis als ihr traditionelles Land ansahen, wurden nicht vermessen, sodass sie auch kein Eigentum daran erwerben konnten. Viele Métis kamen mit diesem Verfahren nicht zurecht und wählten statt des »Land Scrip« ein »Money Scrip«: In ihrer Notlage verkauften viele den Gutschein unter Wert an Spekulanten oder Banken. Damit verloren sie Ansprüche auf Land und erhielten auch keinen angemessenen Gegenwert. In einem Urteil aus dem Jahr 2003 bezeichnet das Oberste Gericht Kanadas Scrip-Spekulation und -Abwertung als »trauriges Kapitel in der Geschichte unserer Nation«.[13] Für den Staat waren mit dem Scrip-System alle darüber hinausgehenden Ansprüche der Métis auf das von ihnen traditionell genutzte Land erloschen. Das Zuteilungssystem hatte das Ziel, den Métis ihre historisch begründeten Ansprüche zu nehmen. »Sie stahlen unser Land«, sagte mir Métis-Präsident Clément Chartier in einem Gespräch am Sitz der Métis-Nation in Ottawa.

Ohne Rechte auf ihr Land und angesichts des rapiden Niedergangs des Pelzhandels wurden die Métis durch einströmende Siedler vertrieben. Sie zogen weiter in die Prärie hinein und schlossen sich anderen Métis-Gemeinden an, einige konnten auf ihrem Farmland bleiben oder verdingten sich als Landarbeiter, andere lebten am Rand von First-Nations-Reservationen oder in Slums in den Städten. Miserabel war auch das Leben der Métis, die sich auf »road allowances« niederließen, schmalen Landstreifen entlang von Straßen oder Eisenbahntrassen, die dem Staat gehörten. Während die Regierung mit den First Nations die »numbered treaties« aushandelten, die zumindest Landrechte enthielten, versuchte die Regierung, über das Scrip-Verfahren die Landansprüche der Métis auszulöschen. First Nations konnten in den Verhandlungen mit dem Staat als Einheit auftreten, Métis aber wurden als Individuen gesehen und konnten als Einzelpersonen ihre Interessen nicht durchsetzen. Die Bundesregierung übertrug schließlich alle Zuständigkeiten für Land und Rohstoffe den Provinzen und entledigte sich damit ihrer Verantwortung für die Métis. Ab 1941 wurden diese bei Volkszählungen nicht mehr als spezielle Bevölkerungsgruppe geführt. Sie erlitten »Jahrzehnte einer staatlich geförderten Marginalisierung. Riels Vision einer auferstandenen Métis-Nation verschwamm, starb aber niemals.«[14]

Wiedererwachen des politischen Bewusstseins

Die späten 1960er Jahre brachten wie bei First Nations und Inuit eine Wiederbelebung politischen Bewusstseins und damit die Entschlossenheit, sich politisch zu organisieren. Neben den First Nations mit ihrer »National Indian Brotherhood«, der heutigen AFN, und den Inuit mit »Inuit Tapirisat of Canada«, der jetzigen »Inuit Tapiriit Kanatami«, schufen Métis und »Nicht-Status-Indianer« den »Native Council of Canada«, aus dem später der »Congress of Aboriginal Peoples« wurde. 1982 gelang es den Métis mit First Nations und Inuit, dass in der neuen Verfassung die drei indigenen Völker ausdrücklich genannt werden, und somit auch sie. Aber auch danach mussten sie weiter um Anerkennung ihrer Geschichte und besonderen Anliegen kämpfen. Im »Native Council of Canada« als Organisation von Métis und »Nicht-Status-Indianern« sahen sich die Métis der Prärieprovinzen schließlich nicht mehr wirkungsvoll repräsentiert. Im März 1983 wurde daher der »Metis National Council« gegründet.

Nachdem die Rechtsprechung des Supreme Court ab 1973 die Rechte der indigenen Bevölkerung gestärkt hatte, wurden die Métis an Verhandlungen über die »modernen Verträge« beteiligt. Sie saßen mit am Verhandlungstisch, als über das »Gwich'in Agreement« von 1992 und das »Sahtu Dene and Métis Agreement« von 1993 gesprochen wurde. Es war die Abkehr von ihrem früheren Ausschluss von den Verhandlungen über die »historischen Verträge«. 2008 wurde zwischen den Métis und der konservativen Bundesregierung ein »Metis Nation Protocol« ausgehandelt über eine intensivere Zusammenarbeit bei »gemeinsamen Zielen und Interessen«.[15] Auch wenn es ein erneuter Schritt zur Stärkung der Métis war, so enthielt das Protokoll doch lediglich einen beschränkten Katalog an Themen.

Aber immer noch waren die Rechte der Métis und ihre Beziehungen zur Bundesregierung nicht klar definiert und anerkannt. Denn die Bundesregierung vertrat über lange Zeit die Ansicht, sie sei nur für »Status-Indianer« und Inuit zuständig. Ansprüche der Métis und der »Nicht-Status-Indianer« auf Unterstützung wurden von der Bundesregierung abgewiesen. Sie wurden an die Provinzen verwiesen. Die vom Staat willkürlich geschaffene Unterscheidung zwischen »Nicht-Status-Indianern«[16] und Métis auf der einen und »Status-Indianern« und Inuit auf der anderen Seite hatte für Erstere schwerwiegende Folgen. Bund und Provinzen schoben sich gegenseitig die Verantwortung für diese Bevölkerungsgruppen zu, erklärten sich für nicht zuständig und lehnten jeweils Forderungen auf Unterstützung ab.

Diese Unsicherheit hielt bis 2016 an. Dann entschied der Supreme Court von Kanada in der bahnbrechenden Entscheidung im Fall Harry Daniels, dass die 600 000 Métis und die »Nicht-Status-Indianer« im Sinne der Verfassung von 1867 »Indians« sind. Damit wurde endgültig geklärt, dass die Bundesregierung für sie zuständig ist und mit ihnen verhandeln muss.[17] In dem Urteil werden zwar keine ausdrücklichen Fürsorgepflichten des Staates gegenüber Métis und »Nicht-Status-Indianern« formuliert, und sie werden auch nicht den »Status-Indianern« gleichgestellt, die Reservationen haben und aufgrund von Verträgen Leistungsansprüche gegenüber dem Staat bei Unterbringung, Ausbildung und Gesundheitsfürsorge erheben können. Aber das Gericht stellt generell eine Pflicht der Bundesregierung fest, mit den beiden Gruppen über ihre Rechte zu verhandeln, also auch über Leistungen, die die soziale und ökonomische Benachteiligung beenden. Die Regierung der Métis-Nation sieht daher das Urteil als wichtigen Schritt auf dem Weg der Reconciliation und der Beseitigung von Ungleichheit.[18] Es beendete aus Sicht der Métis die Diskriminierung und Nichtanerkennung ihres Volkes und des »Métis National Council« als ihres Repräsentanten. Bereits einige Jahre zuvor hatte das Oberste Gericht Kanadas in einer anderen wichtigen Entscheidung, in der es um Jagdrechte der Métis ging, befunden, dass Métis als indigenes Volk verfassungsrechtlich geschützte Rechte haben.[19] Damit haben die Métis nun eine eindeutige und gefestigte Rechtsgrundlage, um ihre Interessen als indigenes Volk in Kanada einzufordern.

Beziehung von Regierung zu Regierung

Heute sind Métis grundsätzlich rechtlich den First Nations und den Inuit gleichgestellt. Im Dezember 2016 bekräftigte Premierminister Trudeau in einem Treffen mit den Repräsentanten der drei indigenen Völker seine Verpflichtung aus dem Wahlkampf ein Jahr zuvor, »die Beziehungen mit den indigenen Völkern auf der Basis der Anerkennung ihrer Rechte, Respekt, Kooperation und Partnerschaft zu erneuern«.[20] Als Folge dieser Verpflichtung richtete die Regierung drei bilaterale Mechanismen ein, die ein jährliches Treffen Trudeaus mit den drei indigenen Völkern vorsehen, um über politische Prioritäten zu sprechen. Im April 2017 unterzeichneten Trudeau, der Präsident des »Métis National Council« und die Präsidenten der Métis-Nationen in den Provinzen Ontario, Manitoba,

Saskatchewan, Alberta und British Columbia die »Übereinkunft zwischen Kanada und der Métis-Nation«, den »Canada-Métis Nation Accord«, mit dem die Beziehungen von Regierung zu Regierung weiter formalisiert wurden. Auf dem Verhandlungstisch lagen in der Mitte die farbenfrohen Sash der Métis. Für Métis-Präsident Clément Chartier war dies der Beginn einer Kooperation »von Regierung zu Regierung, von Nation zu Nation«, die die Rechte der Métis in Kanada weiter stärken wird.[21] 2017 und 2018 wurden Rahmenabkommen über den weiteren Weg zur Reconciliation zwischen Kanada und den Métis-Nationen von Alberta, Ontario und Saskatchewan geschlossen, denen dann 2019 für die drei Provinzen der Abschluss formaler Abkommen zur Anerkennung der Regierung und der Selbstverwaltung der Métis folgte.

In den 1980er Jahren waren unter der Regierung des konservativen Premierministers Brian Mulroney Programme des Bundes zur Förderung der Métis beschlossen worden, von denen Investitionen in Beschäftigung und Ausbildung die wichtigsten waren. Die Trudeau-Regierung wies in ihrem Budget für 2018 dann erstmals »direkt Geld für unser Volk aus«, wie Chartier zufrieden erklärte. Damit kann die Métis-Nation vor allem Studierende aus ihrem Volk unterstützen. Mehrere Provinzen schlossen mit den Métis Vereinbarungen über Landnutzung und Ressourcenförderung. Ihr Ziel ist die weitere Reconciliation, der Aufbau eines partnerschaftlichen Verhältnisses und die Beseitigung der sozioökonomischen Abstände zwischen Métis- und nichtindigener Bevölkerung.

Das Residential-School-System ist auch für die Métis eine schwere Hypothek aus der Vergangenheit. Diese Schulen wurden zwar, wie bereits dargestellt, zunächst in erster Linie für Kinder der First Nations eingerichtet, aber auch Métis-Kinder besuchten sie. Die meisten von ihnen gingen jedoch auf Tagesschulen, Konvente oder spezielle Residential Schools für Métis. Ein Beispiel dafür ist die Internatsschule in Île-à-la-Crosse im Nordwesten von Saskatchewan.

Die kanadische Bundesregierung war nicht bereit, nach dem Beitritt Manitobas zur Konföderation generell für die Ausbildung der Métis-Kinder in Residential Schools zu zahlen. Berichte von früheren Schülern deuten darauf hin, dass sie arbeiten mussten, um ihre »Studiengebühren« gewissermaßen abzuzahlen. Ihnen wurde das Gefühl vermittelt, dass sie »nicht indianisch genug« waren, um indigene Ansprüche und Rechte zu haben, aber auch nicht »weiß« genug, um von der dominanten weißen Gesellschaft akzeptiert zu werden. Sie litten unter der Diskriminierung, sie durften nicht ihre Sprache Michif sprechen, die Curricula der Métis-Schulen waren auf Französisch entworfen, und sie erfuhren Misshandlung und Missbrauch wie die Schülerinnen und Schüler der Residential Schools.

Die Entschuldigung von Premierminister Stephen Harper am 11. Juni 2008 für die Behandlung von indigenen Kindern in den Residential Schools nennt an einer Stelle auch die Métis-Kinder. Dennoch waren sie weitgehend von der Vereinbarung über Entschädigungsleistungen ausgeschlossen. Métis-Präsident Chartier machte dies im kanadischen Parlament deutlich, als er auf die Entschuldigungsrede Harpers reagierte. Er zeigte sich einerseits dankbar, dass der Premierminister diese Worte gesprochen hatte, und sagte, die Métis-Nation sei bereit, diesen Tag mit allen Kanadiern zusammen zu feiern. Aber er äußerte auch seine Enttäuschung, dass die »Métis Residential Schools« nicht ausdrücklich in die Entschuldigung und die Entschädigungsvereinbarung aufgenommen wurden. »Ich bin einer der Überlebenden einer Métis Residential School, die nicht anders waren als Indian Residential Schools, ausgenommen die Frage, wer für sie gezahlt hat.« Wieder einmal waren die Métis fast vollständig übergangen worden – »weil weiter Unverständnis über die Lage der Métis-Nation, unsere Geschichte und unsere gegenwärtige Lage besteht«.[22]

Es dauerte erneut viele Jahre, bis in den Dialog wieder Bewegung kam. Im Juli 2019 unterzeichneten Bundesministerin Carolyn Bennett, die Métis-Nation Saskatchewans und ein Komitee, das die früheren Schüler der Schule von Île-à-la-Crosse vertritt, an historischer Stelle in Batoche ein Memorandum über die Aufnahme eines Dialogs. Er soll das schmerzhafte Erbe der Île-à-la-Crosse Residential School im Geiste der Reconciliation aufarbeiten. »Über die Jahre hörten wir Versprechen anderer Regierungen, die niemals Früchte trugen. Wir nähern uns [dem vereinbarten Dialog, G. B.] mit vorsichtigem Optimismus«, meinte Glen McCallum, Präsident der Métis-Nation Saskatchewans.[23]

Die sozioökonomische Lage der Métis hat sich von 2001 bis 2011 teilweise deutlich verbessert. Eine 2015 veröffentlichte Studie ergab, dass die Beschäftigungsrate der Métis, also der Anteil der Bevölkerung im erwerbsfähigen Alter ab 15 Jahren, der tatsächlich im Berufsleben steht, mit 61,8 Prozent sogar knapp über der Beschäftigungsrate der nichtindigenen Bevölkerung von 61,2 Prozent liegt. Die Arbeitslosigkeit war dagegen mit 10,4 Prozent fast drei Prozent höher als in der nichtindigenen Bevölkerung. Schlechter schnitten die Métis auch beim Einkommen ab. Insgesamt bestehen weiter »sozioökonomische Lücken« zwischen Métis und nichtindigener Bevölkerung.[24]

Flaggen zu Ehren der Métis und Riels

Louis Riel war ein religiöser Mensch. Kurz vor seiner Hinrichtung nahm ein RCMP-Polizist, der Riel während seines Strafprozesses bewacht hatte, dessen Kruzifix an sich. Jahrzehnte später gab eine Nachfahrin dieses Polizisten das Kruzifix der RCMP, die es in ihrem Museum neben dem RCMP-Ausbildungszentrum in Regina ausstellte. Im September 2019 unterzeichneten die RCMP und die Métis eine Vereinbarung über die Rückgabe von Gegenständen, die Riel gehört hatten.

Auch dies gehört in Kanada nun zur Versöhnung. Die Bundespolizei RCMP sieht sich der Reconciliation und der Verbesserung der Beziehungen zu den Métis verpflichtet. Neben dem Kruzifix wird ein Messer zurückgegeben, das Riel gehört haben soll, und ein Exemplar des von Riel veröffentlichten Gedichtbands *Poésies*

Religieuses et Politiques (*Religiöse und politische Gedichte*), das der RCMP 1943 geschenkt worden war. Die Vereinbarung sieht vor, dass diese drei Gegenstände nun den Métis gehören, aber in Obhut der RCMP bleiben sollen, bis für sie ein geeigneter Ausstellungsort gefunden wurde. Die Métis empfinden die Repatriierung der persönlichen Gegenstände Riels als wichtigen Beitrag beim Aufbau einer Beziehung »von Nation zu Nation und von Regierung zu Regierung«. Die Zusammenarbeit mit Kanada bei der Sicherung ihrer Historie ist für sie auch ein Schritt auf dem Weg der Versöhnung.

Die Geschichte der Métis ist die Geschichte eines Überlebenskampfes. Ihr Anführer Louis Riel wurde 1872 bis 1874 dreimal als Abgeordneter in das kanadische Parlament gewählt, er konnte sein Mandat aber nie antreten, weil gegen ihn ein Haftbefehl vorlag. Nach seiner zweiten Wahl im Februar 1874 reiste er zur konstituierenden Sitzung und Vereidigung der Abgeordneten nach Ottawa, betrat das Parlament aber verkleidet, sodass er nicht erkannt wurde. Er leistete den Eid, trug sich unter seinem Namen in das Register ein und verließ das Parlament. Bevor der Notar dies bemerkte und Alarm schlagen konnte, war Riel verschwunden.[25] Im Mai 2020 wurden entlang des Confederation Boulevard in Ottawa, der am Parlament vorbeiführt, neben den Flaggen der übrigen Provinzen und Territorien Flaggen gehisst, die an den 150. Jahrestag des Beitritts Manitobas zur kanadischen Konföderation erinnern. Sie zeigen das Symbol der Métis und das Porträt ihres Anführers, der seinen Parlamentssitz nie antreten konnte und den die 1885 in Ottawa amtierende Regierung hatte hinrichten lassen.

Drei Millionen Quadratkilometer in der Arktis

Inuit Nunangat, die Heimat der Inuit

Pond Inlet, das die Inuit Mittimatalik nennen, liegt an der Nordspitze der Baffin-Insel. Die 1800 Einwohner zählende Inuit-Gemeinde ist von Hügelketten, Gletschern und Fjorden umgeben. Im Eclipse-Sund, einer Wasserstraße, die die Baffin-Insel von der gegenüberliegenden Bylot-Insel trennt, treiben Eisberge. Durch das kalte Wasser ziehen Narwale mit ihren markanten Stoßzähnen, Belugas, Orcas und Robben. Vor 2000 bis 3000 Jahren kamen hier im Norden der Baffin-Insel Menschen der Dorset-Kultur auf ihrem Zug von Alaska Richtung Grönland an. Vor etwa 1000 Jahren folgten die Thule-Leute, bis sich schließlich vor etwa 400 Jahren die heutige Inuit-Kultur etablierte. Alle Epochen hinterließen archäologische Spuren in der arktischen Tundra.

Im Eclipse-Sund vor Pond Inlet trifft im kurzen arktischen Sommer 1923 ein Schiff aus dem Süden ein. An Bord ist ein Richter, der gekommen ist, Gericht zu halten über drei Inuit. Sie sind angeklagt, einen Händler namens Robert Janes – einen Weißen oder »Qallunaq«, wie die Inuit sagen – getötet zu haben. Die Gerichtsverhandlung findet auf dem Schiff statt. Einer der Angeklagten, ein Mann namens Nuqatlak, wird zu zehn Jahren Haft verurteilt und in ein Gefängnis in Winnipeg gebracht. Dort erkrankt Nuqatlak nach wenigen Monaten an Tuberkulose. Er wird nach Hause geflogen und stirbt bald danach. Das Gerichtsverfahren vor der Küste von Pond Inlet ist der erste Strafprozess in der Hohen Arktis. Der Richter, der Repräsentant des kanadischen Justizsystems, kommt in die Region, urteilt und fährt wieder davon.

Der Prozess von Pond Inlet ist aus heutiger Sicht bemerkenswert, weil er den »culture clash« von zwei unterschiedlichen Auffassungen von Gerechtigkeit zeigt. Janes war offenbar ein erratischer, zu Gewaltausbrüchen neigender Trapper. Die Inuit-Männer, die sich auf die Jagd begeben und ihr Camp verlassen wollten, hatten Angst um ihre Familien, die sie zurücklassen mussten, und beschlossen, Janes zu töten. Nach den Sitten der Inuit war dies ein Akt der Notwehr und gerechtfertigt. Im Gerichtsverfahren spielte dies aber keine Rolle. Janes war nicht nur nach Pond Inlet gekommen, um mit Pelzen zu handeln. Er sollte mit seiner Anwesenheit und dem Handel auch kanadische Souveränität über dieses Gebiet festigen. Kanadische Souveränität bedeutete, dass kanadisches Recht galt.[1]

Auf die Geschichte von Robert Janes und Nuqatlak stieß ich im Herbst 1998. Ich hatte von dem »reisenden Gerichtshof« von Nunavut gehört, der in die weit voneinander entfernt liegenden Gemeinden kommt, um Recht zu sprechen. In Pond Inlet traf ich Elisapie Ootoova, eine Elder. Sie erzählte mir vom früheren Justizsystem, das den Inuit aufgezwungen wurde, das keine Beteiligung der Inuit an der Rechtsprechung kannte und bei ihnen das Gefühl hinterließ, dass Urteile oft nicht gerecht waren. Als ich mit Elisapie Ootoova sprach, hatte sich dies bereits geändert. Die ältere Dame war eine der vier Elders, die immer im Saal des Gemeindezentrums anwesend waren, wenn Richterin Beverly Brown aus Iqaluit, der Hauptstadt Nunavuts, nach Pond Inlet kam, um Recht zu sprechen. Seit Mitte der 1990er Jahre werden Elders in die Strafverfahren einbezogen. Ihr Rat wird vor der Entscheidung über das Strafmaß gehört. Es ist der Versuch, Traditionen der Inuit bei Rechtsprechung und Streitschlichtung zu berücksichtigen, soweit das Strafrecht Ermessensspielraum bietet. »Es gibt Gesetze, die eingehalten werden müssen, und es gibt Traditionen«, sagte mir Joanesie Mucpa, der ebenfalls als Elder in das Justizsystem eingebunden war. »Es ist gut, wenn beides zusammenarbeitet.«

In den arktischen Gemeinden mit ihren mehrheitlich indigenen Bewohnern läuft das Leben anders als in Städten und Dorfern im Süden. Die Waren, die in Pond Inlet die Handelskooperative

Toonoonik Sahoonik anbietet, müssen eingeflogen werden. Milchprodukte, Obst und Gemüse sind sehr teuer, sie kosten oft drei- bis viermal mehr als im Süden. Es gibt Schulen und ein Hotel, Handwerksbetriebe und die Werkstätten der Künstler. TV und Internet gehören auch hier zum täglichen Leben. Junge Inuit arbeiten in der IT-Branche. Aber Jagd, Fischfang und Sammeln von Beeren prägen immer noch den Lebensstil. Dafür ziehen Familien im Sommer auf das Land oder an die Küste zum »Camping«. Das hat nichts mit dem europäischen Urlaubsvergnügen zu tun. Viele Familien bauen auf »country food«, also die traditionellen Lebensmittel: Fisch, Muscheln und Krabben, Karibu- und Robbenfleisch – und »Maktaaq«, die äußere Fett- und Hautschicht des Wales, die roh oder gegart gegessen werden kann. In vielen Gemeinden wird die Jagdausbeute unter allen Familien geteilt.

Ich erlebte oft, wie die Jagd den Tagesablauf beeinflusst. Mehr als einmal wurden vereinbarte Treffen von meinem Gesprächspartner kurzfristig abgesagt, oder er erschien einfach nicht. Er hatte am Morgen entschieden, auf die Jagd zu gehen: In der Tundra waren Karibus oder in einer nahe gelegenen Bucht Belugas gesichtet worden. Manchmal hatte ich das Glück, Großfamilien auf der Jagd zu treffen. Bei einem Aufenthalt in Resolute Bay auf der Cornwallis-Insel stieß ich auf die Familie von Simeonie Amagoalik, einem mittlerweile verstorbenen Gemeindeältesten, die einen Beluga erlegt hatte und auf dem Kieselstrand zerlegte. Sie boten mir ein Stück Maktaaq an, das ich gerne annahm.

Nur enger Zusammenhalt der Menschen konnte früher das Überleben garantieren in der Arktis, in der im Winter die Temperatur zwischen minus 30 und 40 Grad liegt und die Nächte 24 Stunden dauern. Dies hatte Folgen für den Umgang mit denen, die gegen Normen verstießen. Man konnte Menschen nicht einfach einsperren oder ausschließen. »Soziale Sanktionen, nicht Strafe« war oft der traditionelle Weg der Konfliktbewältigung.

Richterin Beverly Brown kam dreimal im Jahr aus dem 1000 Kilometer südlich liegenden Iqaluit nach Pond Inlet. Auf ihre Ini-

Ein Fischer verkauft seinen Fang in Iqaluit, 2015.

tiative geht es zurück, dass heute die Elders ihren festen Platz in den Gerichtsverfahren haben, die in Englisch und in Inuktitut, der Inuit-Sprache der Ost-Arktis, geführt werden. Wenn Staatsanwalt, Verteidiger, Zeugen und Angeklagter gesprochen haben, dann sollten die Elders das Wort haben. Oft sind es jüngere Menschen, die wegen Trunkenheitstaten, Einbrüchen, Sachbeschädigung oder leichterer Delikte der Körperverletzung vor Gericht stehen. »Wir sehen in ihnen junge Leute, die Fehler machten. Sie müssen geleitet werden«, sagte mir Elisapie Ootoova. »Wir wollen wissen, warum er die Tat begangen hat, dass er bedauert und wenn möglich den Schaden wiedergutmacht.« »Restaurative Justiz« heißt dieser Ansatz. Die Elders wissen, ob sie einer Familie durch die Verurteilung des Angeklagten zu einer Haftstrafe den erfahrensten Jäger und wichtigsten Nahrungslieferanten wegnehmen würden. Umgekehrt kann die Kenntnis der Vorgeschichte des Angeklagten zu einer Strafverschärfung führen. Eine gern angewendete Therapie für einen jungen Ersttäter ist ein mehrwöchiger Aufenthalt mit erfahrenen Jägern in einem Jagdcamp. Der Elder Joanesie Mucpa hat solche Touren geleitet. »Er lernt die traditionellen Überlebenstechniken. Er beginnt zu verstehen, dass er in der Gemeinde gebraucht wird. Er beginnt zu verstehen, dass er einen Fehler gemacht hat.« In der Weite der Arktis »kühlt der Angeklagte ab«.

Akitsiraq – der Ort, an dem Recht gesprochen wird

Nach meinen Gesprächen in Pond Inlet traf ich in Iqaluit im Gerichtsgebäude Paul Okalik, der damals in der Endphase seiner juristischen Ausbildung war und in einer Anwaltskanzlei arbeitete. Er hatte in Ottawa Jura studiert. Im Februar 1999 erhielt Paul Okalik, damals 34 Jahre alt, in Iqaluit seine Zulassung als Anwalt. Damals gab es in Nord-Kanada vielleicht noch zwei oder drei weitere Juristen aus dem Volk der Inuit, Paul Okalik war der erste aus dem Territorium Nunavut. Wenige Tage später wurde er auch in das erste Parlament Nunavuts gewählt – und im März 1999 überraschend zum ersten Premier. Er war damals der Jüngste unter den Regierungschefs der zehn Provinzen und drei Territorien.

Als ich in Pond Inlet mit den beiden Elders sprach, benötigte ich die Hilfe einer Dolmetscherin. Sandra Omik, eine junge Inuk-Frau[2], stand mir zur Seite. Einige Jahre später begann sie eine juristische Ausbildung. Am Nunavut Arctic College war eine Law School gegründet worden, die Akitsiraq-Rechtsschule. Akitsiraq ist ein Inuktitut-Wort und bedeutet: »der Platz, an dem Recht gesprochen wird«. Die Rechtsschule bot die Ausbildung in Zusammenarbeit mit der Universität von Victoria an. Nach dem vierjährigen Studium war es im Frühsommer 2005 so weit: In ihren schwarzen Gewändern gingen zehn Studentinnen und ein Student auf die Bühne, um die Zeugnisse entgegenzunehmen, darunter Sandra Omik. Dann erklangen die Trommeln der Inuit, die traditionelle Öllampe Quilliq wurde angezündet, und ältere Inuit gaben der ersten Generation von Inuit-Juristen in Nunavut ihren Segen. Sandra Omik hatte in Pond Inlet erfahren müssen, dass die im anglokanadischen Recht denkenden Juristen und die Inuit oft aneinander vorbeiredeten. Sie sprachen miteinander, aber sie verstanden sich nicht, denn Sitten und Gebräuche der Inuit waren den Juristen fremd. Auch das Übersetzen in eine Sprache, die viele Rechtsbegriffe nicht kennt, bereitete Probleme. Das sollte sich ändern. »Wir sprechen Inuktitut, und wir verstehen die Kultur«, sagte mir Sandra Omik. Heute arbeitet sie als Juristin für »Nunavut Tunngavik«, die Organisation, die die Umsetzung des Landrechteabkommens für Nunavut überwacht.

Das Rechtsprogramm Akitsiraq war zunächst ein einmaliger Versuch. 2017 begann in Kooperation mit der University of Saskatchewan in Saskatoon ein zweiter Ausbildungsgang. 2021 sollen sie ihr Diplom erhalten und die Ausbildung bei einem Anwalt oder am Gericht in Nunavut beginnen. Die Zeiten, in denen Juristen aus dem Süden in die Arktis kommen müssen, um dem Recht zur Geltung zu verhelfen, sollen bald komplett der Vergangenheit angehören.[3]

Die modernen Verträge der Arktis

Paul Okalik stand bereits als 20-Jähriger Anfang der 1980er Jahre an der Seite derer, die mit der Bundesregierung über Landrechteabkommen verhandelten. »Die visionären Ideen der Führungspersonen unserer Bewegung für Landrechte haben uns so weit gebracht«, sagt heute Natan Obed, Präsident der Inuit-Organisation »Inuit Tapiriit Kanatami«, Sprachrohr der 65 000 Inuit in Kanada. Als die Inuit und die indianischen Völker Alaskas 1971 mit der US-Regierung einen Vertrag über Landansprüche und Entschädigungszahlungen aushandelten[4], nahmen die Inuit in Kanada dies mit Verwunderung auf. »Als wir davon hörten, hat es uns die Augen geöffnet«, erzählte mir John Amagoalik, einer der profiliertesten Politiker der Inuit Kanadas. Für First Nations war das Aushandeln von Verträgen Teil ihrer Geschichte. Den Inuit war dieses Konzept aber nahezu fremd. »Wir waren niemals durch den Prozess von Vertragsverhandlungen gegangen«, schreibt John Amagoalik in seiner Autobiografie.[5]

Den Inuit Kanadas wurde bewusst, dass sie sich politisch organisieren mussten. 1971 schlossen sie sich zu einer Organisation zusammen, die heute »Inuit Tapiriit Kanatami« (ITK) heißt: »Inuit sind vereint in Kanada«. Die politische Bewegung war erfolgreich. Für vier große Inuit-Regionen Nord-Kanadas wurden Landrechteverträge ausgehandelt. Inuit Nunangat, Heimat der Inuit, wird das Gebiet von Nunatsiavut, Nunavik, Nunavut und der Inuvialuit-Region heute genannt. Rund ein Drittel der Fläche Kanadas ist Inuit Nunangat – rund 3,3 Millionen Quadratkilometer Land, Wasser und Eis. Die Landfläche allein ist 2,5 Millionen Quadratkilometer groß. 51 Gemeinden, in denen etwa 47 000 Inuit leben, die ganze kanadische Küste des Arktischen Ozeans und die Inselwelt, durch die die legendäre Nordwest-Passage führt, liegen in Inuit Nunangat.[6]

Das »James Bay and Northern Québec Agreement« aus dem November 1975 zwischen den Regierungen Kanadas und Québecs, dem Energieunternehmen Hydro-Québec, dem Großen Rat der Cree von Québec und der »Northern Québec Inuit Association« war der erste der vier Verträge. Er gilt für das Siedlungsgebiet der Cree und der Inuit mit insgesamt einer Million Quadratkilometern. Das Gebiet nördlich des 55. Breitengrads, 443 000 Quadratkilometer groß, ist Nunavik, »das große Land«. 11 000 Inuit leben hier in 14 Gemeinden.[7] 1984 einigten sich die Bundesregierung, die Nordwest-Territorien und die Vertreter der 5300 Inuvialuit, der Inuit der West-Arktis, auf das »Inuvialuit Final Agreement«. 90 000 Quadratkilometer groß ist dieses Gebiet, zu dem das Delta des Mackenzie-Flusses, die Küste der Beaufort-See und Inseln des Arktis-Archipels gehören.

Eine Besonderheit war die Schaffung Nunavuts. Jahrzehntelang hatten die Inuit dafür gestritten, ihr Territorium selbst regieren zu können. 1982 wurde entschieden, die Nordwest-Territorien zu teilen und ihren östlichen Teil, der fast ausschließlich von Inuit be-

Inuit-Politiker John Amagoalik, 2015.

wohnt wird, zu einem eigenständigen Territorium zu machen, das Nunavut, »unser Land«, heißen sollte. Die Verhandlungen führten zum »Nunavut Land Claims Agreement«.[8] Fast zwei Millionen Quadratkilometer misst das riesige Gebiet. Das Abkommen regelt, wo die Inuit »surface rights« haben, also das Recht auf Fischfang und Jagd, das Sammeln von Kräutern und Beeren und die Gewinnung von Steinen für die Herstellung von Skulpturen. Und es hält auch die »subsurface rights« fest: das Recht, die Bodenschätze abzubauen – Gold, Silber, Kupfer und Zink. Kanadas Parlament verabschiedete das »Nunavut Land Claims Agreement« im Sommer 1993 zusammen mit dem »Nunavut Act«, der die Schaffung des neuen Territoriums regelt. Offiziell gegründet wurde Nunavut am 1. April 1999. Fast die Hälfte aller Inuit Kanadas, mehr als 30 000, lebt in Nunavut. Dennoch ist Nunavut kein Inuit-Territorium. Die Inuit und die rund 8000 nichtindigenen Bewohner sind gleichberechtigt. Die kanadische Bürgerrechtscharta gilt für alle, unabhängig von der ethnischen Zugehörigkeit. Aber ihre numerische Dominanz sichert den Inuit die Mehrheit in den politischen Gremien.

Bereits bei meinem ersten Besuch in Iqaluit im Herbst 1996 traf ich John Amagoalik, der eine treibende Kraft in den Verhandlungen über das Abkommen und die Bildung von Nunavut war. Er war damals Chef der »Nunavut Implementation Commission«, die den Aufbau der Verwaltung regelte. »Wir hatten in der Vergangenheit nicht häufig Grund zum Feiern, Nunavut ist ein Grund«, sagte er mir damals. Für ihn bedeutete Nunavut ein Ende des Kolonialismus und zugleich eine bessere Zukunft für die Kinder seines Volkes. Mehrmals habe ich seitdem mit John Amagoalik, einem der »Väter von Nunavut«, in Ottawa und Iqaluit gesprochen. »1999 waren wir froh über unseren Erfolg und die Schaffung unseres Territoriums und unserer Regierung. Aber wir hatten immer Zweifel. Schaffen wir es wirklich? Diese Zweifel gibt es heute nicht mehr. Uns war vorhergesagt worden, dass unsere Regierung wegen Korruption und Missmanagement zusammenbrechen würde. Das passierte nicht, und es ist schon 20 Jahre her«, sagte er mir bei unserer jüngsten Begegnung auf einer Konferenz in Gatineau im Februar 2020.[9]

Dem Nunavut-Vertrag folgte schließlich im Sommer 2001 die Grundsatzeinigung über Selbstverwaltungsrechte der Inuit an der nördlichen Küste Labradors. Im Januar 2005 wurde das Abkommen in Nain besiegelt. Es gibt den 2300 Inuit, die in fünf Gemeinden leben, Selbstverwaltungs- oder Nutzungsrechte über ein Gebiet von 72 500 Quadratkilometern. Nunatsiavut, »unser schönes Land«, heißt das Gebiet, das weiterhin Teil der Provinz Neufundland und Labrador ist. Mit diesem Vertrag für Nunatsiavut war Inuit Nunangat, die Heimat der Inuit, geschaffen.

Eine Sonderrolle spielt derzeit noch NunatuKavut, ein Gebiet in Süd-Labrador. Es ist nicht Bestandteil des Nunatsiavut-Abkommens und gehört nicht zu Inuit Nunangat, wie ITK es definiert. NunatuKavut bedeutet in der Regionalsprache Inuttut »unser historisches Land«. 6000 Inuit leben in den 25 Gemeinden. Ihre Bevölkerung wurde bis vor wenigen Jahren aber wegen ihrer Beziehungen und Mischehen mit europäischen Siedlern als »Labrador-Métis« beschrieben, und sie trat auch unter diesem Namen auf. 2010 nahm sie ihren heutigen Namen an, der ihre Inuit-Identität widerspiegeln soll. Im September 2019 vereinbarten Kanada und die Regierung von NunatuKavut Gespräche über Rechte und Selbstbestimmung der Bevölkerungsgruppe.

In ihren Selbstbestimmungsrechten sind die Inuit durch die »Land Claim Agreements« weit gekommen. Aber die Schatten der Vergangenheit reichen bis in die Gegenwart. Es dauerte lange, bis der kanadische Staat die fehlgeleitete frühere Politik gegenüber den Inuit eingestand. Der langjährige Umgang des Staates mit tuberkulosekranken Inuit und die späte Entschuldigung von Premierminister Trudeau[10] ist ein Beispiel – aber nicht das einzige.

Resolute Bay, die 200 Einwohner zählende Gemeinde auf Cornwallis Island in Nunavut, ist die nördlichste Kommune Kanadas, die ich besucht habe. Dort traf ich vor etlichen Jahren Simeonie Amagoalik. Der damals 70-Jährige saß vor seinem Haus und bearbeitete einen Speckstein. Er fertigte daraus einen Eisbären. Vor 50 Jahren kam er von Inukjuak in Nord-Québec an diesen Ort, den die Inuit Qausuittuq nennen – Ort der langen Dunkelheit, weil im Dezember und Januar die Sonne nicht zu sehen ist. »Als wir hierherkamen, gab es keine Satellitenschüsseln, keine Telefone wie heute. Den ersten Winter verbrachten wir in Zelten«, erzählte er. Amagoalik war einer von mehreren Dutzend Inuit, die Kanadas Regierung 1953 im hohen Norden ansiedelte. Als ich mit ihm sprach, gehörte er zu den Letzten, die diese Zeit als junge Erwachsene erlebt hatten und darüber berichten konnten. »Es gab hier nur eine Militäreinheit und eine Polizeistation. Es war hart«, sagte er.

Die kanadische Regierung sprach lange Zeit vor einer freiwilligen Umsiedlung, die wegen eines drohenden Nahrungsmangels für die wachsenden Inuit-Gemeinden in Nord-Québec notwendig gewesen sei. Die Inuit dagegen sahen sich stets als Opfer einer Zwangsumsiedlung, die vor allem ein Ziel hatte: durch Gründung permanenter Siedlungen Kanadas Souveränität über das dünnbesiedelte Gebiet zu untermauern. Es dauerte bis 2010, bis sich die kanadische Regierung für die Umsiedlung von Inuit-Familien in die Hohe Arktis entschuldigte. Der für die indigenen Völker zuständige Minister der konservativen Bundesregierung von Stephen

Simeonie Amagoalik, der »Carver«, vor seinem Haus in Resolute bei der Herstellung eines Eisbären, 2007.

Harper, John Duncan, kam dafür nach Inukjuak. Wieder war die Rede von einem »dunklen Kapitel in Kanadas Geschichte«.[11] Die Regierung bedauere die Umsiedlung, das Leiden der Inuit und den Bruch von Versprechen, sagte er. »Familien wurden von ihren Heimatgemeinden durch Tausende Kilometer getrennt.« Sie seien nicht darüber informiert worden, was sie erwartete und dass sie auf zwei Orte, Resolute Bay und das noch weiter nördlich liegende Grise Fjord, verteilt werden würden. »Vor allem versäumte es die Regierung, ihr Versprechen einzuhalten, dass jeder, der nicht in der Hohen Arktis bleiben wollte, in seine alte Heimat zurückkehren dürfe. Die Regierung Kanadas bedauert zutiefst die Fehler und die gebrochenen Versprechen und entschuldigt sich dafür, dass die Umsiedlung in die Hohe Arktis vorgenommen wurde.« Als die Namen derer verlesen wurden, die die Umsiedlung nicht überlebten, weinten etliche Inuit. Für viele Familien ist die Zwangsumsiedlung ein anhaltendes Trauma.

Auch John Amagoalik, ein Verwandter von Simeonie, erinnert sich. Er war sechs Jahre alt, als seine Familie 1953 von Inukjuak auf die Cornwallis-Insel umgesiedelt wurde. Die Regierung hatte ihnen versprochen, dass sie wieder nach Québec gebracht werden sollten, falls es ihnen auf Cornwallis nicht gefalle, aber dieses Versprechen wurde nicht eingehalten. »Sie waren praktisch Gefangene in ihrer eigenen Gemeinde«, sagt John Amagoalik. Die Inuit aus Inukjuak hatten nie in einer Umgebung gelebt, in der im Winter monatelang Dunkelheit herrschte. Die Kälte der Hohen Arktis war ihnen ebenfalls fremd. Die ersten Winter mussten sie in Zelten verbringen. Es gab weder Fische noch Karibus, dafür aber Eisbären und Robben. In die beiden Niederlassungen wurden Familien aus der Gemeinde Pond Inlet gebracht, die den Neuankömmlingen beim Überleben halfen.

Wenige Wochen nach der Entschuldigung der Regierung wurden in Resolute Bay und Grise Fjord Steinmonumente enthüllt, die an die Umsiedlung erinnern und die Trennung von Familien symbolisieren sollen. Das Denkmal in Resolute Bay fertigte Simeonie Amagoalik, es zeigt einen einzelnen Mann. Das von Looty Pijimani geschaffene Denkmal in Grise Fjord stellt eine Frau mit Kind dar.

Im Sommer 2019 reiste erneut ein Regierungsmitglied in die Arktis, um eine Entschuldigung auszusprechen. Ministerin Carolyn Bennett kam nach Iqaluit. Anlass war ein Bericht einer Wahrheits- und Versöhnungskommission, die die Inuit-Organisation der Baffin-Insel, die »Qikiqtani Inuit Association«, eingesetzt hatte.[12] Sie untersuchte, mit welchen Maßnahmen die Regierung ab 1950 den Wandel im Lebensstil der Inuit durchsetzte und sie zwang oder bewog, in Siedlungen sesshaft zu werden. Traditioneller Lebensstil bedeutete, in kleinen Gruppen in der Tundra als wandernde Jäger und Sammler zu leben. Inuit zogen mit Schlitten oder Booten von einem »ilagiit nunagivaktangit« zum anderen. Dieser Begriff lässt sich mit »Ort, der regelmäßig oder saisonal zu Jagd, Ernte oder Sammeln aufgesucht wird« übersetzen.

Etwa ab 1975 lebten nahezu alle Inuit in permanenten Siedlungen. Der Bruch im Lebensstil, Verlust von Arbeit und Aufgaben, der Mangel an Arbeitsplätzen und die Abhängigkeit von Sozialleistungen des Staates erschütterte ihr Selbstwertgefühl und ihre über Jahrtausende gewachsene Bindung an das Land. Elders, die früher ihre Kenntnisse der Jugend weitergegeben hatten, fühlten sich nutzlos. Jäger, die den Lebensunterhalt ihrer Familien und Gruppen gesichert hatten, suchten vergeblich nach einem neuen Sinn für ihr Leben. Alkoholkonsum hatte verheerende Folgen für Gesundheit, Verhalten und das Wohlergehen der Familienverbände. Die Politik der Regierung war weder mit den Inuit abgesprochen noch ausreichend finanziert. Die Lücken im Lebensstandard sind eine fortwirkende Folge dieser Politik.

Zu den staatlichen Maßnahmen gehörten die Zwangsumsiedlung und die Einrichtung von Residential Schools für Inuit-Kinder. Ein weiterer Aspekt war das Töten von Schlittenhunden durch die RCMP. Schlittenhunde, Qimmiit, waren ein essenzieller Bestandteil des Lebens der Inuit. Sie ermöglichten Mobilität zwischen den Camps und den Handelsposten, sie zogen die Ausrüstung für die Jagd und brachten die Beute zurück in die Lager.[13] Die Jahre 1957 bis 1975 sahen einen dramatischen Rückgang der Zahl der Schlittenhunde in den Inuit-Gemeinden. Viele Hunde erlagen Krankheiten, viele aber wurden erschossen. Die Gründe sind vielfältig. In den Siedlungen gab es eine Unmenge Hunde, weil Familien, die sesshaft wurden, ihre Tiere mitbrachten. Die Regierung der Nordwest-Territorien erließ Vorschriften über das Anketten und Beaufsichtigen von Hunden, die nicht eingehalten werden konnten. Verfügungen der Behörden widersprachen Gepflogenheiten der Inuit, hinzu kamen Sprachbarrieren. Die Polizei machte kurzen Prozess und erschoss Hunde. Sie begründete dies mit Gefahren für Menschen durch Hundeattacken oder Übertragung von Krankheiten.[14] Als John Amagoalik im Herbst 1963 Resolute verließ, um eine Residential School in Manitoba zu besuchen, gab es in Resolute doppelt so viele Hunde wie Menschen. Als er im Sommer 1964 zurückkehrte, gab es keine mehr. Hunde »waren Teil unseres täglichen Lebens. Als wir Kinder waren, sahen wir in ihnen fast Brüder und Schwestern. Als sie massakriert wurden, war das für uns ein großer Wandel. Es veränderte unser Leben für immer. Ich glaube, dass uns das Hundemassaker wirklich vom Land, von unseren Wurzeln, von unserer Kultur, unserer Sprache, unserem Lebensstil wegriss«, schreibt Amagoalik in seinen Lebenserinnerungen.[15]

Ein interner Ermittlungsbericht der RCMP bestätigte zwar, dass Hunderte oder gar Tausende Hunde in den 1950er und 1960er Jahren getötet wurden, widersprach aber Mutmaßungen der Inuit, dass dies ein gezielter Plan war, sie ihrer Mobilität zu berauben. Die Inuit-Organisation der Baffin-Insel setzte die Wahrheits- und Versöhnungskommission ein, die 2013 ihren Bericht vorlegte. Auch der brachte jedoch keine Antwort auf die Frage, ob das Töten der Hunde zum Ziel hatte, die Inuit in die Sesshaftigkeit zu zwingen. Aber es wurde deutlich, dass das Vorgehen der Polizei oft unverhältnismäßig war. Im kollektiven Gedächtnis der Inuit blieb das Töten der Hunde ein Fanal für die Bemühungen der Regierung, ihnen den neuen Lebensstil aufzuzwingen. Ob gezielte Politik oder Kollateralschaden: Die Jäger und ihre Familien litten unter dem Verlust der Hunde. Jagd war nicht mehr in dem früher praktizierten Umfang möglich. Die Schlittenhunde waren das Symbol für ihre Unabhängigkeit und ihre Identität als Jäger. Es wurde zerstört.

Mumilaaq Qaqqaqs Einsatz für mentale Gesundheit

Mumilaaq Qaqqaq aus Baker Lake an der Westseite der Hudson Bay gehört zu den beeindruckenden jungen Stimmen der Arktis. Wenige Wochen vor der Parlamentswahl im Oktober 2019 erhielt sie einen Telefonanruf. Die sozialdemokratische Neue Demokratische Partei (NDP) fragte an, ob sie bereit wäre, sich um das Parlamentsmandat für den Wahlkreis Nunavut zu bewerben. »Ich war völlig überrascht. Ich wusste erst gar nicht, was ich sagen soll.

Aber nach ein paar Tagen sagte ich mir: Warum nicht? Ich will versuchen, Nunavut und den Inuit zu helfen«, erzählte sie mir in einem Gespräch kurz nach der Wahl. Sie war das Wagnis einer Kandidatur eingegangen und hatte Erfolg: Die Bevölkerung Nunavuts wählte sie ins Parlament. In der NDP-Fraktion ist Mumilaaq Qaqqaq – ihr Familienname bedeutet »der Berg« – Sprecherin für arktische Fragen.

Mumilaaq Qaqqaq ist 27 Jahre alt. Das entspricht etwa dem Altersdurchschnitt der Bevölkerung, die sie nun in Ottawa vertritt. Denn Nunavut verfügt über die jüngste Bevölkerung Kanadas. Statistics Canada gibt den Altersdurchschnitt mit 27 Jahren an, für ganz Kanada liegt er bei 41. Fast 60 Prozent der Bevölkerung Nunavuts sind 24 Jahre alt und jünger, etwa ein Drittel ist jünger als 15.[16] Ähnlich sehen die Zahlen für ganz Inuit Nunangat und die anderen indigenen Völker Kanadas aus. Die indigene Bevölkerung ist im Durchschnitt 32 Jahre jung. Ihre besondere Aufmerksamkeit will Mumilaaq Qaqqaq dem Kampf gegen die extrem hohe Suizidrate vor allem unter den jungen Menschen der Arktis widmen. Vor drei Jahren hatte sie erstmals im Parlament gesprochen. Das Programm »Daughters of the Vote« bringt jährlich 338 junge Frauen, eine aus jedem Wahlkreis, nach Ottawa, wo sie im Parlamentssaal diskutieren. 2017 war Mumilaaq eine von ihnen. Ihre nur etwas mehr als zwei Minuten lange, emotionale Rede über die hohe Suizidrate unter Inuit, brachte ihr stehende Ovationen ein. Das Video fand landesweit Aufmerksamkeit.[17] Mumilaaq Qaqqaq hat das Leid, das Selbsttötungen verursachen, in ihrer Familie und in ihrem Freundeskreis erfahren. »Leider ist Suizid auch Teil meines Lebens«, sagt sie mit leiser Stimme. »Zu viele sehen nur die Zahlen und die Statistik. Aber hinter diesen Zahlen stehen Menschen. Es ist die Realität für Tausende von Inuit. Wir dürfen nie den menschlichen Aspekt dieser Tragödie vergessen.«

Inuit-Gemeinden und First Nations sowie Métis-Gemeinden sind von einer katastrophal hohen Suizidrate betroffen.[18] Gebiete mit einem hohen indigenen Bevölkerungsanteil haben eine um ein

Mumilaaq Qaqqaq, die junge Abgeordnete aus Nunavut, auf der Northern Lights Conference in Ottawa, 2020.

Vielfaches höhere Suizidrate als nichtindigene Gebiete. Immer wieder weisen Studien auf den Zusammenhang zwischen Kolonisierung, den Residential Schools, dem »Sixties Scoop« und erzwungener Umsiedlung und dem daraus resultierenden Zusammenbruch von Familien, den Verlust von Kultur und Sprache als Gründe für die hohe Suizidrate in der indigenen Bevölkerung hin. Über Kanada hinaus ist Suizid im gesamten arktischen Raum ein großes Problem. In Kanada fällt der deutliche Anstieg der Suizidrate unter Inuit mit dem Aufwachsen der ersten Generation in festen Siedlungen nach Bruch mit dem traditionellen Leben zusammen.

Im November 2019 hatte die Makwa Sahgaiehcan First Nation in Saskatchewan eine »Suizidkrise« ausgerufen, nachdem sich innerhalb von wenigen Wochen drei junge Menschen, darunter eine Zehnjährige, das Leben genommen hatten. »Es ist wie eine dunkle Wolke über unserer Reservation«, sagte Chief Ronald Mitsuing. In der Innu First Nation in Labrador versuchten im Herbst 2019 an einem Tag zehn Jugendliche, ihrem Leben ein Ende zu setzen. Für die vier Inuit-Regionen sind die Zahlen besonders erschreckend. Sie haben eine Suizidrate, die fünf- bis 25-mal höher ist als die kanadische Suizidrate, heißt es in dem von ITK veröffentlichten »Statistischen

Profil«. Danach lag die Suizidrate, berechnet auf 100 000 Menschen, für Kanada bei knapp über elf, in Nunavut aber bei 116, also zehnmal höher. Noch extremer war sie mit 275 in Nunatsiavut (Labrador). In Nunavik konnte dagegen seit 1991 ein Rückgang der Suizidrate erreicht werden. »Die hohen Suizidraten in Inuit Nunangat sind ein Symptom sozialer und ökonomischer Ungleichheiten, die zwischen Inuit Nunangat und den meisten anderen Regionen Kanadas bestehen, seit Inuit die Auswirkungen von Kolonisierung und den Übergang vom Leben auf dem Land in permanente Siedlungen erfahren«, stellt ITK fest. »Suizid ist eine vermeidbare Gesundheitskrise, die angegangen werden kann und muss.«[19]

Seit mehreren Jahren besteht ein Regierungsprogramm zur Vermeidung von Suiziden junger indigener Menschen, und der Ruf wird stärker, diese Pläne auszuweiten. ITK hat eine eigene Strategie entwickelt und arbeitet bei der Umsetzung mit der kanadischen Regierung zusammen. Ein holistischer Ansatz, der vom Abbau sozialer Ungleichheiten über die Stärkung der kulturellen Grundlagen der Gemeinden und der Sprache Inuktut sowie die Verarbeitung historischer Traumata bis hin zum Ausbau psychosozialer Hilfen geht, soll dazu beitragen.

Mumilaaq Qaqqaqs Vision ist ein Nunavut mit deutlich niedrigerer Suizidrate. »Suizid ist so ein komplexes Thema. Wir müssen so viele Dinge ändern, um die Suizidrate zu verringern: Wir müssen den Wohnraummangel beseitigen, Gesundheitsfürsorge, die Hilfen für die psychische Gesundheit und Zugang zu Bildung verbessern und Freizeitangebote schaffen.« Indigene Völker der Arktis hatten in der Vergangenheit eine niedrige Suizidrate. Gerade dies gibt Natan Obed von ITK Zuversicht. »Wir kommen aus einer früheren Wirklichkeit mit einer niedrigen Suizidrate«, sagt er. Und er ist hoffnungsvoll, dass der Trend umgekehrt werden kann. »Wir sind an einem neuen Ort zusammen mit den Kanadierinnen und Kanadiern und mit der Regierung. Wir sind in der Zeit der Versöhnung. Ich weiß, dass die Kanadier mitfühlend sind und wissen, was Inuit angetan wurde.«[20]

»Inuit Nunangat schafft Einheit und Stärke für alle vier Regionen.« Für Natan Obed ist Inuit Nunangat, die »Heimat der Inuit«, mehr als eine Bezeichnung für eine Region, wie er mir in einem Gespräch am Sitz von ITK in Ottawa sagte. Hinter Inuit Nunangat steht ein Politikansatz, der die Eigenheiten der vier Inuit-Regionen nicht außer Acht lässt, aber stets die gesamte Inuit-Bevölkerung und ihr Territorium im Blick hat. First Nations, die unter den »historischen Verträgen« leben, haben meist kleine Reservationen. Inuit dagegen können räumlich in großen Dimensionen denken. In der Inuit-Führung wurde die Idee vom gemeinsamen »homeland« schon seit Jahrzehnten verfolgt. Im öffentlichen Diskurs in Kanada ist sie erst seit fünf bis zehn Jahren präsent. Für die Inuit ist Inuit Nunangat ein Weg, angesichts der Überzahl der First Nations und der sehr präsenten AFN sowie der Métis nicht in den Hintergrund gedrängt und vergessen zu werden. Ein indigenes Volk, das eine große Landmasse sein Territorium nennt, kann aus einer Position der Stärke argumentieren, wenn es als Einheit auftritt. Natan Obed verweist gerne auf die Landkarte von Inuit Nunangat mit Nunatsiavut, Nunavik, Nunavut und der Inuvialuit-Region. »Wenn wir mit dieser Karte hinausgehen in die Welt, dann können wir uns in unserer Ganzheit beschreiben.« Für die Inuit ist es wichtig, sich gegenüber Kanada zu definieren. Und dass Kanada dies auch akzeptiert.

Erfolge sind bereits zu sehen. Als die Bundesregierung und die Inuit-Regionen 2017 ein Komitee schufen, das gemeinsame Politiken entwickeln und die Respektierung von konstitutionellen Rechten sichern soll, veröffentlichten sie eine »Inuit-Nunangat-Erklärung über die Beziehungen zwischen Inuit und der Krone«.[21] Eines der Ergebnisse des Inuit-Nunangat-Ansatzes ist die 2019 beschlossene Wohnungsbaustrategie für die Arktis. Die Bundeshaushalte weisen jetzt erstmals gezielt die Ausgaben für Inuit aus und lassen sie nicht in einem generellen Ausgabenposten für indigene Bevölkerung untergehen. 1,5 Milliarden Dollar sind in den Budgets

2016 bis 2019 für »inuitspezifische« Maßnahmen ausgewiesen. Der Begriff Inuit taucht nun häufig in den Haushaltsplänen auf, sagt Obed. »Das ist ein riesiger Erfolg für Inuit Nunangat.«

Für den konservativen Premierminister Stephen Harper war Kanadas Souveränität in der Arktis ein Eckpfeiler seiner Politik. Er reiste jedes Jahr in die Region, für die sich wegen ihres Rohstoffreichtums und des Klimawandels viele Staaten interessieren. Souveränität bedeutet für die indigene Bevölkerung der Arktis aber vor allem gute Infrastruktur, medizinische Versorgung, Bildungschancen und Arbeitsplätze. Den Mangel an Wohnraum nennt Kanadas Regierung jetzt eine »nationale Krise«: 52 Prozent der Inuit leben in beengten Wohnverhältnissen. 70 Prozent der Inuit-Haushalte in Nunavut leben in »food insecurity«, was bedeutet, dass sie nicht jederzeit über ausreichend Nahrung entsprechend ihren Bedürfnissen verfügen. Die Sterblichkeitsrate bei Inuit-Kindern ist dreimal höher als in der nichtindigenen Bevölkerung, und die TBC-Rate ist extrem hoch.[22]

Die weiterhin bestehende Lücke im Lebensstandard von Inuit und nichtindigener Bevölkerung und die Vielfalt der Probleme, denen sich die Inuit-Regionen gegenübersehen, sind offensichtlich. »Wir haben noch einen großen Rückstand«, sagt der Premier von Nunavut Joe Savikataaq. Aber er sieht für sein Territorium auch »großes Potenzial«. In Nunavut lag das Wirtschaftswachstum in den vergangenen Jahren deutlich über dem der übrigen Provinzen und Territorien. Da die Wirtschaftskraft noch gering ist, konnten einige größere Projekte etwa im Bergbau einen großen Sprung im Bruttoinlandsprodukt auslösen. Aber auch der Aufschwung in Kunstgewerbe und Tourismus wirkt sich in den Inuit-Regionen aus. In Iqaluit soll 2021 ein Tiefseehafen in Betrieb gehen, der die Versorgung der gesamten Arktisregion mit Gütern aus dem Süden verbessern soll. In den vier Regionen bestehen sechs Entwicklungsgesellschaften der Inuit, die sich zur Inuit Development Corporation zusammengeschlossen haben, um die ökonomischen Entscheidungen der Bundesregierung, ihre Beschaffungspolitik und die Ressourcenförderung zu beeinflussen. 2019 wurde das politische Rahmenprogramm »Arctic and Northern Policy Framework« vorgestellt, das die Bundesregierung zusammen mit den Organisationen der indigenen Völkern der Arktis ausgearbeitet hatte. Es soll dazu beitragen, die sozialen und wirtschaftlichen Ungleichheiten zwischen Kanada und der Arktisregion zu beseitigen.[23]

Wer Inuit-Gemeinden besucht, erkennt neben den Schwierigkeiten auch die Zuversicht der Menschen. Anlässlich des 20. Jahrestags der Gründung von Nunavut sprach ich im Frühjahr 2019 mit Laura, einer 23 Jahre jungen Frau aus Iqaluit. Bis zu ihrem zwölften Lebensjahr hatte sie in einer kleinen Gemeinde an der Ostküste der Baffin-Insel gelebt und mit ihren Großeltern sehr viel Zeit auf dem Land mit Jagen und Beerensammeln verbracht. Sie sprach damals nur Inuktitut. Englisch lernte sie erst, als sie mit ihrer Mutter nach Iqaluit zog. In dieser stark von Anglokanadiern geprägten Stadt verlor sie die Bindung an ihre Kultur und Sprache, entwickelte gar ein Schamgefühl. »Erst als ich etwas älter wurde, nahm ich es wieder richtig an«, erzählte sie. Nun hat sie sich ein Hundegespann aufgebaut, was ihre Freizeit prägt. Sie arbeitet in der »Arctic Children and Youth Foundation«, einer Stiftung, die Kinder, die Missbrauch erfuhren, unterstützt, und in der Frauenorganisation »Pauktuutit«. »Nunavut bedeutet viel für mich. Wir können stolz darauf sein, wo wir heute sind«, sagte sie. Ihre Großeltern, die in Iglus geboren wurden, haben diesen Wunsch nach Selbstbestimmung und Mitsprache gehabt. Heute sei er wahr geworden. Das Wichtigste sei für sie: Inuit treffen Entscheidungen über ihre Schulen und über ihre Sprache Inuktut. »Unsere Sprache blüht auf. Unser Bildungssystem wird stärker«, sagte Laura. Dass Inuktut die stärkste indigene Sprache in Kanada ist, ist für die Inuit Grund zur Freude, aber auch Ansporn, noch mehr für ihren Erhalt zu unternehmen.[24] Auch Natan Obed ist trotz der Probleme und Defizite zuversichtlich. »Wir sind auf einem guten Weg. Wir haben viele Herausforderungen, aber wir haben auch so viel, was wir feiern können und worauf wir stolz sein können.«

Soziale Ungleichheiten

Das fragile Gesundheitswesen in den abgelegenen indigenen Gemeinden

Die Gemeinde der Berens River First Nation liegt etwa 275 Kilometer nördlich von Winnipeg, Hauptstadt der Provinz Manitoba, am Ostufer des Winnipeg-Sees. Am 20. März 2020 beschließen Chief Norman McKay und sein Gemeinderat, den Notstand auszurufen, um die Verbreitung des Coronavirus in ihrer 3100 Einwohner zählenden Gemeinde zu verhindern. An den beiden Straßen, die von Süden und Norden nach Berens River führen, werden Kontrollstellen eingerichtet. Nur Bewohner der Gemeinde, die unbedingt reisen müssen, und die Lieferanten von Gütern dürfen passieren. Wer durchfahren will, um nach Norden zur Poplar River First Nation oder nach Süden zur Bloodvain First Nation und dann weiter Richtung Winnipeg zu fahren, wird, von Gemeindepolizei eskortiert, durchgelassen, darf aber nicht anhalten. »Dies ist eine schwierige Zeit«, erklärt Chief McKay. Er bittet das Militär, ein Lazarett zu errichten, um auf einen Covid-19-Ausbruch vorbereitet zu sein. Ähnliche Bitten kommen von anderen First Nations.[1]

Die Sorgen der Chiefs werden in vielen indigenen Gemeinden und in den Arktis-Territorien geteilt. Nunavut und die Nordwest-Territorien verfügen Einreiseverbote für Menschen, die nicht in diesen Gebieten wohnen. Am 24. März 2020 erklärt die AFN den Notstand für alle indianischen Nationen Kanadas, von denen 96 sogenannte Fly-in-Gemeinden sind, die nur mit dem Flugzeug erreicht werden können.[2] »First Nations sind die gefährdetsten Gemeinden in diesem Land«, sagt National Chief Perry Bellegarde. Welch dramatische Folgen die Pandemie in indigenen Gemeinden haben würde, wurde mir bewusst, als ich im kanadischen Rundfunk *CBC* Marilyn Slett, den Chief Councillor der Heiltsuk, hörte:

Die durch Covid-19 besonders gefährdeten älteren Gemeindemitglieder sind die Einzigen, die noch die Heiltsuk-Sprache sprechen. Inmitten der Bemühungen, indigene Sprachen zu erhalten, wäre der Tod dieser Elders auch deshalb ein unersetzlicher Verlust.

Die meist abgelegenen Ureinwohnergemeinden sind besonders schlecht auf eine Epidemie vorbereitet, und der Ausbruch der Lungenkrankheit wäre ein absolutes Desaster. »Wir können nicht darüber hinwegsehen, dass die indigenen Völker anfälliger sind als die nichtindigene Bevölkerung«, erklärt der für die Sozialdienste für die indigenen Völker zuständige Bundesminister Marc Miller. »Die Realität ist, dass die indigene Bevölkerung in stärkerem Maße in beengten Wohnverhältnissen lebt, in höherem Maße durch chronische Krankheiten belastet ist und in sehr abseits gelegenen, isolierten Gemeinden lebt.«

In den arktischen Regionen praktizieren nur wenige Ärzte, sie sind überwiegend in den drei Territorialhauptstädten Iqaluit, Yellowknife und Whitehorse stationiert. In den kleinen Gemeinden der nördlichen Territorien und in den abgelegenen Gebieten der südlichen Provinzen leisten Krankenpflegekräfte Basishilfe. Wer aber darüber hinaus Hilfe benötigt, wird in den Süden geflogen. Manchen Gemeinden können Ärzte – Allgemeinmediziner, Fachärzte, Zahnärzte und Augenärzte – nur ein- oder zweimal im Jahr Besuche abstatten. Bei einer Krise wie Covid-19 wäre Hilfe vor Ort kaum möglich.

Die Coronaviruskrise warf somit erneut ein Schlaglicht auf die prekäre Lage des Gesundheitswesens in den indigenen Gemeinden. Weite Entfernungen, hohe Transportkosten und dünne Besiedlung erschweren den Aufbau eines Gesundheitswesens, das im Notfall effektiv und erfolgreich wirken kann. Die Menschen in den abgelegenen Gemeinden konnten sich nie auf ein funktionierendes Gesundheitswesen verlassen. Nicht jede Krise erregte international so viel Aufsehen wie die Diphterieepidemie in der Alaska-Gemeinde Nome im Januar 1925, die eingedämmt werden konnte, nachdem in einer mehrtägigen, rund 1000 Kilometer langen Hundeschlittenstaffel Impfstoff quer durch Alaska nach Nome an der Küste der Bering-See gebracht worden war.[3] In Kanadas Geschichte spielen die Spanische Grippe 1918/19 und die Tuberkulosekrise Mitte des vergangenen Jahrhunderts eine bedeutende Rolle. Der Vergleich mit der Vergangenheit zeigt glücklicherweise aber auch, dass sich Kanada verändert hat, selbst wenn es immer noch viele Missstände in den indigenen Gemeinden zu beklagen gibt.

Die Spanische Grippe – *We All Expected to Die*

Im September 1918 breitet sich die Spanische Grippe auf der ganzen Welt aus, wütet bis ins Frühjahr 1919 und tötet mindestens 50 Millionen Menschen. Sie gilt als die tödlichste Pandemie seit der Pest im 14. Jahrhundert. In unverhältnismäßig großer Zahl fallen ihr junge Menschen und bis dahin Gesunde zum Opfer. Ein »Tsunami des Todes« erschüttert Familien, Gemeinden und Nationen.[4] Nirgendwo ist die Grippe tödlicher als in den abgelegenen Gemeinden an der Nordostküste Nordamerikas, in Labrador.

Die kanadische Schriftstellerin und Journalistin Anne Budgell veröffentlichte zum 100. Jahrestag der Pandemie das Buch *We All Expected to Die.*[5] Bereits 1979 hatte sie zusammen mit Nigel Markham den Dokumentarfilm *The Last Days of Okak* produziert.[6] Damals hatte sie vier Frauen interviewen können, die jüngste war 66 Jahre alt, die als Kinder die Spanische Grippe erlebt und überlebt hatten. Jetzt, 40 Jahre später, gebe es natürlich keine Überlebenden mehr, sagt Anne Budgell, die ich im Dezember 2018 in Ottawa auf einem Kongress kanadischer Impfspezialisten und Virologen treffe, um mit ihr über ihr Buch zu sprechen.

In den Inuit-Gemeinden in Labrador waren im 18. und 19. Jahrhundert Missionare der Herrnhuter Brüdergemeine, der »Moravian Church« angekommen.[7] Sie hatten die Inuit missioniert, Musik und das Orgelspiel gelehrt und ihnen vor allem das Beten beigebracht. Noch heute finden sich in den kleinen Gemeinden an

Labradors Küste die Spuren der »Moravians« und damit auch eines altertümlichen Deutsch, das sich mit der Inuit-Sprache vermischt hat. 1918 aber brachten Schiffe wie die »Sagona« oder das Missionsschiff »Harmony«, die von Neufundlands Hauptstadt St. John's aus die Gemeinden an der Küste anfuhren, eine tödliche Fracht: die Spanische Grippe. In Hebron starben 140 der 222 Einwohner, in Okak 207 von 263. Hier raffte die Seuche alle Männer dahin. Eine Gesellschaft, die auf Jagen und Sammeln gegründet ist, kann aber ohne die jungen Männer nicht überleben. Okak war am Ende. 1919 wurde die 1776 gegründete Missionsstation geschlossen.

»Die Regierung in St. John's wollte nur wissen, ob unter den Todesopfern ›Weiße‹ oder Neufundländer waren.« Das entnimmt Anne Budgell den vielen Dokumenten, die sie für ihr Buch durchkämmte. Die Regierung Neufundlands in St. John's reagierte langsam oder überhaupt nicht auf Berichte, die sie aus der Epidemieregion erhielt. Die Opposition warf der Regierung Untätigkeit angesichts des Elends in Labrador vor. Ob tatsächlich ein Minister damals sagte: »Lass sie sterben«, denn damit spare die Regierung Kosten für ihre Ernährung, wie es eine Zeitung in St. John's berichtete, ist umstritten und wurde von dem Minister vehement dementiert.[8] Budgell kommt aber zu dem Ergebis: »Dass die Überlebenden der Grippe so weit entfernt waren, machte es möglich, sie zu vergessen. Und dass sie ›Natives‹ waren, führte dazu, dass sie für Jahre am unteren Ende jedweder Prioritätenliste der Regierung standen.«[9] Sie nennt die Reaktion der Regierung »ziemlich rassistisch«.

Dr. Theresa Tam, die im Frühjahr 2020 als Leiterin der Bundesgesundheitsbehörde im Zentrum des Abwehrkampfes gegen das Coronavirus steht, schreibt in ihrem Geleitwort zu *We All Expected to Die,* Budgells Buch zeige den »Einfluss von Kolonialismus und Rassismus, einschließlich der Zerstörung des traditionellen Lebensstils der Inuit und der Siedler Labradors«. Und sie schreibt weiter: »Zeit hat die gesundheitlichen und sozialen Ungleichheiten nicht beseitigt, und wenn wir besser auf die nächste Pandemie vorbereitet sein wollen, ist es ebenso wichtig, diese Ungleichheiten anzugehen und in die Planung einzubeziehen wie Diagnostik, Impfstoffe und antivirale Behandlung.«

Das Trauma der Tuberkulose-Sanatorien

Die 1940er und 1950er Jahre brachten den Inuit, ihren Familien und Gemeinden gewaltige Umwälzungen und aufoktroyierte Veränderungen ihres Lebensstils. Die Inuit zwang man, in festen Siedlungen zu leben. Familien wurden zwangsumgesiedelt, um Gemeinden im hohen Norden zu gründen, Kinder in Residential Schools weit weg von ihren Familien gebracht. Stress und Schock des Übergangs vom jahreszeitlich bedingten Wechsel der Siedlungs- und Jagdgebiete in die Sesshaftigkeit erhöhten die Anfälligkeit für Krankheiten. Tuberkulose war den indigenen Bewohnern der Nordpolarregion unbekannt, bis die Weißen kamen. Händler und Walfänger brachten Infektionskrankheiten mit, darunter Tuberkulose. Sie wütete unter den Inuit und tötete vom ersten Eintreffen der »Entdecker« und der Walfänger bis Ende des 19. Jahrhunderts vermutlich mehr Menschen als alle anderen Infektionskrankheiten zusammen, schreibt ITK in ihrer inuitspezifischen Tuberkulose-Strategie.[10]

Was folgte, war die traumatische Erfahrung mit den Sanatorien im Süden Kanadas. Von den 1940er bis in die 1960er Jahre kamen in den Sommermonaten mit Röntgengeräten ausgerüstete Patrouillenboote der Regierung in die Gemeinden im Norden, und die Inuit wurden zu Untersuchungen auf die Schiffe beordert. Eines der Schiffe war das Klinikschiff »C. D. Howe«. »Inuit gingen an Bord der Schiffe für Röntgenaufnahmen und die Untersuchung auf Symptome. Wer TBC hatte, wurde auf dem Schiff festgehalten und in den Süden in Krankenhäuser und Tuberkulose-Sanatorien gebracht«, heißt es in der erwähnten Tuberkulose-Strategie.[11] Die Erkrankten wurden ihren Familien und Gemeinden entrissen und

Inuit beobachten in Pangnirtung (Baffin Island) die Ankunft des Patrouillenboots »C. D. Howe« mit einem Arzt an Bord, der die Inuit auf Tuberkulose untersuchen soll, 1951.

in Einrichtungen gebracht, in denen kaum jemand ihre Sprache Inuktut sprach. Oft wussten die Familien nicht, wohin die Patienten gebracht wurden und ob sie noch einmal in ihre Gemeinde zurückkehren würden – und viele kehrten nicht mehr zurück. Sie starben und wurden beerdigt, manchmal ohne dass ihre Angehörigen informiert wurden, wo sich die Gräber befinden. Diese Erfahrung erschwerte lange Zeit den Kampf gegen die Ausbreitung von Krankheiten: Die Inuit waren misstrauisch gegenüber der staatlichen Gesundheitspolitik.

Viele Jahre warteten die Inuit auf eine Entschuldigung der Regierung für ihr Verhalten gegenüber tuberkulosekranken Inuit in den 1940er Jahren und danach. Am 8. März 2019 kommt Premierminister Justin Trudeau nach Iqaluit, um sich für das koloniale Verhalten der Regierung bei der Bekämpfung der Tuberkulose in jenen Jahrzehnten zu entschuldigen.[12] Menschen aus der ganzen kanadischen Arktis kommen in die Territorialhauptstadt, manche von ihnen hatten Angehörige aufgrund der Politik vor mehr als 50 Jahren nie wiedergesehen, nachdem diese auf die Schiffe gegangen waren.

»Dies war ein beschämendes Kapitel unserer Geschichte«, sagt Trudeau. Während Kanada aktiv daran mitgearbeitet habe, die Menschenrechtserklärung der Vereinten Nationen auszuarbeiten und zu verabschieden, seien die Menschen in Inuit Nunangat, dem Heimatland der Inuit, als minderwertig behandelt worden, indem man ihnen Nummern gab statt Namen. Während Kanada ein allgemein zugängliches Gesundheitswesen geschaffen habe, seien Inuit in Siedlungen gezwungen worden, in denen Krankheiten und Infektionen wüteten. Und während im Süden die kanadische Regierung auf die Tuberkulosekrise mit der Einrichtung neuer Kliniken reagiert habe, seien im Norden Familien getrennt und die Rechte der Menschen missachtet worden – so beschreibt Trudeau die damalige Lage. »Es war kolonial und fehlgeleitet. Es fügte den Inuit Leid zu. Ich weiß, dass viele von euch, die ihr heute anwesend seid, von dieser ungerechten Politik betroffen waren und dass ihr immer noch den Verlust von Angehörigen betrauert.«[13]

»Heute bin ich hier, um mich zu entschuldigen und eine offizielle Entschuldigung für das Handhaben der Tuberkulose-Epidemie von den 1940er bis 1960er Jahren durch die Bundesregierung anzubieten«, sagt Trudeau. »We are sorry.« Es war richtig, dass die kanadische Regierung damals handelte, um die Epidemie einzudämmen. Es war falsch, wie sie es tat: dass sie Familien auseinanderriss, die Patienten nicht informierte, wohin sie gebracht wurden, sie als Nummern behandelte, ihre Angehörigen völlig um Dunkeln über ihr Schicksal ließ und sie nicht in Kenntnis setzte, unter welchen Umständen und wo ihre Kinder, Väter, Mütter oder Großeltern starben. Für die Inuit ist die Entschuldigung, die Trudeau ausspricht, sehr wichtig. Sie hoffen auch, dass ihnen das Projekt »Nanilavut«, das die Bundesregierung jetzt unterstützt, beim Prozess des Heilens der Wunden hilft. »Nanilavut« heißt: »Lasst sie uns finden.« Ziel ist es, das Schicksal derer aufzuklären, die nie mehr in ihre Gemeinden zurückkehrten, und nach Möglichkeit ihre Gräber zu finden. »Das sind wichtige Elemente auf dem Weg der Versöhnung«, sagte ITK-Präsident Natan Obed in einem Gespräch mit mir.

Aber mit der Anerkennung der Fehler der Vergangenheit ist es nicht getan. Trudeau bekräftigte in Iqaluit die Verpflichtung der Regierung, die TBC-Krise in der Arktis entschieden anzugehen und die Krankheit in den Inuit-Gemeinden bis 2030 zu eliminieren. Dies ist eine gewaltige Aufgabe, nicht nur in den Gemeinden der Arktis, sondern auch bei den beiden anderen indigenen Völkern Kanadas. Viele Kanadier glauben, Tuberkulose sei eine ausgerottete Krankheit, die nur noch in Entwicklungsländern auftrete. Tatsächlich aber ist sie unter den Ureinwohnern Kanadas stark verbreitet.

Dabei ist Kanada eigentlich ein Land mit einer geringen TBC-Rate. Im Jahr 2017 kamen auf 100 000 Bewohner des etwa 36 Millionen Einwohner zählenden Landes 4,9 Erkrankungen, insgesamt waren es 1796 Fälle. Unter der in Kanada geborenen nichtindigenen Bevölkerung wurden sogar nur 125 Erkrankungen registriert, statistisch 0,5 Fälle auf 100 000 Menschen. Bei den im Ausland geborenen und eingewanderten Personen war sie bereits deutlich höher. Die meisten Fälle pro Kopf aber traten bei den Ureinwohnern auf, First Nations, Inuit und Métis: 21,5 Fälle auf 100 000 Menschen, insgesamt 313 Erkrankungen. Noch erschreckender sind die Zahlen, wenn man nur auf die Inuit-Bevölkerung schaut. Ihre Gemeinden verzeichnen extrem hohe Raten. In Kanada leben etwa 65 000 Inuit, fast drei Viertel davon in den Nordwest-Territorien, Nunavut, Nord-Québec und Labrador. Diese Regionen meldeten 142 TBC-Fälle im Jahr 2017. Das sind 205 von 100 000 Menschen.[14] Trudeau erwähnt bei seinem Besuch in Nunavut diese schockierende Zahl für Inuit Nunangat, die vier Inuit-Regionen Kanadas: »Die Erkrankungsrate für Inuit in Inuit Nunangat ist 300-mal höher als für Kanadas nichtindigene Bevölkerung. Das ist unakzeptabel.«

Im Lichte der Coronaviruskrise sind diese Daten besorgniserregend. Für Tuberkulose-Erkrankte mit bereits geschädigten Lungen wäre der Virus schnell tödlich. »Tuberkulose hat ihre Wurzeln in sozialer Ungleichheit«, mahnt Obed. »Inuit sind generell eine

Hochrisikogruppe für Atemwegserkrankungen.« Soziale und ökonomische Ungleichheit könnten in der Coronaviruskrise dazu führen, dass Inuit-Gemeinden überproportional von Covid-19 betroffen sein könnten.

»Dritte Welt« im reichen Kanada

Seuchen und Kolonialisierung beschädigten oder zerstörten in den ersten Jahrhunderten nach Ankunft der Europäer nicht nur indigene Populationen, sondern auch deren Kenntnisse über Gesundheit und einen die Gesundheit fördernden aktiven Lebensstil. Als »indigenous health knowledge«, indigene Kenntnisse über Gesundheit, wird dieses Gebäude an Wissen bezeichnet, das physisches, mentales und spirituelles Wohlbefinden und damit verbundene traditionelle Lehren und Kenntnisse etwa über die Wirkung von Pflanzen und Umwelt umfasst. Die Marginalisierung indigener Völker, ihre Unterwerfung unter einen ihnen bislang fremden Lebensstil und ihre soziale und kulturelle Benachteiligung führten dazu, dass ihr Gesundheitszustand im Vergleich zur nichtindigenen Bevölkerung deutlich schlechter ist – in Kanada, aber auch in anderen Ländern mit indigener Bevölkerung.[15] Die Bemühungen, die Ureinwohner in die Mehrheitsgesellschaft und die eurokanadische Kultur zu assimilieren, destabilisierte die Gemeinden und ihren Lebensstil. Ihre Umsiedlung in Reservationen, die Unterdrückung durch Gesetze wie den »Indian Act« und der Rassismus, dem sie in Sozialsystem, Justiz- und Gesundheitswesen und in der Arbeitswelt bis in die jüngere Zeit ausgesetzt waren und zum Teil sogar heute noch sind, trugen zu diesen Ungleichheiten bei.[16] Letztendlich sind sie mitverantwortlich für schlechte psychische und physische Gesundheit.[17]

In einer ihrer bemerkenswerten Reden hatte Kanadas Generalgouverneurin Adrienne Clarkson 2004 von den »Dritte-Welt-Bedingungen« gesprochen, die in vielen indigenen Gemeinden

Kanadas herrschen.[18] Es gibt diese – meist weit abgelegenen – Gemeinden mit extremer Armut und miserablen Lebensverhältnissen, die völlig dem Image Kanadas als wohlhabendes Land entgegenstehen. Zwar hat sich in den vergangenen Jahren ihre soziale Lage verbessert, dennoch besteht eine weiterhin messbare Diskrepanz zur nichtindigenen Bevölkerung. »Fortschritt bedeutet nicht Gleichheit«, sagt National Chief Bellegarde.[19] Die AFN hatte ihrem Positionspapier zur Parlamentswahl 2015, in dem sie ihre Forderungen und Erwartungen an das künftige Parlament formulierte, den Titel *Closing the Gap* gegeben.[20] »The gap«, die Lücke, bezieht sich auf den Unterschied in der Lebensqualität von First Nations und nichtindigener Bevölkerung, der beseitigt und überbrückt werden muss. Trotz erkennbarer Fortschritte in den ersten vier Jahren der Trudeau-Regierung zwischen 2015 und der Parlamentswahl 2019 mit einer beträchtlichen Steigerung der Investitionen des Bundes zugunsten indigener Gemeinden stellt die AFN in ihrem Positionspapier *Honouring Promises* zur Wahl 2019 fest: Es müsse noch erheblich Boden gutgemacht werden, um sicherzustellen, dass First Nations und Kanadier die gleiche Lebensqualität haben.[21]

Tatsächlich unterstützt der kanadische Index »Community Well-Being« (CWB) diesen Befund.[22] Dieser bewertet auf einer aufsteigenden Skala von 0 bis 100 die sozioökonomischen Bedingungen im Land. Kriterien sind die Bildung – der Prozentsatz der Menschen, die mindestens eine Highschool-Ausbildung haben oder einen Universitätsabschluss erreichten –, der Arbeitsmarkt und die Beschäftigungsrate, das Pro-Kopf-Einkommen und die Wohnraumsituation. Im Index für 2016 wurden die Daten von 623 First Nations, 50 Inuit-Gemeinden und 3781 nichtindigenen Gemeinden verwertet. Für die First Nations wurden 58,4 Punkte errechnet, für die Inuit-Gemeinden 61,3 Punkte. Dagegen liegt der Index für die nichtindigenen Gemeinden bei 77,5 Punkten. Das heißt: Den Menschen in den indigenen Gemeinden geht es bezogen auf Bildung, Beschäftigung, Einkommen und Wohnraum schlechter als der restlichen Bevölkerung. Im Vergleich zu 1981 verbesserte sich die Lage der Ureinwohnergemeinden zwar. Sie legten in den 35 Jahren um 13 beziehungsweise 15 Punkte zu. Aber auch die nichtindigene Bevölkerung verbesserte ihren Lebensstandard um etwa 13 Punkte. Trotz des ermutigenden Trends in indigenen Gemeinden bleibt der erhebliche Abstand in der Lebensqualität zwischen indigenen und nichtindigenen Kanadiern bestehen. »The gap«, die Lücke zwischen indigenen Gemeinden und der restlichen Gesellschaft Kanadas, wird nicht kleiner.

Geringere Lebenserwartung

Die »Truth and Reconciliation Commission of Canada« hatte die Regierung aufgefordert, Daten über Gesundheitsindikatoren der Angehörigen der First Nations, der Métis und der Inuit zu erheben. Daraufhin werteten Fachleute der Statistikbehörde Statistics Canada Daten der vier Volkszählungen zwischen 1996 und 2011 aus und ergänzten sie durch Daten aus den darauffolgenden fünf Jahren.

Das Ergebnis ist eindeutig: Die Lebenserwartung von Angehörigen der First Nations, Métis und Inuit war signifikant niedriger als bei der nichtindigenen Population.[23] 2011 hatte ein einjähriges Kind einer Inuit-Familie eine Lebenserwartung von 73 Jahren, einer First-Nations-Familie von 75,2 Jahren und einer Métis-Familie von 79,5 Jahren. Ein nichtindigenes Kind dagegen hatte eine Lebenserwartung von 84,3 Jahren. Das Alter von einem Jahr wurde als Basis genommen, um die Säuglingssterblichkeit auszublenden, die in der indigenen Bevölkerung doppelt so hoch ist wie in der restlichen Bevölkerung. Auch diese Studie ergab, dass sich die Lebensbedingungen der indigenen Bevölkerung seit 1996 verbessert haben. Der Zuwachs war aber statistisch nicht größer als der in der nichtindigenen Bevölkerung oder – für die First Nations – sogar ein wenig geringer. Es gibt somit eine anhaltende und fast gleichbleibende Lücke in der Lebenserwartung von indigener und nichtindigener Bevölkerung in Kanada.

Diabetes und Übergewicht

Diabetes gehört zu den großen Herausforderungen für das Gesundheitswesen in indigenen Gemeinden. Im Frühjahr 1998 recherchierte ich für eine erste große Reportage über die indigenen Völker Kanadas.[24] Das »Odawa Native Friendship Centre« in Ottawa war der Ausgangspunkt meiner Recherchen, hier traf ich viele interessante Gesprächspartner. Ich begegnete Marge Lanigan, die das »Life Long Care Program« leitete, das sich an ältere Menschen, Menschen mit Behinderungen und chronisch Kranke richtet. Als ich da war, waren etwa 30 Erwachsene zu einem Vortrag über Diabetes gekommen. Bis in die 1950er Jahre, erzählte mir Marge Lanigan, sei Diabetes unter den indigenen Bewohnern Kanadas relativ unbekannt gewesen. Jetzt sei sie eines der gravierendsten Gesundheitsprobleme. »Es gibt Reservationen, in denen 60 Prozent der Bewohner an Diabetes leiden. Wir müssen unseren Leuten zeigen, wie sie sich richtig ernähren.«

Die indigene Bevölkerung gehört bei den Diabeteserkrankungen zu den Hochrisikogruppen. Auch in diesem Fall führen wissenschaftliche Untersuchungen die Langzeitfolgen von Kolonialismus und die sozioökonomische Benachteiligung als Gründe an, warum indigene Menschen überproportional von Diabetes und deren Komplikationen betroffen sind.[25] Nach Daten von 2011/12 litten etwa 2,7 Millionen Kanadier unter Diabetes Typ 1 und Typ 2, etwa 7,7 Prozent der Gesamtbevölkerung.[26] In der nichtindigenen Bevölkerung sind 6,8 Prozent der Menschen an Diabetes erkrankt. Bei den in Reservationen lebenden First Nations liegt der Anteil dagegen bei 19 Prozent, bei den »off reserve« lebenden Mitgliedern von First Nations bei 12,7 Prozent. Unter den Métis sind 9,9 Prozent betroffen. Nur bei den Inuit sieht es mit 4,7 Prozent Diabetikern besser aus als bei der nichtindigenen Bevölkerung.

Übergewicht ist einer der wichtigsten Indikatoren für den Gesundheitszustand einer Bevölkerung. Ursache für Übergewicht können zum einen Krankheiten wie Störungen der Schilddrüsenfunktion oder genetische Faktoren sein. Hinzu kommen eine zu kalorienreiche Ernährung und mangelnde Bewegung, die Verfügbarkeit von billigen kalorienreichen Lebensmitteln und aggressive Werbung für diese Produkte. Wenn in abgelegenen indigenen Gemeinden gesunde Nahrungsmittel wie Gemüse und Obst nicht verfügbar oder zu teuer sind und eine ausgewogene Ernährung nicht möglich ist, wird auf bereits verarbeitete, preiswertere Produkte zurückgegriffen, deren Qualität wegen eines hohen Zucker-, Salz- oder Fettgehalts sehr fragwürdig ist. Wenn »country food«, also die auf dem Land durch Jagen und Sammeln gewonnene Nahrung, durch »processed food«, verarbeitete Nahrungsmittel, ersetzt wird, hat dies einen erheblichen Einfluss auf Gesundheitszustand und Körpergewicht der Menschen.

Daher ist es nicht verwunderlich, dass in der indigenen Bevölkerung Übergewicht stärker verbreitet ist als im Landesdurchschnitt. Geschätzt wird, dass etwa 18 Prozent der nichtindigenen erwachsenen Kanadier übergewichtig sind. Bei den First Nations in Reservationen und in nördlichen Gemeinden sind es dagegen etwa doppelt so viele, rund 38 Prozent. Bei den Inuit sind es annähernd 29 Prozent und bei den Métis etwa 26 Prozent.[27] Der abrupte Wechsel in eine Welt, in der traditionelle Lebensweise und Ernährung nur noch eingeschränkt praktiziert werden können, zeigt Folgen. Indigene Völker durchliefen aufgrund der Regierungspolitik Phasen der Mangelernährung und des Hungers. Sie wurden von ihren Nahrungsquellen getrennt, ihre Subsistenzwirtschaft, die Nahrung lieferte, wurde zerstört. Ihre Bewegungsfreiheit, die ihnen Zugang zu »country food« und einen aktiven Lebensstil ermöglichte, wurde durch die Schaffung von Reservationen eingeschränkt.

Trinkwasser – ein Grundrecht, aber nicht für alle

Im November 2005 erklärte die Cree-Gemeinde Kashechewan an der James Bay in Nord-Ontario den Notstand. Wegen der Verseuchung des Trinkwassers mit Kolibakterien (Escherichia coli) musste die Gemeinde evakuiert werden. Erkrankte Cree wurden zur ärztlichen Betreuung in Städte im Süden geflogen – rund 1000 der

1900 Bewohner. Militär brachte eine Wasseraufbereitungsanlage nach Kashechewan, das nur per Flugzeug erreicht werden kann.

In Ottawa sprach National Chief Phil Fontaine von einem nationalen Problem: »Die Realität ist, dass es in diesem Land mehr als 100 potenzielle Kashechewans gibt, und für fast ein Drittel aller Gemeinden der First Nations besteht die Gefahr, dass bei ihnen eine Krise wie in Kashechewan auftritt.« Denn für nahezu 100 der mehr als 600 First Nations in Reservationen gab es 2005 Anordnungen der Behörden, Wasser vor dem Genuss zu kochen, weil es verunreinigt sein könnte. Für Kashechewan bestand die Empfehlung schon seit zwei Jahren. Aber erst nach Entdeckung der Kolibakterien wurden die skandalösen Missstände ein Thema, das national Aufmerksamkeit fand. In Ottawa berichteten Repräsentanten der Gemeinde vom beige-schmutzigen Wasser, dem extrem viel Chlor zugesetzt werden müsse, um Bakterien zu töten – mit gravierenden Folgen für zahlreiche Menschen, bei denen Hautausschläge und Ekzeme auftraten.

Kanada ist weltweit eines der wasserreichsten Länder, und fast alle Kanadier haben Zugang zu sauberem, sicherem Trinkwasser. In vielen First Nations aber ist das ein Luxus. Bis in die Gegenwart gibt es für indigene Gemeinden Anordnungen, Wasser aus den Wasserleitungen vor Gebrauch zu kochen oder es im schlimmsten Fall überhaupt nicht zu verwenden. Über Jahrzehnte hinweg steckte die Bundesregierung viele Millionen oder gar Milliarden Dollar in Bau oder Erneuerung von Systemen, ohne dass sich die Lage entscheidend verbesserte. Weil es Obergrenzen für Investitionen des Bundes gab und First Nations angehalten wurden, einen Teil der Kosten selbst zu tragen, wurden die Trinkwasseranlagen entweder nicht nach dem notwendigen Standard gebaut, oder es mangelte an Geld für die Unterhaltung der Anlage und die Ausbildung von Personal vor Ort. 2016 gab Premierminister Trudeau bekannt, dass im Budget für die kommenden fünf Jahre 4,6 Milliarden Dollar für Infrastruktur, vor allem Wasser- und Abwasseranlagen in indigenen Gemeinden, bereitgestellt werden sollen.

Das Ziel, in allen First Nations sauberes Trinkwasser zu haben, ist noch nicht erreicht. Aber Fortschritte sind deutlich zu sehen. Gab es 2016 in First Nations 105 »Long Term Drinking Water Advisories«, so waren es im Februar 2020 nur noch 61. »Long Term«, also Langzeit, bedeutet, dass die Anordnung, Wasser nicht, nur eingeschränkt oder nur nach Kochen zu nutzen, seit mindestens einem Jahr besteht. Bis Ende 2021 sollen alle Langzeitanordnungen aufgehoben sein. »Trinkbares Wasser zu haben, ist ein Grundrecht«, sagte damals Chief Stan Loutitt vom Mushkegowuk-Rat, zu dem Kashechwan gehört. »Kanada ist eines der wohlhabendsten Länder, aber in seinem Hinterhof herrschen Dritte-Welt-Bedingungen.«

Die Nikotinabhängigkeit indigener Jugendlicher

Tabak ist in vielen indigenen Kulturen eine geheiligte Pflanze. In Zeremonien wird Tabak verbrannt, durch den aufsteigenden Rauch wird eine Verbindung zur spirituellen Welt geschaffen. Der medizinische und zeremonielle Gebrauch von Tabak reicht in die Zeit vor den Kontakten mit Europäern zurück. Vermutlich hatte sich die Tabakpflanze Nicotiana rustica aus Südamerika kommend in Nordamerika ausgebreitet. Durch Kontakte mit den Europäern fand dann die Tabaksorte Nicotiana tabacum unter den indigenen Völkern Verbreitung. Zugleich verloren die First Nations durch Vertreibung und Umsiedlung Zugang zum zeremoniellen Tabak Nicotiana rustica, der bei den Zeremonien weniger stark inhaliert wurde als der heutige kommerzielle Tabak in Zigaretten.

2012 waren in Kanada elf Prozent der jungen Menschen zwischen 15 und 19 Jahren Raucher. Unter indigenen Jugendlichen ist die Rate deutlich höher. Sie lag bei Métis- und First-Nations-Jugendlichen etwas über 30 Prozent, bei Inuit sogar bei 56 Prozent, sodass ITK die Nikotinabhängigkeit als Epidemie bezeichnet.[28] Rauchen und Passivrauchen erhöhen nicht nur das Risiko, an Lungenkrebs zu erkranken, sondern auch die Wahrscheinlichkeit, Tuberkulose zu entwickeln.

Wohnraummangel und katastrophale Wohnbedingungen
Unterhalb des kanadischen Parlaments in Ottawa liegt im Ottawa-Fluss die kleine Victoria-Insel. Die Insel ist First-Nations-Territorium, sie gehört den Algonquin. Vor einem weißen Tipi wärmen sich Menschen an einem Feuer und verbrennen die heiligen Kräuter Salbei und Sweetgrass. Im Tipi sitzt, umgeben von Freunden, Theresa Spence. Seit dem 11. Dezember 2012 ist die Cree, damals Chief der Gemeinde Attawapiskat im Norden Ontarios, im Hungerstreik. Mit ihrem Protest mitten im Winter will sie auf die Missstände in ihrer Gemeinde und die anhaltenden Ungerechtigkeiten aufmerksam machen, denen sich die indigene Bevölkerung ausgesetzt sieht. Es sind Wochen, in denen durch ganz Kanada die indigene Protestbewegung »Idle No More« (Nie mehr untätig) rollt, mit der Verbesserungen des Lebensstandards indigener Menschen gefordert werden. Spence hält eine Adlerfeder in den Händen. »Die indigenen Völker haben die Verträge in gutem Glauben abgeschlossen, und wir wollen, dass diese Verträge erfüllt und geachtet werden«, sagt sie bedächtig.

Attawapiskat, Kanadas »Dritte Welt«, ist wieder einmal in den Schlagzeilen. Zwei Jahre zuvor, ebenfalls im Winter, hatten Transportflugzeuge des Roten Kreuzes Decken, Generatoren, Heizgeräte und Schlafsäcke in die 2000 Einwohner zählende Gemeinde an der James Bay gebracht, in der Menschen in verfaulenden Häusern, Bretterverschlägen und Zelten ohne Elektrizität, fließendes Wasser und Toiletten leben. »Das ist Ground Zero einer kanadischen Tragödie«, sagte mir damals der sozialdemokratische Oppositionsabgeordnete Charlie Angus. In seinem Wahlkreis liegt Attawapiskat.

In vielen First-Nations-Gemeinden leben die Menschen in Häusern, die dem Standard entsprechen, der in einem Land wie Kanada zu erwarten ist. Aber es gibt Attawapiskat und die Nachbargemeinde Kashechewan, Pikangikum in Nordwest-Ontario, Little Buffalo in Nord-Alberta und zahlreiche weitere abgelegene indigene Gemeinden mit extremen sozialen Problemen, Woh-

Chief Theresa Spence in ihrem Zelt mit Adlerfeder (zweite von rechts), 2013.

nungsmangel, Wohnräumen mit Schimmelbefall oder einem nicht funktionierenden Trinkwassersystem.

Zwischen 2010 und 2031 werden nach Schätzungen der AFN in First Nations 130 000 Wohneinheiten fehlen, 44 Prozent der bestehenden Häuser größere Reparaturen benötigen und 18 Prozent schlichtweg ersetzt werden müssen.[29] Im November 2017 veröffentlichte die kanadische Bundesregierung ihre »National Housing Strategy«, eine Wohnraumstrategie.[30] Darin heißt es, dass nahezu 20 Prozent der indigenen Bevölkerung in Wohnungen leben, die größere Reparaturen benötigen, und 20 Prozent in Wohnungen, die überbelegt sind. Die Budgets 2017 und 2018 sahen bereits Ausgaben in Höhe von 600 Millionen Dollar über drei Jahre für ein Wohnbauprogramm in First Nations vor. In ihrem Bericht über die Wohnraumsituation von First Nations, Métis und Inuit schreibt Statistics Canada 2017, dass etwa ein Fünftel, also etwa 325 000 der 1,67 Millionen Angehörigen indigener Völker in Wohnungen oder Häusern leben, die größerer Reparaturarbeiten bedürfen, wohingegen es bei der nichtindigenen Bevölkerung nur sechs Prozent sind.[31] 18,3 Prozent leben zudem in beengten Verhältnissen. Besonders dramatisch ist die Wohnraumsituation für die Inuit: 40 Prozent leben in Häusern, die überbelegt sind.[32] Dass mehrere Generationen und ein Dutzend Menschen in Häusern mit zwei oder drei Schlafzimmern leben, ist keine Seltenheit.

Die beengten Wohnverhältnisse in indigenen Gemeinden tragen zu Krisen in Familien bei. Kinder sind die Leidtragenden, weil sie keinen Rückzugsraum haben und nicht ungestört lernen und schlafen können. Die Wohnsituation hat zudem zur Folge, dass sich Infektionskrankheiten wie TBC stärker ausbreiten und bei einer Pandemie wie der Coronaviruskrise eine Selbstisolation nahezu unmöglich ist.

Transformation des Gesundheitssystems

Im Februar 2018 fand in Toronto auf dem traditionellen Territorium der Mississaugas of the New Credit First Nation der »First Nations Health Transformation Summit« statt. Die Konferenz stellte die Frage: Wie muss sich in einer Ära, in der so viel über Versöhnung, über Reconciliation gesprochen wird, das Gesundheitswesen verändern?[33] Die bisherige Gesundheitspolitik, die von Bundes- und Provinzregierungen entworfen wird, geht offensichtlich an den Bedürfnissen der indigenen Bevölkerung vorbei. Das bisherige koloniale Gesundheitssystem funktioniert nicht für die First Nations, räumte der damalige Gesundheitsminister Ontarios, Eric Hoskins, ein. Die koloniale Vergangenheit mit ihren negativen Auswirkungen auf Identität und Selbstachtung der indigenen Völker wird in vielen Studien als einer der entscheidenden Gründe für deren schlechte Gesundheitsdaten genannt. Die First Nations wollen ein Gesundheitswesen, das in die Kultur der First Nations eingebettet ist.[34]

Dafür gibt es Erfolg versprechende Ansätze. Im Mai 2014 hatten die Chiefs von Ontario mit der Provinzregierung von Ontario einen Aktionsplan verabschiedet, der den First Nations die

Leitung sogenannter »Primary Care Teams« gibt, die die medizinische Grundversorgung sichern. Darin einbezogen sind traditionelle Heiler der indigenen Gemeinden, die holistischen, auf Traditionen beruhenden Praktiken folgen, sowie Krankenpflegekräfte und Fachleute für mentale Gesundheit, die die Kultur der indianischen Gemeinden respektieren. Im Sommer 2017 unterzeichneten die Regierungen Kanadas und Ontarios und Grand Chief Alvin Fiddler von der »Nishnawbe Aski Nation«, der Organisation von 49 First Nations in Nord-Ontario, eine Charta über die Umgestaltung des Gesundheitswesens für diese Gemeinden. Sie soll zu einem Gesundheitswesen führen, das den kulturellen und medizinischen Bedürfnissen der Gemeinden gerecht wird.

Traditionen spielen bei den indigenen Völkern eine wichtige Rolle. Traditionelle Medizin und Zeremonien, die den Heilungsprozess fördern, traditionelles Essen und Geschichten und Lehren der Völker müssen integriert werden, soll ein Gesundheitssystem funktionieren. Selbstbestimmung bedeutet, dass die Transformation von den indigenen Gemeinden und Völkern für die indigenen Völker durchgeführt werden muss. Diese Transformation ist die Voraussetzung, dass positive Veränderungen in Zukunft messbar sind.

Der Wein der Osoyoos Indian Band

Unternehmergeist und anhaltende wirtschaftliche Probleme

Justin Hall schwenkt das Glas mit dem funkelnden Rotwein. Fast andächtig nimmt er einen Schluck, lässt das Aroma sich im Mund entfalten. Er ist zufrieden. Der Cabernet Sauvignon 2017 hat einen vollen Körper, Säure und Restzucker stimmen. Der Spitzenwein passt in die Serie »Qwam Qwmt«. Das heißt sinngemäß »exzellente Qualität« und ist ein Wort aus der Sprache des Okanagan-Volkes. Sie wird von Angehörigen der Osoyoos Indian Band im Süden des Okanagan-Tals von British Columbia gesprochen. Am Rande der Gemeinde Osoyoos auf dem Territorium der Osoyoos Indian Band, wenige Kilometer nördlich der Grenze zu den USA, liegt Nk'mip Cellars, der erste von einer First Nation in Nordamerika gegründete und geführte Weinbaubetrieb. Seit 2016 ist der 38-jährige Justin Hall, Angehöriger der Osoyoos Indian Band, Kellermeister dieses bemerkenswerten Weinbauunternehmens.

Etwa 130 Quadratkilometer groß ist die Reservation der Osoyoos Indian Band. Sie erstreckt sich vom Städtchen Oliver entlang des Osoyoos-Sees bis an die Grenze zu den USA. Im Sommer ist es hier in Kanadas einziger Wüstenregion sehr heiß. 40 Grad Celsius sind dann eher Regel als Ausnahme. Es regnet wenig, der Boden ist sandig und die grau-braunen Felsen reflektieren die Hitze. Das sandfarbene Gebäude von Nk'mip passt sich in die Landschaft ein. Von der Terrasse des Weinguts, das auf einer Anhöhe liegt, blickt der Besucher über leicht abfallende Weinberge hinab zum Osoyoos-See. Die Weinberge erstrecken sich fast bis an das Ufer. Im Verkaufsraum von Nk'mip Cellars zeigt ein Bodenmosaik eine Schildkröte, das Symbol für »Turtle Island«, und die »Four Food Chiefs«, die Anführer der vier »Stämme« der Lebewesen, die den

Menschen Nahrung geben und ihr Überleben sichern: der Bär als Herr aller Tiere auf der Erdoberfläche, der Lachs als Herr der Tiere im Wasser, die Bitterwurz, die die Früchte in der Erde anführt und von den indigenen Völkern als Medizin und Nahrungsmittel geschätzt wird, und schließlich die Saskatoon-Beere, Herrin der Pflanzen, die auf der Erdoberfläche wachsen. Die Geschichte von den »Four Food Chiefs«, die dieses Bodenmosaik erzählt, ist Teil der Geschichten der Okanagan-Nation.

Justin Hall und Senior-Kellermeister Randy Picton laden mich zur Weinprobe ein. Gemälde indigener Künstler schmücken den Probenraum. Justin Hall kredenzt einen Pinot Blanc, dann einen »Dreamcatcher«, ein Cuvée mit 35 Prozent Riesling. Der Mer'r'iym-Wein, der danach eingeschenkt wird, ist ein Cuvée der Bordeaux-Sorten Merlot, Cabernet Sauvignon und Cabernet Franc. »Mer'r'iym« heißt in der Okanagan-Sprache »Ehe« (Marriage), steht aber auch für »Meritage«, der nordamerikanischen Bezeichnung für ein Cuvée von Bordeaux-Weinen. Am Ende folgt der Qwam Qwmt Cabernet Sauvignon.

Justin Hall erzählt, wie er zum Wein kam. Als er die Schule abgeschlossen hatte, suchte er Arbeit und fand eine Stelle bei Nk'mip. »Sehr bald wusste ich, dass ich hierbleiben will. Weinproduktion wurde sehr schnell zu meiner Leidenschaft.« Kellermeister Randy Picton erkannte das Potenzial dieses jungen Mannes aus dem Volk der Okanagan und förderte ihn. Mithilfe von Nk'mip konnte Justin eine Weinbauschule in Neuseeland besuchen und in Australien im Weinbau arbeiten. Als er 2010 nach Osoyoos zurückkehrte, wurde er »Assistant Winemaker« und damit zweiter Kellermeister. 2016 stieg er zum Kellermeister auf.

Auch »Nk'mip« stammt aus der Sprache des Okanagan-Volkes. Es bedeutet »der Ort, wo der Bach in den See mündet«. Die Wüste um Nk'mip ist als Wüstenmuseum gestaltet, das die Vegetation mit der Vielfalt der Salbeibüsche, der Gelbkiefern, die als Medizin und Baumaterial dienten, und der Schafgarbe zeigt. Gelbe dreieckige Schilder zeigen eine Klapperschlange und mahnen zur Vorsicht.

Auf diesem Land zwischen Seen und Bergen, dessen Vegetation einen reichhaltigen Lebensraum für Wild bot, lebte über Tausende Jahre das Nk'mip-Volk. Das Wüstenmuseum und das dazugehörende »Desert Cultural Centre« zeugen von seiner Geschichte.

Das Wüstenmuseum grenzt direkt an die Weinberge. Die Osoyoos Indian Band bewirtschaftet etwa 150 Hektar Rebfläche, wovon der Ertrag von rund 25 Hektar für die Weinproduktion von Nk'mip genutzt wird. Der Rest wird an Arterra Wines, einen der großen kanadischen Weinkonzerne, oder einige kleinere, lokale Weingüter verkauft. Die Jahresproduktion von Nk'mip liegt bei 160 000 Litern oder 216 000 Flaschen. Die Anfänge des Weinbaus der Osoyoos Indian Band reichen in das Jahr 1968 zurück. Unter dem Namen Inkameep Vineyards begann der Weinanbau, die Trauben wurden aber an Kellereien verkauft, und mehrere Parzellen wurden an größere, etablierte Weinbauunternehmen verpachtet. 1978/79 machten ein strenger Frost, der fast alle Reben zerstörte, und eine Viruserkrankung der Rebstöcke den Traum vom eigenen Weingut zunächst zunichte. Aber die indigenen Weinbauern kamen wieder auf die Füße. Ende der 1990er Jahre wurde mit dem großen kanadischen Weinunternehmen Vincor das Joint Venture Nk'mip Cellars gegründet. Im Jahr 2001 wurde es als erster Weinbaubetrieb einer First Nation in Nordamerika eröffnet.

Aber die Bedeutung des Weinbaus reicht über Nk'mip Cellars hinaus. Etwa 500 Hektar Rebfläche, die auf dem Territorium der First Nation liegen, werden verpachtet. Arterra unterhält auf der Reservation eine Kellerei, die zusammen mit dem Weinanbau mehreren Hundert Menschen Arbeit bietet. Der Weinbau ist eine wichtige Einkommensquelle der Osoyoos Indian Band, und Nk'mip ist ihr Aushängeschild – auch auf internationalen Weinwettbewerben. Wie er sich fühle, als Mitarbeiter von Nk'mip und Angehöriger der Osoyos Indian Band diese Anerkennung zu finden, frage ich Justin Hall. Er zögert nicht mit der Antwort: »Ich bin stolz darauf, unsere Weinindustrie mitgestalten zu können, und sehr glücklich, dass unsere Osoyoos Indian Band diesen Erfolg hat.«

Mit Chief Clarence Louie sitze ich auf der Terrasse von Nk'mip. Die Osoyoos Indian Band ist wirtschaftlich prosperierend und wächst. »Einige von denen, die früher wegzogen, weil es hier keine Jobs gab, kehren zurück«, erzählt der Chief. Seit 35 Jahren führt der heute 60-Jährige die Osoyoos Indian Band. Als er 1984 erstmals gewählt wurde, war er 24 Jahre alt und hatte gerade ein Studium am »Saskatchewan Indian Federated College« in Regina, der heutigen First Nations University, und an der Universität von Lethbridge in Alberta abgeschlossen.

Etwa 540 Mitglieder zählt die Osoyoos Indian Band, wovon etwa 400 in der Reservation leben, der Rest lebt verstreut in Kanada und den USA. Sie ist Mitglied der Okanagan Nation Alliance, die 1981 von acht First-Nations-Regierungen des Okanagan-Gebiets gebildet wurde. Das traditionelle Territorium der Okanagan, die sich selbst Syilx nennen[1], erstreckt sich über annähernd 70 000 Quadratkilometer vom Süden der westkanadischen Provinz British Columbia in den Norden des US-Staats Washington. Sieben First Nations haben ihre Reservationen in Kanada[2], hinzu kommen die Colville Federated Tribes in den USA als achte Nation. Mit dem Beitritt der britischen Kolonie British Columbia zum kanadischen Staat 1871 und dem verstärkten Zustrom von Siedlern wurde die indianische Bevölkerung in Reservationen zurückgedrängt, die nur einen Bruchteil ihres traditionell genutzten Territoriums abdeckten. Einen Vertrag mit der Bundes- oder Provinzregierung über das Abtreten des Landes haben sie weder ausgehandelt noch unterzeichnet. Sie erheben weiter Anspruch auf ihr Land als »unceded territory«, das nicht der Regierung übergeben wurde.[3]

In den 1960er Jahren hatte die Osoyoos Indian Band wie viele andere First Nations in Kanada durch den »Sixties Scoop«[4] etliche Kinder verloren. Auch waren viele junge Menschen und Erwachsene weggezogen, um Arbeit zu suchen. »Wir lieben unsere Berge, aber das beste Land für Landwirtschaft und Viehzucht hatten uns

Clarence Louie, Chief der Osoyoos Indian Band, vor dem Gebäude von Nk'mip Cellars, September 2019.

die Siedler weggenommen«, sagt Clarence Louie. Fruchtbare Parzellen direkt am See waren seit der zweiten Hälfte des 19. Jahrhunderts nach und nach den einströmenden Neuankömmlingen übergeben worden. Zwischen 15 und 20 Quadratkilometer des ohnehin kleinen Reservationslands gingen dadurch verloren. Das trockene Land an den Hängen der Hügel und in den Bergen galt als wirtschaftlich uninteressant. Es blieb der Osoyoos Indian Band. »Wir hatten keine Chance, uns wirtschaftlich zu entwickeln. Der Kolonialismus machte uns zu Abhängigen.« Chief Louie kennt die Geschichten von Menschen, die auf Züge sprangen und in die USA fuhren, um dort in Obstplantagen zu arbeiten. »Obst zu pflücken, ist kein Vergnügen. Es ist harte Arbeit, die deinen Rücken brechen kann.« Auch seine Eltern verließen die Reservation, weil sie keine Arbeit hatten. Das hat den jungen Clarence geprägt. »Keine Arbeit zu haben, ist das Schlimmste. Der einfachste Weg, jemanden zu töten, ist, ihn nicht arbeiten zu lassen.«

Jetzt hat sich der Trend umgekehrt. Einige, die lange weg waren, kehren zurück. »Die Menschen gehen nicht dorthin, wo Armut ist.

Sie gehen dorthin, wo es Arbeit gibt«, sagt der Chief. 1963 war auf dem Territorium der Osoyoos Indian Band der erste Wirtschaftsbetrieb gegründet worden, ein Golfplatz. Ein Campingplatz und ein Park für Wohnmobile folgten. Dann kam der Weinbau, für den die trockenen Böden und das Klima ein gutes Fundament bilden. 1988 wurde die »Osoyoos Indian Band Development Corporation« gegründet, die sich um Investitionen und die Gründung von Unternehmen in Tourismus und Bauwirtschaft bemühte. Heute stehen in unmittelbarer Nähe der Nk'mip-Kellerei ein Hotel-Resort mit Ferienwohnungen, das Spirit Ridge Vineyard Resort & Spa, und ein Kongresszentrum. Das Wüstenmuseum lockt Besucher aus der ganzen Welt. Rund 1000 Arbeitsplätze gibt es heute in Unternehmen, die der Band gehören oder als Joint Ventures von anderen Unternehmen geschaffen wurden, die indigenes Gebiet aufgrund langfristiger Leasingverträge nutzen können, wie etwa Arterra. »Wir haben mehr Arbeitsplätze als die Osoyoos Indian Band Mitglieder. Angehörige von 35 First Nations arbeiten hier. Wir haben mehr Diversität als jede andere First Nation in Kanada«, meint Clarence Louie. Auch nichtindigene Arbeitskräfte finden Jobs. Die Arbeitslosigkeit lag zu Beginn des Jahres 2020 bei weniger als drei Prozent. Anders als in vielen anderen indigenen Territorien sind Führungspositionen zum großen Teil von Angehörigen der »Band« besetzt. Die kanadische Tageszeitung *Globe and Mail* bezeichnete in einem Porträt die Osoyoos Indian Band als »die wohl geschäftstüchtigste First Nation in Kanada«.[5]

In der nahe gelegenen Stadt Oliver, die sich stolz als »Kanadas Weinhauptstadt« bezeichnet, hat die Osoyoos Indian Band seit einigen Jahren ihren Regierungssitz in einem repräsentativen Gebäude. Die Fläche vor dem Haupteingang zum Regierungssitz ist als Versammlungsort der Gemeinde konzipiert. Das Dach des nach allen Seiten offenen Pavillons hat die Form eines geflochtenen Hutes, wie ihn die Frauen der Okanagan-Völker trugen. Da Mütter und Großmütter die wichtigsten Lehrerinnen der Kinder waren, soll dieser Pavillon die traditionellen Lehren der Okanagan symbolisieren. Direkt neben dem Regierungssitz liegt das Gesundheitszentrum mit einer ambulanten Klinik, einer Kindertagesstätte und Beratungsstellen für Sozialhilfe und mentale Hilfe sowie, einen Steinwurf entfernt, ein Spielplatz, der 2019 für 50 000 Dollar gestaltet wurde.

Der Chief legt keinen besonderen Wert auf Entschuldigungen von Politikern für Fehler der Vergangenheit. »Das ist verbale Reconciliation«, sagt er. Er will »ökonomische Versöhnung«, und das heißt für ihn, dass die First Nations das Land zur Verfügung haben, das sie brauchen, um eine eigene lokale Wirtschaft aufzubauen, Einkommen zu erzielen und nicht mehr von Zuwendungen der Regierungen abhängig zu sein. »Wir brauchen keine Entschuldigungen, wir brauchen Land und Geld.« Er setzt auf Erfolge im »land claim process«, aber will darauf nicht warten: »Die Zukunft ist jetzt. Ich muss jetzt Arbeitsplätze schaffen.« Jedes Baby, das in der Osoyoos Indian Band geboren wird, bedeute, dass ein zukünftiger Arbeitsplatz geschaffen werden müsse. Clarence Louies Stimme wird landesweit gehört. Er ist Vorsitzender einer Organisation, die die kanadische Regierung bei Fragen der wirtschaftlichen Entwicklung der indigenen Gemeinden berät.[6] Auf der Konferenz der »Land Claims Agreements Coalition« im Februar 2020 hörte ich ein Zitat, das Chief Louie zugeschrieben wird: »Du verlierst deine Kultur schneller in Armut als im Wohlstand.«

Ökonomische Versöhnung

Die Osoyoos Indian Band ist ein Beispiel für wirtschaftlichen Erfolg einer First Nation. Den Tlicho in den Nordwest-Territorien, die unter einem »modernen Vertrag« leben, gelang es ebenfalls, durch Tourismus, Forstwirtschaft und Teilhabe am Diamantenbergbau sowie kleineren Unternehmen in den vier Tlicho-Gemeinden Wohlstand zu schaffen. Die Tla'amin in British Columbia schufen wie andere selbstverwaltete First Nations neben der Regierung eine Wirtschaftsförderungsgesellschaft, die Tla'amin Management Services LP, die strategische Partnerschaften und Joint Ventures zur wirtschaftlichen Entwicklung des Territoriums anregt. Aber in vielen indigenen Gemeinden sieht es bis heute anders aus. Die Wahrheits- und Versöhnungskommission sah die Verbesserung der wirtschaftlichen Lage in den indigenen Gemeinden als wichtiges Thema, zu dem sie Forderungen und Empfehlungen formulierte. Die indigenen Völker müssen einen fairen, gleichberechtigten Zugang zu Arbeitsmarkt und Ausbildung haben und langfristig Nutzen aus Wirtschaftsprojekten ziehen.[7] Die Kommission spricht von der »economic reconciliation«, der ökonomischen Versöhnung. Sie meint damit in erster Linie die Anerkennung der Rechte indigener Völker an ihrem Land und die wirtschaftliche Entwicklung dieses Landes und seiner Ressourcen in einer »kulturell respektvollen Weise«. Indigene Völker wollen am Entscheidungsprozess teilnehmen. Dies bedeutet Mitwirkung von First Nations, Métis und Inuit bei Planung und Umsetzung von Vorhaben, die von außen an sie herangetragen werden, etwa bei Investitionen von Rohstoffunternehmen, die Bodenschätze auf indigenem Territorium abbauen wollen oder First-Nations-Gebiete nutzen müssen, um Rohstoffstätten erreichen zu können. Dann aber macht die Kommission klar, dass es auch um die Entwicklung indigener Unternehmen geht: First Nations, Métis und Inuit wollen »ihre eigenen Unternehmen gründen und in einer Weise entwickeln, die mit ihrer Identität, ihren kulturellen Werten und ihrem Weltbild als indigene Völker übereinstimmt«.[8]

Den Begriff ökonomische Versöhnung greift auch das »National Aboriginal Economic Development Board« in seinem Bericht 2019 auf. Wirtschaftliche Entwicklung der indigenen Gemeinden und ihre Teilhabe an der kanadischen Wirtschaft liegen nicht nur im Interesse dieser Gemeinden. Würden die Lücken, die sich bei den sozioökonomischen Daten zwischen indigenen und nichtindigenen Kanadiern zeigen, geschlossen, könnte Kanadas Wirtschaft einen Schub von jährlich 27,7 Milliarden Dollar erfahren, stellt das Board fest. Dies würde das Bruttoinlandsprodukt Kanadas um 1,5 Prozent erhöhen. Ob dieser immer wieder genannte Schub für die kanadische Wirtschaft in dieser Größenordnung tatsächlich erreicht würde, sei dahingestellt. Sicher ist, dass von wirtschaftlicher Entwicklung indigene Gemeinden und nichtindigene Unternehmen profitieren würden. Da Kanadas indigene Bevölkerung jünger ist als die gesamtkanadische, deren Überalterung langfristig Probleme für den Arbeitsmarkt schafft, kann die junge und wachsende und zunehmend besser ausgebildete indigene Bevölkerung zudem eine Ressource für Kanadas künftiges Wirtschaftswachstum und die Deckung des Arbeitskräftebedarfs sein.

Dazu muss sich in Kanada aber noch einiges ändern. Denn der genannte Bericht zeigt, dass es zwar Fortschritte bei der wirtschaftlichen Entwicklung der indigenen Gemeinden gibt, bei der Arbeitsmarktlage und im Ausbildungsstand, dass diese Fortschritte aber oft sehr klein sind und nur langsam vorangehen. »Es bestehen immer noch große Lücken zwischen den sozialen und ökonomischen Indikatoren der indigenen und der nichtindigenen Bevölkerung Kanadas«, stellt der Board-Vorsitzende Chief Clarence Louie in seinem Vorwort für den Bericht 2019 fest. Die Lücke (»the gap«) ist der Unterschied im Lebensstandard der indigenen und der nichtindigenen Bevölkerung. Reconciliation, Versöhnung und Verständigung, kann nur erreicht werden, wenn diese Lücke geschlossen wird, stellte die AFN in ihrem Dokument *Closing the Gap* zur Parlamentswahl 2015 fest. Auch in der Erklärung *Honouring Promises* zur Parlamentswahl im Herbst 2019 fordert die AFN eine Politik, die die ökonomische Lage der indigenen Bevölkerung verbessert.

Weniger Arbeitsplätze, höhere Arbeitslosigkeit

Der Blick auf die Arbeitsmarktstatistik zeigt, dass die Beschäftigungs- und Arbeitslosenraten der indigenen und der nichtindigenen Bevölkerung weiter auseinanderklaffen. Wie stark, hängt von Altersgruppen ab und ob es sich um First Nations, Inuit oder Métis handelt. Unterschiede bestehen auch bei der ökonomischen Lage von Angehörigen der First Nations, die in Reservationen oder außerhalb von Reservationen in Städten leben. Die Beschäftigungsrate gibt den Prozentsatz der Bevölkerung im Alter über 15 Jahren an, der beschäftigt ist und Einkommen erzielt. Das waren 2016 bei den indigenen Völkern knapp über 50 Prozent, bei der nichtindigenen kanadischen Bevölkerung dagegen etwas über 60 Prozent.[9] Besonders ausgeprägt war die Differenz zwischen den First Nations in Reservationen und der nichtindigenen Bevölkerung: Sie lag bei 24 Prozent. Dies belegt den weiterhin bestehenden Arbeitsplatzmangel in Reservationen. Die Métis haben dagegen eine Beschäftigungsrate wie die restliche kanadische Bevölkerung. Umgekehrt betrug die Arbeitslosenquote der indigenen Bevölkerung rund 15 Prozent, die der nichtindigenen Kanadier dagegen nur sieben Prozent.[10] Die indigenen Völker haben also eine mehr als doppelt so hohe Arbeitslosenquote. Drastisch ist sie erneut bei den First Nations in Reservationen: Dort lag sie 2016 bei 25 Prozent.

Eine große Lücke zeigt sich auch bei den Einkommen. In die Berechnung von Einkommen sind Einkünfte aus selbstständiger Tätigkeit, Löhne und Gehälter, Pensionen und Sozialleistungen des Staates einbezogen. Das Durchschnittseinkommen lag für die indigene Bevölkerung 2015 bei 36 000 Dollar. Dies war ein deutlicher Anstieg um 50 Prozent oder 12 000 Dollar gegenüber dem Vergleichsjahr 2005. Das Durchschnittseinkommen der nichtindigenen Bevölkerung stieg in diesem Zeitraum ebenfalls, aber mit einem Zuwachs von 34 Prozent nicht ganz so stark. Durch dieses schnellere Wachstum des Einkommens der indigenen Bevölkerung hat sich die Einkommenslücke verkleinert. Die nichtindigene kanadische Bevölkerung verdient im Durchschnitt aber immer noch rund 25 Prozent oder fast 12 000 Dollar mehr als First Nations, Inuit und Métis. First Nations, die die Mehrheit der indigenen Bevölkerung stellen, schneiden besonders schlecht ab. Sie kommen nur auf zwei Drittel, die First Nations in Reservationen gar nur auf etwa die Hälfte des Einkommens der nichtindigenen Bevölkerung.

Alle Zahlen zeigen somit einen deutlichen Handlungsbedarf vor allem bei der Entwicklung der Wirtschaft in Reservationen. Ein Schlüssel zu einer ökonomisch besseren Zukunft ist die Ausbildung junger Menschen. Wie im Kapitel über Bildung gezeigt wird, ist der Ausbildungsstand der indigenen Bevölkerung generell niedriger als der der nichtindigenen Kanadier. Besser ausgebildete Menschen aber haben mehr Erfolg auf dem Arbeitsmarkt. Niedrigere Arbeitslosenraten, höheres Einkommen, aber auch ein besserer Gesundheitszustand gehören zu den nachgewiesenen Folgen. Der geringere Lebensstandard vieler indigener Gemeinden verursacht dem Staat hohe Kosten, nicht nur bei Sozialleistungen und Gesundheitsfürsorge, sondern auch bei der Bekämpfung armutsbedingter Kriminalität.

Ökonomische Versöhnung vollzieht sich, wenn indigene Gemeinden nicht mehr Armut, sondern Wohlstand verwalten. So sieht es jedenfalls der Präsident des »Canadian Council for Aboriginal Business« (CCAB) JP Gladu im Jahresbericht 2018.[11] Dem 1982 gegründeten CCAB gehörten Ende 2018 706 Unternehmen an, davon 427 indigene. Bereits die Datenerhebung der kanadischen Statistikbehörde 2011 hatte ergeben, dass sich mehr als 43 000 indigene Personen als selbstständige Unternehmer bezeichnen. Mehr als die Hälfte von ihnen waren Ein-Mann-Betriebe ohne weitere Angestellte.[12] Zwar scheint der Anteil der selbstständig Wirtschaftenden in der indigenen Bevölkerung niedriger zu sein als in der nichtindigenen, aber er wächst. Dies ist offenbar ein Beleg für das immer stärker werdende unternehmerische Denken in diesen Gemeinden. Für Völker, die früher selbstständig waren und für ihre Lebensgrundlagen sorgten und bei denen zumindest jedes erwachsene Mitglied in der Verantwortung für Familienverbund oder größere Gemeinschaft stand, ist dies eigentlich keine Überraschung. Es war staatliche Politik, die die indigenen Völker zu Abhängigen und Mündeln des Staates machte, die auf Wohlfahrtsleistungen angewiesen waren.

Die Toronto Dominion Bank, eine der Großbanken Kanadas, spricht jedenfalls von einem »zunehmend dynamischen Sektor von Kleinunternehmen«, der entscheidende Bedeutung für den künftigen Anstieg des Lebensstandards der indigenen Bevölkerung Kanadas haben werde.[13] Da viele First-Nations-Gebiete in den südlichen Regionen Kanadas und Gemeinden in den nördlichen Territorien in der Nähe von Rohstoffprojekten liegen, wird indigene Wirtschaft von außenstehenden Betrachtern oft auf diesen Aspekt beschränkt. Zwar gehören Bergbau, Öl- und Gasförderung zu den Sektoren, in denen Unternehmen von First Nations, Inuit und Métis überdurchschnittlich stark vertreten sind, aber der Industriemix verändert sich. Überdurchschnittlich stark sind indigene Unternehmen heute auch in den Sektoren Informationstechnologien, Kultur, Kunst und Freizeit aktiv.

Allerdings stehen First-Nations-, Inuit- und Métis-Gemeinden vor großen Herausforderungen. Dazu gehört die Rekrutierung von Personal. Dies ist einerseits eine Frage der Ausbildung der Menschen vor Ort. Aber auch die Abgeschiedenheit vieler indigener Gemeinden erschwert das Anwerben geeigneter Arbeitskräfte. Zudem hängen Erfolg und Innovationen von verlässlichem Zugang zum Internet ab. In den indigenen Gemeinden sieht es da nicht so gut aus. Zwar verfügen die meisten indigenen Unternehmen über Internet, etwa ein Drittel bezeichnet den Zugang dazu aber als nicht zuverlässig. In Reservationen ist dies Teil genereller Infrastrukturprobleme. Die Sicherung des Zugangs zu Highspeed-Internet für alle First Nations »vergleichbar mit dem restlichen Kanada« gehört daher zu den Forderungen der AFN an die wiedergewählte liberale Regierung. Indigene Unternehmer wollen zudem stärker bei der Vergabe von öffentlichen Aufträgen durch die Bundes- und Provinzregierungen sowie die Kommunen berücksichtigt werden.

Öko-Tourismus und Ölwirtschaft

Die ganze Bandbreite inidigener Wirtschaftsaktivitäten passt vermutlich nicht ganz in das Bild, das manche in Europa von »Indianern« haben. Öko-Tourismus oder indigener Tourismus mit Expeditionen in die Natur, Walbeobachtung und Nordlicht, kulturelle Veranstaltungen, Besuch von Powwow und Eintauchen in die Kultur von First Nations, Inuit und Métis entsprechen sicherlich den europäischen Vorstellungen von indigener Wirtschaft. Mehr als ein Drittel der Besucher Kanadas sind interessiert, »indigene Erfahrungen« zu machen, und der Anteil derart motivierter Touristen ist bei Franzosen und Deutschen besonders hoch. Der Tourismusverband der indigenen Völker Kanadas, die »Indigenous Tourism Association of Canada«, verzeichnete in den Jahren seit 2015 einen ungewöhnlich starken Anstieg der Nachfrage.[14] Der Wert des indigenen Tourismus wurde für 2015 auf 1,4 Milliarden Dollar, knapp unter einer Milliarde Euro geschätzt, 2018 waren es bereits 1,8 Milliarden, und für 2024 wurden 2,2 Milliarden Dollar erwartet. Welche Folgen die Covid-19-Krise des Jahres 2020 auf die weitere Entwicklung hat, ist vorerst nicht abzuschätzen. Das Interesse an indigenem Tourismus treibt die Entwicklung von Infrastruktur in den oft abgelegenen Gemeinden voran und schafft Arbeitsplätze. 2015 bot er bereits knapp über 33 000 Arbeitsstellen, 2018 waren es 41 000.

Das Interesse an indigenem Tourismus demonstriert Wertschätzung für indigene Wertvorstellungen. Aber wie ist es bei traditionellen Wirtschaftsaktivitäten wie der Jagd? Sie werden begrüßt, solange sie nicht mit europäischen Vorstellungen von Tierschutz kollidieren. Dann werden, wie sich bei der Debatte über »humane Fallen« oder die Robbenjagd zeigt, sehr schnell eurozentrische Maßstäbe angelegt und die Auswirkungen auf indigene Gemeinden nur am Rande berücksichtigt.

Realität und Teil indigener Selbstbestimmung ist auch die Beteiligung von First Nations, Inuit und Métis an großen Industrieprojekten. Industrieprojekte in der Nähe indigener Gemeinden können wirtschaftliche und soziale Vorteile bringen. Aber es gibt etliche Beispiele, die ein schockierend anderes Bild bieten. Dazu gehören zum Beispiel die Cree-Gemeinden Attawapiskat und Kashechewan in Nord-Ontario, die nicht weit von Diamantenminen entfernt liegen und dennoch zu den indigenen Gemeinden mit immensen sozialen und ökonomischen Problemen gehören. Dazu zählt auch Grassy Narrows in Manitoba, das unter der Quecksilberverseuchung ihres Wassers leidet. Ich war in Little Buffalo, der Gemeinde der Lubicon-Cree in Nord-Alberta, und sah eine von Ölförderstellen umgebene Gemeinde, die völlig verarmt ist, deren traditionelles Land vor zehn Jahren durch eine Ölpest verseucht und die zudem über viele Jahre von internen Konflikten zermürbt wurde, die jeden Fortschritt unmöglich machten.

Dennoch setzen viele indigene Gemeinden auf Rohstoffförderung als Grundlage ihres Wohnstandes. In den Nordwest-Territorien gibt es Diamantenminen, die Arbeitsplätze auch für die indigene Bevölkerung der Region bieten. Sogenannte »Impact and Benefit Agreements« sichern wirtschaftlichen Nutzen für die Gemeinden, Investitionen und die Schaffung von Arbeitsplätzen. In Nunavut sind es Projekte wie die Eisenerzmine Baffin Iron Mines an der Nordspitze der Baffin-Insel und mehrere Goldminen. Von Erschließungsprojekten wie dem gewaltigen Rohstofflager »Ring of Fire« in Nordwest-Ontario und dem »Plan Nord« für Nord-Québec versprechen sich indigene Gemeinden nach eingehender Konsultation und Berücksichtigung ihrer Interessen ebenfalls langfristigen Nutzen.

In den Prärieprovinzen, in denen Öl gefördert wird, haben First Nations ihre Unternehmensstrukturen auf die Öl- und Gasindustrie ausgerichtet und profitierten über viele Jahre von ihr. Indem sie selbst Ölförderung betreiben, erwirtschaften sie sogenannte »own source revenues«, Einkünfte, die sie selbst erzielen. Der »Indian Resource Council« ist eine Lobbyorganisation von etwa 130 First Nations, die in der Öl- und Gasindustrie engagiert sind. Vorsitzender des Verbands ist Chief Roy Fox vom Kainai Blood Tribe im

Süden Albertas. Mit den Einnahmen aus der Ölförderung können Kulturprogramme, die Schulausbildung junger Menschen, die Versorgung der älteren Mitglieder der Gemeinde, der Wohnungsbau und das Gesundheitssystem finanziert werden. Chief Fox ist bekannt für seine klaren Aussagen. Der AFN-Führung warf er auf der Versammlung der mehr als 600 Chiefs im Sommer 2019 in Fredericton vor, sie folge zu sehr »dem Lied der liberalen Bundesregierung« – und meinte damit die Unterstützung der AFN für die Klimapolitik und insbesondere das von den Liberalen verabschiedete Gesetz C-69, das die Umweltprüfung von Rohstoffprojekten verschärft. Der Preisverfall beim Erdöl und die Covid-19-Krise treffen die Öl- und Gasindustrie. Chief Fox forderte die Regierung im Namen des »Indian Resource Council« auf, bei Finanzhilfen für diesen Sektor die öl- und gasfördernden First Nations nicht zu vergessen.[15] Denn den First Nations gehen nicht nur Einnahmen aus der Öl- und Gasförderung verloren: Auch Arbeitsplätze verschwinden und bedrohen den in den vergangenen Jahrzehnten aufgebauten Wohlstand.[16]

In den Prärieprovinzen lagern nicht nur Öl und Gas. Der Norden von Saskatchewan ist für seine gewaltigen Uranvorkommen bekannt. Dort hat die Lac La Ronge Indian Band, eine Cree-Gemeinde, die Kitsaki-Unternehmensgruppe aufgebaut. Neun Unternehmen gehören dazu. Sie bieten Dienstleistungen vom Catering über Versicherung und Rodungsarbeiten bis zu Schwertransporten für die Bergbauindustrie an, darunter auch für die Uranindustrie. 2015 boten die neun Unternehmen nach Angaben von Kitsaki etwa 1000 Menschen Arbeit. 70 Prozent waren Angehörige von First Nations und Métis. »Durch Kitsaki und unsere Tochterfirmen können wir an der kanadischen Wirtschaft teilnehmen und Arbeitsplätze und Wohlstand schaffen«, hatte mir bei meinem Besuch in Lac La Ronge vor etwa 15 Jahren der damalige Chief Harry Cook in seiner Funktion als Präsident von Kitsaki gesagt. Das Kitsaki-Unternehmen Northern Resource Trucking, das Geräte und Material für die Uranindustrie transportierte, spürte – wie jetzt die First Nations im Öl- und Gassektor – die Schwankungen des Rohstoffmarkts. Als 2016 und 2019 zwei große Uranminen in Nord-Saskatchewan wegen des Preisverfalls von Uran ihre Produktion zumindest vorübergehend einstellten, musste sich das Unternehmen nach neuen Kunden umsehen.

Der weite Weg zu gleichem Wohlstand

Der Weg der First Nations, Inuit und Métis zu wirtschaftlicher Unabhängigkeit und sozioökonomischer Gleichheit mit dem restlichen Kanada ist noch weit. Es wird Rückschläge geben. Welche Auswirkungen die Covid-19-Krise des Jahres 2020 auf Unternehmen der indigenen Völker hat und auf Unternehmen, die Arbeitsplätze für die indigene Bevölkerung bieten, ist noch nicht abzusehen. Sie wird den Erfolgskurs sicher bremsen. Aber das Ziel der ökonomischen Gleichheit werden die indigenen Völker nicht aufgeben. »Die indigene Bevölkerung macht ökonomische und soziale Fortschritte, und wir leisten einen wichtigen Beitrag zur kanadischen Wirtschaft. Dieses Momentum müssen wir beibehalten«, schrieb Chief Clarence Louie in seinem Vorwort zum »Indigenous Economic Progress Report 2019«. Wer ihn kennt, weiß, dass er diesen Kurs auch nach Covid-19 unbeirrt fortsetzen wird.

Eine besondere Universität in Regina

Selbstbestimmung im Bildungswesen

Schnell dreht sich das kleine Mädchen um ihre eigene Achse, lässt ihr langes, zu Zöpfen geflochtenes Haar und die Fransen ihres perlenbestickten Ledergewands fliegen. Sonnenschein fällt durch die Glasfront der First-Nations-Universität auf das sechsjährige Dakota-Mädchen aus der Standing-Buffalo-Reservation, das sich zum rhythmischen Trommelschlag bewegt. Hinter ihr steht in der Eingangshalle der Universität das große gläserne Tipi, das spirituelle Zentrum der Universität. Das Mädchen lächelt glücklich, dass sie an diesem Ort ihren »Jingle Dance« zeigen darf. Ihre Eltern sind stolz. Eines Tages, sagen sie, wird ihre Tochter hier in Regina an der First Nations University of Canada studieren, einer einmaligen Bildungseinrichtung Kanadas.

Die große Eingangshalle der Universität ist hell. Durch die Fensterfront ist der blaue Himmel der Prärieprovinz Saskatchewan zu sehen. Es gibt keine Ecken in der Halle. Das ganze Gebäude ist geschwungen und wirkt fließend. Es ist nach Süden ausgerichtet, hin zur Sonne, die Wärme gibt. Den Boden der Eingangshalle ziert ein Mosaik, gestaltet wie die zeremonielle Sternendecke »Star Blanket« der First Nations dieser Region. Der Stern ist ein Symbol für neues Beginnen.

Im Herbst 2003 nahm die First Nations University ihren Lehrbetrieb in dem markanten Gebäude auf, das der indigene Architekt Douglas Cardinal konzipiert hatte, der auch das Canadian Museum of History in Ottawa schuf. Die Universität ging hervor aus dem »Saskatchewan Indian Federated College«, mit dem ich erstmals bei meiner Kanadareise 1978 Kontakt hatte. Eigentümerin des Gebäudes ist die »Föderation Souveräner Indigener Nationen«

Die First Nations University in Regina, Saskatchewan, 2013.

(»Federation of Sovereign Indigenous Nations« / FSIN), die früher unter dem Namen »Federation of Saskatchewan Indian Nations« bekannt war. Über die Lehrinhalte bestimmt ein Direktorium, in das die First Nations von Saskatchewan Vertreter entsenden.

Ich habe die Universität schon mehrmals besucht. Mit ihr wurde für Kanadas First Nations ein Traum wahr. 1972 hatten sie die Denkschrift *Indian Control of Indian Education* veröffentlicht. Es war ihre Antwort auf das schlimme Vermächtnis der Residential Schools und auf die Pläne der Bundesregierung, durch die White-Paper-Politik von 1969 die Assimilierung der indigenen Völker zu forcieren. Aus dem Motto »Indianische Bildung unter indianischer Kontrolle« wurde inzwischen »First Nations Control of First Nations Education«. So heißt das überarbeitete Dokument zur Bildungspolitik der First Nations, das die AFN im Juli 2010 veröffentlichte.

Ein Meilenstein beim Aufbau eines weiterführenden Bildungssystems war 1976 die Gründung des »Saskatchewan Indian Federated College«. Mit weniger als einem Dutzend Studenten und einem einzigen Ausbildungsgang in Sozialarbeit nahm das College seine Arbeit auf. Es war Teil der Universität von Regina, und auch heute noch sind die beiden Bildungseinrichtungen assoziiert. Diplome werden von der Universität von Regina ausgestellt, hinzu kommt aber ein Zertifikat der First Nations University. Vieles hat sich seit jener Zeit geändert. Die Universität bietet heute ein umfangreiches akademisches Programm an, jährlich schreiben sich etwa 3000 Studenten ein. Im vergangenen Jahr wurde das Gelände der Universität zur ersten städtischen Reservation erklärt, die dem Zweck der Ausbildung dient.

Scheinbar fließend geht das Universitätsgebäude in die Prärie und den nahe gelegenen Wascana-See über. Vier Farben prägen das Innere: Grün für Erde und Wachstum, Rot für Menschen und Tiere, Blau für den Himmel, Gold für den Schöpfer. Das Tipi in der Eingangshalle, eine zeltförmige Konstruktion aus Stahl und Glas, ist das Herz der Universität. In der Mitte des Tipis liegt ein flacher, roter Speckstein, darauf sind Sweetgras, Salbei und andere Kräuter, eine Muschelschale und eine Adlerfeder drapiert. Mit der »smudge ceremony«, dem Verbrennen von Sweetgras und Salbei und dem Eintauchen in den Rauch, kann der Mensch sich reinigen und alles Negative ablegen. Der aufsteigende Rauch trägt die Gebete zum Schöpfer. In das Tipi können sich Studenten zurückziehen, wenn sie meditieren oder sich reinigen wollen. Außerdem können sie sich hier mit Elders treffen. Das Tipi und die Gesprächsmöglichkeiten mit den Elders gibt den jungen Menschen aus den First Nations »das Gefühl, dass dies unsere Universität ist«. Eine Studentin aus der Piapot-Reservation in Saskatchewan drückt es so aus: »Dieses Gebäude bietet First-Nations-Studenten aus dem ganzen Land einen Raum, in dem sie nicht Außenseiter sind.«

Bei meinem ersten Besuch 2003 traf ich die inzwischen verstorbene Beatrice Lavallee, eine Elder der Piapot First Nation. Sie hatte ihr Büro neben dem Tipi. Die damals 73 Jahre alte Cree-Frau half Studenten, sich in ihrer neuen Umgebung zurechtzufinden, sie lud zu Gesprächskreisen ein und beriet Professoren, von denen einige nichtindigener Herkunft sind. »Ich fühle mich gesegnet, dass wir jetzt dieses Gebäude haben, in dem wir lehren und unseren Lebensstil praktizieren können und in dem wir zugleich die Ausbildung bekommen, die heute notwendig ist. In meiner Zeit hatten wir diese Privilegien nicht«, erzählte sie. Als sie in den 1930er Jahren in die Schule kam, sprach sie kein Wort Englisch, sondern nur Cree. »Dann wurden wir gezwungen, in Residential Schools zu gehen. Wir waren in der Obhut von Menschen, die uns niemals umarmten. Wir durften unsere Sprache nicht mehr sprechen und den Sonnentanz nicht mehr tanzen.« Immer wieder führen die Gespräche zurück in die Zeit der Residential Schools. »Über 100 Jahre wurde Ausbildung als Werkzeug der Unterdrückung eingesetzt. Die jungen Menschen waren misstrauisch und haben Schulen und Universitäten gemieden«, sagt Edward Doolittle, ein Mohawk und Professor für Mathematik. Jetzt haben sie eine Universität, die ein akademisches Programm anbietet, das auf ihre Bedürfnisse zugeschnitten ist.

Einer der Schwerpunkte des Lehrprogramms sind Sprachen – die fünf in Saskatchewan gesprochenen First-Nations-Sprachen Cree, Saulteaux, Nakota, Dene / Chipewyan und Dakota. »Indem wir diese Sprachen lehren, erhalten wir sie. Es ist eine Tragödie, dass so viele Sprachen überall in der Welt verschwinden«, erläutert Jan van Eijk, ein gebürtiger Niederländer, der über viele Jahre die Fakultät für Sprachen, Linguistik und Literatur leitete und jetzt emeritierter Professor der Universität ist. Solomon Ratt bietet eine »Einführung in Cree« an. Zwei Dutzend Studenten sind zusammengekommen, darunter einige nichtindigene. »Tanisi«, fragt Solomon Ratt einen Studenten, »hallo, wie geht es dir?« »Namoya nanitaw«, kommt zögernd die Antwort, »mir geht es gut«. Eine junge Cree-Frau von der Kalikewistahaw First Nation sagt mir, dass ihre Eltern nicht Cree mit ihr sprachen. Nur ihre Großmutter hat ihr ein paar Wörter beigebracht. Jetzt will sie diese Sprache lernen. »Ich möchte meine Großeltern verstehen und mehr über unsere Vorfahren lernen.« Eine Kommilitonin von ihr, eine Cree-Lakota, denkt ähnlich: »Ich möchte ein Gefühl dafür bekommen, woher ich komme. Um zu wissen, wohin ich gehe, muss ich wissen, woher ich komme.«

Die Universität bietet weitere Vorlesungen und Seminare an, die gezielt auf die Stärkung indigener Gemeinden, ihrer Identität und Geschichte gerichtet sind: die Ausbildung von Sozialarbeitern und Lehrern; Gesundheitspolitik, die den besonderen Anforderungen an das Gesundheitswesen in Reservationen und abgelegenen Gemeinden gerecht werden muss; »Indigenous Studies« und »Indigenous Literature«, die die Geschichte, Kultur und Literatur der indigenen Völker aus ihrer Perspektive, nicht aus kanadisch-europäischer Sicht lehren. Und »Reconciliation Studies«: Sie sollen, wie das Universitätsprogramm sagt, »die gemeinsame Geschichte von indigener und nichtindigener Bevölkerung und die Notwendigkeit für Heilung, Gleichheit und Respekt für indigene Kulturen und Werte in der kanadischen Gesellschaft« vermitteln.[1] Nicht traditionelle Ausbildungsgänge wie Verwaltungslehre und Unternehmensführung, Mathematik, Chemie und Physik erweitern das akademische Programm. Die Universität möchte den Studentinnen und Studenten auch Karrieren eröffnen, die nicht direkt mit »indigen« verbunden werden. Aber selbst in Mathematik, Computerwissenschaft, Chemie, Biologie oder Physik wird versucht, kulturelle Erfahrungen der Studenten einzubauen.

Als die Universität 2003 eröffnet wurde, sagte einer der Redner aus einer First Nation: »So wie früher der Bison das Überleben der indianischen Völker sicherte, so sichert heute die Bildung die Zukunft der First Nations. Die Ausbildung ist der Bison der Gegenwart.« Ein Bildungsdokument der AFN von 2010 konstatiert, dass die Bildungspolitik der kanadischen Regierung in der Vergangenheit ein Instrument der Unterdrückung war, aber zu einem Instrument der Befreiung werden könne, wenn First Nations die Kontrolle über ihre Ausbildung haben. Bildung könne ein Mittel sein, Selbstbestimmung zu erreichen und die negativen Folgen kolonialer Praktiken zu überwinden.[2]

Schulen am Polarkreis

Die First Nations University ist nicht das einzige Beispiel für die Fortschritte beim Aufbau eines Bildungssystems der indigenen Völker. Quer durch die Arktis haben sich Colleges etabliert, deren

Studierende überwiegend aus den First-Nations- und Inuit-Gemeinden des Nordens kommen. In Whitehorse im Yukon-Gebiet war bereits 1963 ein Berufsbildungszentrum gegründet worden, das über 20 Jahre hinweg sein Lehrprogramm ausweitete, dann in Yukon College umbenannt und im Frühsommer 2020 zur »Yukon University« aufgewertet wurde. Das Aurora College in Yellowknife in den Nordwest-Territorien hat ein Einzugsgebiet von 1,3 Millionen Quadratkilometern und dient einer Bevölkerung von etwa 41 000 Menschen in 33 Gemeinden. Die Wurzeln auch dieses Colleges liegen in den 1960er Jahren, als Zentren für die Berufsbildung Erwachsener geschaffen wurden. Zu den Nordwest-Territorien gehörte damals auch das gesamte Gebiet von Nunavut, das erst 1999 losgelöst und als eigenständiges arktisches Territorium Kanadas gegründet wurde. Das Arctic College in Iqaluit ist die weiterführende Bildungsinstitution für den östlichen Teil der kanadischen Arktis.

»Nunavut Illinniarvigivavut«, unser Land ist unser Campus, lautet das Motiv des Nunavut Arctic College, das ich mehrmals besucht habe. »Dies ist die Chance unseres Lebens. Bisher gab es so viele Barrieren, die die Menschen im hohen Norden daran hinderten, ihre Bildung zu erweitern«, sagte mir Johnny Kusugak 2001, damals Präsident des Nunavut Arctic College. In den über drei Zeitzonen weit verstreut liegenden Siedlungen ist es oft unmöglich, jungen Menschen eine weiterführende Bildung zu bieten. Sie müssten ihre Gemeinden verlassen und viele Hundert Kilometer südlich Hochschulen besuchen. Die drei Colleges unterhalten in den Gemeinden der Territorien Lernzentren. So hat das Nunavut Arctic College »Community Learning Centres« in allen 25 Gemeinden von Nunavut. 1200 bis 1300 Studierende sind am College eingeschrieben, pro Jahr graduieren etwa 300.

Der Erfolg der dezentralisierten Ausbildung war in den untersten Klassenstufen sehr schnell zu sehen. Vor 30 bis 40 Jahren gab es an den Grundschulen des heutigen Nunavut kaum einen Lehrer aus dem Volk der Inuit. Inzwischen hat sich das Bild verändert. Im Grundschulbereich wird in den ersten zwei bis drei Jahren der Un-

Unterricht in einer indigenen Sprache in einer Schule in Hay River, Nordwest-Territorien, 2005.

terricht in der Inuit-Sprache Inuktut gehalten. Die überwältigende Mehrheit der Lehrer sind Inuit, und die Kinder hören von ihren Lehrern Inuktut. Je weiter sie in ihrer schulischen Laufbahn kommen, umso geringer wird aber der Anteil an Inuit-Lehrern. Ganz gravierend ist ihr Fehlen dann im Bereich der fortführenden Highschools. Der Mangel an Inuit-Lehrern ist eine der großen Herausforderungen. Offenbar war die Lehrerausbildung durch das College in Iqaluit nicht so erfolgreich, wie es sich die Bildungspolitiker erhofft hatten.[3] Nun wurde zwischen dem Nunavut Arctic College und der Memorial University in Neufundland eine Partnerschaft bei der Ausbildung von Lehrkräften beschlossen. Das zehnjährige Programm soll dazu führen, dass es mehr bilinguale Lehrer gibt, die Unterricht in Inuktut halten können. Damit wird die Sprache erhalten. Zugleich können dann mehr bilinguale Inuit in der Territorialregierung arbeiten und dadurch sicherstellen, dass die Bevölkerung des Territoriums im Umgang mit Behörden und Regierung ihre Sprache sprechen kann und nicht ins Englische wechseln muss.

In Iqaluit sprach ich mit einer jungen Frau aus der Gemeinde Pangnirtung auf der Baffin-Insel, die in Iqaluit studierte. Ihr Ziel war, in einigen Jahren an einer Highschool in Nunavut unterrichten zu können. Ihre Motivation, diesen Beruf zu ergreifen, klang überzeugend: »Ich möchte unseren Kindern zeigen, dass nicht nur die Leute aus dem Süden Highschool-Lehrer sein können, sondern auch wir.«

Schrittweise Erfolge

Die Denkschrift *Indian Control of Indian Education* aus dem Jahr 1972 wird heute als Katalysator für den Wandel im Schul- und Bildungssystem für die indigene Bevölkerung Kanadas gesehen. Die kanadische Bundesregierung machte sich die Forderungen der AFN zu eigen, sie wurden aber dann nach Einschätzung der First Nations zunächst nur zögerlich umgesetzt. Die Übertragung von Kompetenzen in der Bildung auf First Nations ging langsam voran, und auch die Bereitstellung der dafür notwendigen Finanzmittel blieb hinter den Bedürfnissen vor Ort zurück. Zwar ist eine deutliche Verbesserung des Schulwesens für die indigene Bevölkerung Kanadas in den vergangenen Jahrzehnten festzustellen. Die Lücke im Bildungsstand zwischen indigener und nichtindigener Bevölkerung schließt sich allerdings nur langsam.

Im Jahr 2017 lebten nach Informationen der AFN annähernd 175 000 Jugendliche im Alter von fünf bis 21 Jahren in Reservationen. Ihnen standen 534 Grund- und weiterführende Schulen zur Verfügung, die als »First-Nations-Schulen« pädagogisches Lehrmaterial und Pädagogik der First Nations benutzen. Statistiken aus früheren Jahren deuteten darauf hin, dass nicht alle First-Nations-Jugendlichen Schulen in Reservationen besuchten. Daten von 2010 besagten, dass etwa ein Drittel der Jugendlichen in Schulen außerhalb der Reservationen ging. An nahezu allen Schulen gab es nach diesen Statistiken Programme in der jeweiligen indigenen Sprache.[4] Zur Stärkung ihres Schulsystems bildeten die First Nations insgesamt 55 Regionale Schulbehörden. Vereinbarungen mit Provinzen und Territorien sicherten den Aufbau dieser Institutionen und befreiten sie zudem von möglichen Einschränkungen durch den »Indian Act«. In Regionen mit »modernen Verträgen« sichern diese ebenfalls eine indigene Schulbildung unter indigener Kontrolle. Das bereits geschilderte Nisga'a-Abkommen ist hierfür ein Beispiel. In den selbstverwalteten Inuit-Territorien der Arktis sind Schulministerien oder -verwaltungen Teil der regionalen oder territorialen Regierungen.

Aber es gibt nach wie vor ernüchternde Zahlen über die Schulausbildung indigener Jugendlicher. Das zuständige Ministerium »Indigenous Services Canada« publiziert auf seiner Website, dass nur 44 Prozent der in Reservationen lebenden First-Nations-Jugendlichen und jungen Erwachsenen im Alter zwischen 18 und 24 Jahren die Highschool abgeschlossen haben, verglichen mit 88 Prozent bei den »anderen Kanadiern«.[5] Auch die AFN nennt diese Zahlen in ihren vor der Parlamentswahl im Oktober 2019 veröffentlichten »Prioritäten für First Nations«.[6] Die Volkszählung von 2016 zeigte dagegen weitaus größere Erfolge im Bildungssystem für indigene Jugendliche und beim Bildungsabschluss junger Erwachsener und Erwachsener der drei indigenen Völker. Erfasst wurde die Bevölkerungsgruppe im Alter von 25 bis 64 Jahren, also die Gruppe, die den Großteil des Arbeitsmarkts und der Bevölkerung mit Erwerbstätigkeit darstellt. Blickt man auf Bildungsabschlüsse, dann scheint diese Altersgruppe vor allem bei den indigenen Völkern aussagekräftiger zu sein als ein Blick auf die Gruppe der Jugendlichen und jungen Erwachsenen unter 25 Jahren. Denn viele indigene Jugendliche brechen zunächst ihre Schulausbildung ab, nutzen aber spätere Fortbildungsmöglichkeiten, um Schulabschlüsse nachzuholen und das in Kanada gut ausgebaute College-System zu nutzen. Das zeigt sich in Statistiken und deckt sich mit meinen Beobachtungen in Nunavut. Ich habe im Arctic College in Iqaluit viele Frauen und Männer getroffen, die Familien hatten und nach einem nachträglichen Highschool-Abschluss ein Studium aufnahmen.

Für First Nations, Métis und Inuit ergab die Volkszählung 2016, dass nahezu 70 Prozent der Bevölkerung im Alter von 25 bis 64 Jahren mindestens einen Highschool-Abschluss oder ein Äquivalent hatten. Diese Zahl umfasst diejenigen, die nach der Highschool ihre Ausbildung beendeten, und diejenigen, die weiterführende Bildungseinrichtungen besuchten. Zehn Jahre zuvor waren es weniger als 60 Prozent. Immerhin erreichten 23 Prozent ein College-Diplom und knapp elf Prozent einen Bachelor- oder höheren Abschluss. 2006 lagen diese Zahlen bei 18,7 und 7,7 Prozent. Dies belegt, dass es »Zugewinne beim Bildungsstand bei First Nations, Métis und Inuit« gab.[7] Allerdings muss auch festgestellt werden, dass weiter eine Lücke zur nichtindigenen Bevölkerung besteht, denn 86 Prozent aller Kanadier im Alter zwischen 25 und 64 Jahren haben mindestens einen Highschool-Abschluss. Beim College-Diplom ist die indigene Bevölkerung gleichauf mit der Gesamtbevölkerung, beim Universitätsabschluss dagegen wieder deutlich schwächer, denn 28,5 Prozent aller Kanadier hatten ein Bachelor- oder einen höheren Universitätsabschluss. Die Inuit kommen im Allgemeinen auf etwas schwächere Zahlen als die indigenen Völker insgesamt, die Métis, die offensichtlich einen besseren Zugang zu Bildung haben, schneiden besser als der Durchschnitt der indigenen Bevölkerung ab. Der Anteil derer, die überhaupt keinen Abschluss haben, ging in der indigenen und der gesamtkanadischen Bevölkerung zurück, liegt bei den Ureinwohnervölkern mit etwas unter 30 Prozent aber immer noch merklich höher als in der nichtindigenen kanadischen Bevölkerung mit rund zwölf Prozent.[8]

Es ist schwierig, die Lücke im Bildungsstand genau zu quantifizieren, weil die Daten und die Erhebungszeiträume nicht immer vergleichbar sind.[9] Auf die Frage, ob sich die Lücke schließt, kommt das kanadische Environics Institute zu dem Ergebnis: bedauerlicherweise nicht. Der Bildungsstand der indigenen Bevölkerung ist gestiegen, Gleiches gilt jedoch auch für die gesamtkanadische

Bevölkerung. Auf lokaler Ebene gibt es viele Erfolgsgeschichten, landesweit aber sieht das Bild gemischt aus, stellt das Institut fest.[10]

Die Ergebnisse sind somit noch nicht befriedigend. In ihrer Erklärung *Honouring Promises* zur Parlamentswahl im Oktober 2019 fordert die AFN »substanzielle Investitionen« in die weiterführende Ausbildung nach Highschool, weil 78 000 First-Nations-Studenten mit College- oder Universitätsabschluss benötigt werden, um die Lücke im Ausbildungsstand zu schließen. Der Dachverband der First Nations fordert zudem Investitionen in die Bildungsstruktur, um »sicheren und unterstützenden Lernraum« zu schaffen.[11] Auch in diesem Bereich, dem Zustand der Schulen für indigene Kinder, besteht großer Nachholbedarf.

Shannens Traum

Kitigan Zibi ist eine First-Nations-Gemeinde etwa 140 Kilometer nördlich der kanadischen Hauptstadt Ottawa. Die Gemeinde der Anishinabe-Algonquin liegt am Rande von Maniwaki am Gatineau-Fluss. Die Schule von Kitigan Zibi mit Bibliothek, Cafeteria und Computerraum gehört wegen des Engagements von Gemeinde, Schülern und Lehrern zu den gut ausgestatteten Bildungseinrichtungen der First Nations in Kanada. »Tagiwin« (Treffpunkt) heißt die Eingangshalle der Schule. An eine Wand ist eine Landkarte gemalt. Sie zeigt das traditionelle Land der Algonquin vom Sankt-Lorenz-Strom bis zu James Bay und Hudson Bay. Kanus aus Birkenrinde und ein Wandbehang mit einer stilisierten Schildkröte und Adlerfedern schaffen eine Atmosphäre, in der sich die Schüler wohlfühlen.

Die Schule in Kitigan Zibi engagiert sich in der Kampagne »Shannen's Dream«, Shannens Traum, eine landesweite Kampagne für bessere Schulen für indigene Kinder.[12] Die Jugendlichen wissen, dass sie sich glücklich schätzen können. »Wir sind froh, dass wir eine gute Schule haben«, sagt River, ein 15-jähriger Junge.

Er weiß, dass es nicht allen Kindern in allen Reservationen so gut geht. Als er und seine Schulkameradinnen Shauna, Shawnesia und Daisey mit Sportteams ihrer Schule andere Gemeinden besuchten, sahen sie andere Wirklichkeiten: wenig Bücher und Computer, keine Spielplätze. Im schlimmsten Fall Schimmelbefall in Schulgebäuden.

Vor zehn Jahren hatten Kinder der First Nations kanadaweit ihre Stimme erhoben, um gegen ihre Unterbringung in barackenartigen, vielerorts verrotteten Schulen zu protestieren. Ihre große Heldin ist Shannen Koostachin. Shannen hatte nicht so viel Glück wie die Kinder von Kitigan Zibi. Sie lebte in Attawapiskat an der James Bay. Nie habe sie eine richtige Schule gesehen, sagte 2008 die damals 13-Jährige. Jahrelang stand die Schule in Attawapiskat auf einem von Dieseltreibstoff verseuchten Gelände, Schüler und Lehrer erkrankten. Container wurden in die Gemeinde gebracht und als Schule genutzt. »An kalten Januartagen saßen wir in unseren Klassenräumen mit Wintermänteln, um uns vor der Kälte zu schützen«, schrieb Shannen. In den meisten Regionen Kanadas hätten solche Verhältnisse einen öffentlichen Aufschrei hervorgerufen und die Regierung schnell handeln lassen. Die Eltern und Kinder an der James Bay aber wurden vertröstet. Als 2007 die konservative Regierung erneut die Baupläne strich, fuhren Kinder von Attawapiskat nach Ottawa. Sie machten klar, dass sie nicht aufgeben werden.

Mit drei anderen Jugendlichen war Shannen Sprecherin der »vergessenen Kinder von Attawapiskat«. »Schule ist eine Zeit für Träume«, sagte sie. Sie forderte »sichere und behagliche Schulen« und eine auf der Kultur der Schüler basierende, nicht diskriminierende Schule. Die Realisierung ihres Traums für alle Kinder der First Nations, Métis und Inuit aber sollte sie nie erleben: Im Juni 2010 starb sie, 15 Jahre alt, bei einem Verkehrsunfall.

Die »First Nations Child and Familiy Caring Society« hat sich des Anliegens von Shannen angenommen. »Kanadas Verhalten gegenüber den Kindern der First Nations schafft so viele Verstöße gegen die UN-Konvention über die Rechte des Kindes, dass es schwer ist, sie alle zu registrieren«, sagte mir damals Cindy Blackstock, Leiterin der »Caring Society«.

Attawapiskat ist nicht einmalig. Eine von der AFN durchgeführte Bestandsaufnahme 2011 ergab, dass rund 47 Prozent der First Nations eine neue Schule brauchten und für 74 Prozent der Schulen der First Nations ein hoher Renovierungsbedarf bestand.[13] Viele Schulen hatten keinen gesicherten Zugang zu sauberem Trinkwasser. Probleme mit Abwasser und elektrischen Leitungen, undichte Dächer und Mängel an Bausubstanz und Fundament bereiteten vielen First Nations ebenfalls Sorgen.

Der Aufschrei der Kinder hat vermutlich mit dazu beigetragen, dass die Bundesregierung inzwischen stärker in schulische Infrastruktur investiert. Zwischen 2010 und 2016 wurden unter dem konservativen Kabinett etwa 1,5 Milliarden Dollar, rund eine Milliarde Euro, für neue Schulen, Schulanbauten, Lehrmaterial, Sportstätten und Unterhaltung der schulischen Einrichtungen ausgegeben, berichtet die Regierung.[14] Das Budget 2016, das erste der liberalen Regierung Trudeau, wies dann 2,6 Milliarden Dollar über fünf Jahre aus, wovon eine Milliarde Dollar gezielt für Bau- und Reparaturmaßnahmen bestimmt waren. Aber auch Geld für eine bessere Ausstattung der Schulen und die Übertragung der Schulausbildung auf First Nations wurde bereitgestellt. Verwaltungsvereinbarungen zwischen First Nations, Provinzen und Bund, die die Schulen in die Zuständigkeit der indigenen Völker überführen, sind ein wichtiger Bestandteil heutiger Bildungspolitik. Von den Investitionen von Bund und Provinzen sollen mehr als 100 000 Kinder von Kindergarten bis Klassenstufe 12 sowie Tausende Studenten der indigenen Völker in weiterführender Ausbildung profitieren.[15] Es sind kleine und große Schritte – mit neuen Schulen, renovierten Klassenräumen und Turnhallen und besserer Ausstattung von Schulen mit Computern und Internet. Ob diese Politik entsprechend der Ankündigung umgesetzt wird und zum Erfolg führt, kann erst in einigen Jahren beurteilt werden.

Das Jahr 2019 war das von den Vereinten Nationen (United Nations / UN) proklamierte »Internationale Jahr der indigenen Sprachen«. Von den weltweit existierenden annähernd 7000 Sprachen sind nach den Beobachtungen der UN 2680 Sprachen gefährdet.[16] Viele von ihnen könnten bis Ende dieses Jahrhunderts ausgelöscht sein, falls jetzt nicht gegengesteuert wird. Die meisten der bedrohten Sprachen werden von indigenen Völkern mit ihren 370 Millionen Menschen gesprochen. »Mit dem Untergang ungeschriebener und undokumentierter Sprachen würden die Menschen nicht nur kulturellen Reichtum verlieren, sondern auch die Kenntnisse, die in indigenen Sprachen verankert sind«, erklärten die UN. Als gefährdet werden Sprachen bezeichnet, die durch äußeren Druck – militärische, wirtschaftliche und religiöse Unterwerfung oder ein aufgezwungenes Bildungssystem – oder durch eine interne, negative Einstellung zur eigenen Sprache immer weniger genutzt und durch eine andere Sprache verdrängt werden. Ein Alarmsignal ist vor allem, wenn die ältere Generation diese Sprache im Kontakt mit jüngeren Generationen nicht mehr pflegt oder pflegen kann.

Die Vereinten Nationen gehen von 90 indigenen Sprachen in Kanada aus, das kanadische Statistikamt weist abweichend davon etwa 70 indigene Sprachen aus, die zwölf Sprachfamilien zugeordnet werden. Keine von ihnen kann nach den Kriterien der UN-Kulturorganisation UNESCO als dauerhaft in ihrer Existenz gesichert gelten.[17] Die UNESCO hat vier Gefährdungsgrade entwickelt. Sie beschreibt 23 Sprachen als »vulnerabel/unsicher« und fünf als »definitiv gefährdet«. In die Kategorie »ernsthaft gefährdet« ordnet sie 27 Sprachen ein, als »stark bedroht« und somit vom Aussterben bedroht sieht sie 35 Sprachen.[18] Als »critically endangered«, also stark bedroht, gelten nach der UNESCO-Definition in ihrem *Atlas der gefährdeten Sprachen* von 2010 solche, die nur noch von der Generation der Großeltern gesprochen werden. Dazu zählt die UNESCO die Sprachen der Tlingit, Haisla, Haida, Tsimshian und

Nisga'a, der Lakota, Assiniboine, Moose Cree, Ottawa und der Maliseet.

Am 21. Juni 2019 trat in Kanada ein Gesetz in Kraft, das den Niedergang der indigenen Sprachen stoppen und zu ihrer Revitalisierung und Stärkung führen soll. Darin verpflichtet sich die Regierung, die Existenz indigener Sprachen langfristig finanziell zu unterstützen. Um das Gesetz nach den Bedürfnissen der Betroffenen auszugestalten, sieht es enge Konsultation zwischen den Regierungen und den indigenen Völkern vor. Das Recht auf Sprache wird als indigenes Recht anerkannt. Ein Beauftragter für indigene Sprachen wird die Umsetzung des Gesetzes überwachen. Im Haushalt 2019 waren bereits 333 Millionen Dollar, etwas über 200 Millionen Euro, für die Umsetzung des Gesetzes in den kommenden fünf Jahren aufgenommen worden. Mit dem Gesetz wurde eine der Empfehlungen der »Truth and Reconciliation Commission« von 2015 erfüllt. Kanada will damit auch der UN-Deklaration über die Rechte indigener Völker folgen.

Völlig zufrieden waren die indigenen Völker nicht. Vielen geht das Gesetz nicht weit genug. Manche klagten, es sei ohne ausreichende Beratung mit ihnen durchgesetzt worden. Senator Murray Sinclair, der Vorsitzende der Wahrheits- und Versöhnungskommission, sieht es anders. Das Gesetz ist nicht perfekt, aber ein wichtiger Schritt zur Erhaltung der vom Untergang bedrohten indigenen Sprachen, sagt er. »In vielen Gemeinden ist die Lage kritisch, weil die Letzten, die sie fließend sprechen können, sterben. Die Hoffnung, Sprache durch mündliche Überlieferung an die jüngere Generation weiterzugeben, ist vergangen.«

»Wir werden uns nie mehr schämen, unsere Sprachen zu sprechen«

Einen Monat nach Verabschiedung des Gesetzes durch das Parlament kommt im Kongresszentrum von Fredericton, der Hauptstadt der Atlantikprovinz New Brunswick, die AFN zu ihrer Jahresversammlung zusammen. Trommeln und Kindergesang erklingen. Kinder der Chief-Harold-Sapier-Grundschule der St. Mary's First Nation tragen in ihrer Sprache des Volkes der Maliseet einen Ehrengesang vor. Die Kinder in ihren gelben T-Shirts strahlen. Sie dürfen vor der nationalen und regionalen Führung der First Nations Kanadas auftreten. Mit National Chief Perry Bellegarde ziehen sie in den Sitzungssaal ein. Imelda Perley, eine der Elders der Maliseet, eröffnet mit einem Gebet das Treffen. »Unsere Kinder sprechen unsere Sprachen. Ein Traum wird wahr. Wir feiern unsere Sprachen in diesem internationalen Jahr der indigenen Sprachen«, sagt sie.

Die Sicherung der Sprachen der First Nations ist ein Schwerpunkt der Beratungen der AFN. Dass Kinder in ihrer Muttersprache singen, wertet Bellegarde als hoffnungsvolles Zeichen. Das frühere staatliche Schulsystem der Residential Schools, das über hundert Jahre indigene Sprachen verbot, als unwert darstellte und nahezu auslöschte, hat nicht gesiegt, befindet er: »Unsere Sprache ist so wichtig für unsere Identität. Wir werden uns nie mehr schämen, unsere Sprachen zu sprechen.« In seiner eigenen Sprache Cree eröffnet Bellegarde, der aus der Black Bear First Nation in der Prärieprovinz Saskatchewan kommt, das Treffen. »Tawaw kahkiyaw. Kinanāskomitin.« – Willkommen, danke.

Die Cree-Sprache mit ihren regionalen Ausprägungen Plains Cree oder Woods Cree wird in Kanada von nahezu 100 000 Cree so gut gesprochen, dass sie darin ein Gespräch führen können. Sie ist die am häufigsten gesprochene indigene Sprache in Kanada und gehört zur stärksten der zwölf Sprachfamilien: der Algonquin-Sprachfamilie mit weiteren Sprachen wie Ojibwe, Oji-Cree, Innu und Mi'kmaq. Ihr folgt die Inuit-Sprachfamilie Inuktut mit ihren regionalen Dialekten[19], dann die Athapasken-Sprachfamilie mit den Dene als größte Gruppe.[20] Von den rund 1,67 Millionen Kanadiern, die sich in der Volkszählung 2016 als Angehörige eines indigenen Volkes definierten, sahen sich aber nur etwa 263 000, knapp 16 Prozent, in der Lage, ein Gespräch in ihrer indigenen Sprache zu führen.

In den vergangenen zwei bis drei Jahrzehnten ist der Anteil derjenigen in der indigenen Bevölkerung, der eine indigene Sprache sprechen konnte, kontinuierlich gesunken. 1996 waren es noch 29 Prozent, 2006 noch 22 Prozent und jetzt nur noch 16 Prozent. Aber die Fachleute von Statistics Canada weisen darauf hin, dass diese Prozentangaben kein komplettes Bild abgeben. Sie blicken auch auf die absolute Zahl derer, die eine indigene Sprache sprechen können, und stellen fest, dass diese Zahl von 1996 bis 2016 um acht Prozent zunahm. Können jetzt rund 263 000 indigene Kanadier in der Sprache ihres indigenen Volkes eine Konversation führen, waren es 20 Jahre zuvor etwa 244 000. In Kanada identifizieren sich heute mehr Menschen denn je als »indigen«. Der dadurch bewirkte Zuwachs bei der indigenen Bevölkerung Kanadas vollzieht sich schneller als der Zuwachs bei der Zahl der Menschen, die eine indigene Sprache sprechen können. Das heißt: Mehr Menschen sprechen aufgrund der Förderung in Familien, Schulen und Gemeinden indigene Sprachen, insgesamt aber sinkt ihr Anteil an der indigenen Gesamtbevölkerung. In besonderem Maße gilt dies für Angehörige indigener Völker in den Städten. Sie bekennen sich nun zu ihrer Identität als First Nation, Métis oder Inuit. Gerade in den Städten aber werden indigene Sprachen weniger häufig gesprochen. Deutlich ist dies bei den Métis. Ein hoher Prozentsatz der 600 000 Métis lebt in Städten oder in der Nähe städtischer Ballungsräume. Aber weniger als 10 000 – etwa 1,7 Prozent – sprechen eine indigene Sprache, meist Cree oder Dene. In der Métis-Sprache Michif können nur rund 1000 Menschen eine Unterhaltung führen.

Muttersprache und Zweitsprache

Ein besonderes Phänomen zeigt sich, wenn unterschieden wird zwischen Muttersprachlern und denen, die eine indigene Sprache als zweite Sprache lernten. Muttersprache wird als die Sprache definiert, die als erste in der Kindheit erlernt und bewahrt wird.

Ergebnis der Volkszählung 2016 war, dass die Zahl derer, die eine indigene Sprache sprechen, deutlich höher ist als die Zahl derer, die eine indigene Sprache als Muttersprache angaben. Zwischen 1996 und 2016 stieg der Anteil derer, die eine indigene Sprache als zweite Sprache erlernt haben, von rund 18 auf annähernd 26 Prozent, während die Anzahl der Muttersprachler etwa konstant blieb oder sogar leicht zurückging.[21] Daraus ergibt sich, dass der Zuwachs der »indigenen Sprecher« vor allem auf dem Erlernen der indigenen Sprache als zweite Sprache beruht. Viele junge Menschen lernen jetzt die Sprache ihres Volkes als zweite Sprache. Das Erlernen einer Muttersprache durch möglichst viele Angehörige eines indigenen Volkes ist ein wichtiger Faktor, um das langfristige Überleben einer Sprache zu sichern. Das Erlernen als Zweitsprache aber ist ein bedeutender Schritt auf dem Weg zu ihrer Revitalisierung. Dies unterstreicht, wie wichtig Programme sind, an den Schulen der indigenen Völker diese Sprachen zu lehren und Lehrer zu haben, die in dieser Sprache unterrichten können.

In den First Nations können nur etwa 20 Prozent der Menschen eine Unterhaltung in ihrer indigenen Sprache führen, das sind etwas mehr als 200 000 Personen. Bei denen, die in Reservationen leben, ist der Anteil höher als bei anderen Angehörigen von First Nations. Besonders hoch ist der Anteil der Inuktut sprechenden Inuit. Mehr als 41 000 und damit rund zwei Drittel der Inuit können eine Unterhaltung in der Inuit-Sprache führen, vor allem in Inuktitut, der Regionalsprache der Ost-Arktis. Viele junge Inuit lernen Inuktut als zweite Sprache. Da die Inuit einen überdurchschnittlich hohen Anteil junger Menschen haben, ist dies, bezogen auf die Zukunft der Sprache, eine erfreuliche Tendenz. Inuktitut gehört zwar zu den wenigen indigenen Sprachen Kanadas, die nicht akut gefährdet sind, deren Erhalt und Stärkung aber dennoch eine Aufgabe der Politik ist. Die Regionaldialekte Inuinnaqtun und Inuvialuktun dagegen sind bedroht.

»Wir stehen vor großen Herausforderungen bei der Bewahrung unserer Sprache«, sagte mir ITK-Präsident Natan Obed. In einigen

Gemeinden müsse die Sprachkenntnis völlig neu aufgebaut werden, in anderen die bestehende Sprachkompetenz gestärkt werden. »In jeder unserer Gemeinden ist unsere Sprache Inuktut durch die Dominanz von Englisch in der Gesellschaft und in der Kommunikation bedroht. Wir müssen mehr tun, um unsere Sprache zu fördern und zu schützen.«

Spätes Lernen, hoffentlich nicht zu spät

»Ich bin 70 Jahre alt, und ich lerne jetzt meine Sprache.« Das erzählte mir Jessica Hill am Rande der Jahrestagung der AFN in Fredericton im Sommer 2019. Sie ist Chief der Oneida Nation of the Thames bei London in Ontario, 200 Kilometer westlich von Toronto. Ihre Mutter und Großmutter besuchten Residential Schools. »Sie sprachen zu Hause zwar ihre Oneida-Sprache, aber nicht mit mir. Mit mir sprachen sie Englisch. Sie wollten offenbar nicht, dass ich diese Erniedrigung und Abwertung erfahre, die sie erleben mussten, wenn sie ihre Sprache sprachen«, erzählte Jessica Hill. »Ihnen wurde gesagt, dass ihre Sprache nichts wert ist. Sie sahen nicht den Wert einer eigenen Sprache.«

Die Oneida sind eine der sechs Nationen der Irokesen-Föderation. Anfang des 19. Jahrhunderts kam eine Gruppe Oneida nach Ontario und kaufte dort Land. Obwohl sie nicht in einer vom Staat zugewiesenen Reservation lebten, waren sie trotzdem dem Residential-School-System und dem »Indian Act« unterworfen. »Unsere Sprache steht kurz vor der Ausrottung«, sagte Chief Hill. Unter den etwa 6400 Mitgliedern der Oneida Nation of the Thames gibt es nur 62, die fließend Oneida sprechen können. Oneida gilt als die schwächste der Irokesen-Sprachen. Ihr Überleben ist ohne gezielte Förderung unwahrscheinlich. Mehrere Stunden pro Woche kommen nun Oneida, die meisten fortgeschrittenen Alters, in ihrem Kulturzentrum zusammen und lernen von gleichaltrigen oder noch älteren Mitgliedern des Oneida-Volkes ihre eigene Sprache.

»Twatati« – lasst uns unsere Sprache sprechen – heißen diese Stunden. »Wir Erwachsenen müssen die Sprache jetzt lernen, damit wir sie als Lehrer an unsere Jugend weitergeben können.«

Die Oneida wissen, dass sie nicht mehr viel Zeit haben. »Wir begannen nicht früh genug. Wir waren eine gebrochene Gemeinschaft mit großer Armut.« Sie hoffen, dass Kanadas Gesetz über indigene Sprachen ihnen die finanziellen Ressourcen gibt, das zurückzubekommen, »was sie uns wegnahmen«, sagte mir Chief Hill.

Vor zwei Jahren nahmen die Oneida in Kanada und den USA Kontakt mit der in Bloomington im US-Staat Indiana ansässigen Organisation »The Language Conservancy« (TLC) auf. TLC ist einer der Vereine, die sich den Erhalt der indigenen Sprachen als Aufgabe gestellt haben: Sprache ist Heilen. Sprache ist das Lebenselixier von Kultur und der Kern von Identität. Wenn indigene Menschen in der Lage sind, ihre Sprache zu erhalten oder zu lernen, sind sie gesünder und erfolgreicher – so beschreibt die Organisation die Bedeutung von Sprache. Gründer von TLC sind die in Wien geborenen Brüder Wilhelm und Jan Meya. 2005 begann TLC seine Arbeit mit der Dokumentation der Lakota-Sioux-Sprache. Wörterbücher und Unterrichtsmaterial, Zeichentrickserien und Apps wurden entwickelt. »Auch in den USA durften erst in den 1970er Jahren diese Sprachen an Schulen gelehrt werden, und es dauerte Jahre, bis die Schulen das wirklich aufgriffen«, berichtete mir Wilhelm Meya in Fredericton. Heute kann die Organisation auf Revitalisierungsprojekte für etwa 30 Sprachen indigener Völker vor allem in den USA und Kanada, jetzt aber auch in Australien, blicken. Unter anderem für Apachen, Cheyenne, Lakota, Dakota und Ojibwe wurde Unterrichtsmaterial entwickelt.[22] Jetzt unterstützt TLC die Oneida und arbeitet an einem Sprachlehrbuch für die ersten Schuljahre und einem digitalen Wörterbuch.

TLC benutzt ein sehr effizientes Verfahren, um Wortschätze zu erfassen. Es nennt sich »Rapid Word Collection«, also schnelles Sammeln von Wörtern und Vokabeln.[23] Statt diejenigen, die die Sprachen noch sprechen können, einzeln aufzusuchen und ihr Vo-

Unterrichtsmaterial von »The Language Conservancy«, 2019.

kabular aufzuzeichnen, werden alle Muttersprachler, die die Sprache fließend sprechen, zu einem Workshop zusammengebracht. »Wir bitten zum Beispiel darum, dass sie Wörter nennen, die Familienbeziehungen beschreiben, wie Vater, Mutter, Eltern, Geschwister, Bruder, Schwester. Der Prozess wird für mehr als 500 verschiedene Kategorien wiederholt, die die ganze Bandbreite der Sprache abdecken. Dadurch können wir innerhalb von zwei Wochen bis zu 15 000 Wörter aufzeichnen«, berichtet die Organisation.

Bisher hat TLC dieses Verfahren bei sechs Sprachen erfolgreich angewendet. Im Herbst 2019 wurden in Zusammenarbeit mit der Stoney Nakoda First Nation in Workshops 14 000 Nakoda-Wörter auf diese Weise gesammelt. Dieser Wortschatz soll helfen, Unterrichtsmaterial, Bilderbücher und eine Vokabel-App zu entwickeln. Auch mit der Oromocto First Nation in New Brunswick werden Videos und Bilderbücher in der Sprache Maliseet erarbeitet. Assiniboine, Kwak'wala, Moose- und Woodland-Cree und Blackfoot sind weitere First Nations in Kanada, mit denen das Institut Partnerschaften eingegangen ist.

Manchmal kommt TLC tatsächlich zu spät: Während des Projekts, die Mandan-Sprache aufzuzeichnen, starb der letzte Angehörige des Volkes, der sie fließend als Muttersprachler beherrschte. National Chief Perry Bellegarde hofft, dass in Kanada möglichst vielen Sprachen ein solches Schicksal erspart bleibt. »Wir möchten, dass unsere Sprachen fließend gesprochen werden, Mohawk, Dene, Mi'kmaq, Cree und viele andere. Wir werden den Erfolg bei unseren Kindern und Enkeln sehen.« Für ihn ist Sprache ein inhärentes Menschenrecht.[24] »Wir wollen, dass unsere Kinder mit diesen reichen und wunderschönen Sprachen aufwachsen.« Sprache ist für die indigenen Völker der Schlüssel zum Überleben. Entsprechend wichtig ist das Gesetz über die Revitalisierung der indigenen Sprachen Kanadas. Es wird teuer, den Schaden, den Kanada durch die kolonialistische Politik angerichtet hat, zu beseitigen. »Sie haben das Haus niedergebrannt. Es ist ihre Aufgabe, den Wiederaufbau zu bezahlen. Aber wir werden entscheiden, wie es aussehen wird«, sagte ein Chief auf der Versammlung der First Nations in Fredericton. Kanadas indigene Völker sind entschlossen: Es darf nicht sein, dass am Ende das abgeschaffte Residential-School-System doch noch gewinnt – und die indigenen Sprachen untergehen.

Die Rückkehr der Zeremonien

Powwow, Künstlergemeinden und die indigene Kultur der Gegenwart

Wolastoq, das heißt »guter und reichhaltiger Fluss«, nennen die Wabanaki-Völker den St. John River, der durch Fredericton fließt, Hauptstadt der ostkanadischen Provinz New Brunswick. Zu den Wabanaki-Völkern gehören die Mi'kmaq, die Wolastoqey, die auch Maliseet genannt werden, die Peskotomuhkatiyik, die auch unter dem Namen Passamaquoddy bekannt sind, die Penobscot und die Abenaki.[1] »Völker der Morgendämmerung« nennen sich die Wabanaki.

Am Ostufer des Wolastoq, gegenüber Fredericton, liegt die Reservation der St. Mary's First Nation, ein »urban reserve«, ein städtisches indigenes Territorium. Kurz nach Sonnenaufgang am Morgen des 23. Juli 2019 versammeln sich hier die Führung der AFN sowie Elders und junge Menschen der Wolastoqey zu einer Wasserzeremonie. Wasser wird in Bechern an die Anwesenden verteilt und ein Gebet gesprochen. Dem Wolastoq wird eine Gabe gereicht: Einer der Chiefs streut Tabak in den Fluss. Dann setzen sich National Chief Perry Bellegarde und Regional Chief Roger Augustin, der die First Nations von New Brunswick repräsentiert, mit Chief Allan Polchies von der St. Mary's First Nation in ein Birkenrindenkanu und paddeln über den ruhig dahinfließenden Wolastoq. Auf der anderen Seiten begrüßen die *Sisters of the Drum* mit Gesang die Gruppe. Eine Elder spricht wieder ein Dankgebet für den Fluss, der die Überfahrt ermöglichte.

Wenig später eröffnet Perry Bellegarde die AFN-Jahresversammlung im Konferenzzentrum von Fredericton. »Wir haben den Tag mit Zeremonien begonnen«, sagt er. »Für uns stehen die Zeremonien an erster Stelle. Wir bringen unsere Zeremonien und unsere Sprachen zurück.« Die First Nations lassen die Residential Schools hinter sich, sagt Perry Bellegarde. Das heißt auch, dass Zeremonien und indigene Sprachen, die den Kindern in diesen Schulen verboten waren und durch den »Indian Act« unterdrückt wurden, wieder praktiziert werden. Indigene Kultur ist mit Leben gefüllt.

Seit 1996 hat Kanada einen Nationalen Tag der Indigenen Völker, den 21. Juni.[2] Er hieß zunächst »National Aboriginal Day«, seit 2017 »National Indigenous Peoples Day«. Damit sollen die Beiträge von First Nations, Métis und Inuit zur kanadischen Gesellschaft gewürdigt werden. Der 21. Juni wurde bestimmt, weil die Sommersonnenwende ein wichtiges Symbol in den Kulturen der indigenen Völker ist. Rund um diesen Tag finden in Kanada an vielen Orten und in vielen First Nations Powwow statt. Diese Kulturfeste, die vor allem durch die Tänze berühmt sind, stärken die kulturelle Identität der First Nations und öffnen der nichtindigenen Gesellschaft diese Kultur. Mitteleuropäer denken wohl zunächst an Powwow, wenn sie von Kultur und Zeremonien der First Nations hören.

Der Adler über dem Festplatz

Ich habe viele Powwow besucht. Die Atmosphäre fasziniert mich: Tänze, Gesang, die Stände mit Kunsthandwerk und vor allem die Gespräche, die man mit Powwow-Besuchern und Tänzern führen kann. Das erste Powwow hatte ich im Sommer 1982 in der Wikwemikong Reservation auf Manitoulin Island an der Georgian Bay in Ontario miterlebt. Ich hatte damals Gelegenheit, mich mit dem Master of Ceremonies, David White von der Walpole Island First Nation, zu unterhalten, der mich in den Ablauf eines Powwow einführte. Wenige Wochen später war ich in Fort Qu'Appelle in Saskatchewan beim Powwow der Standing Buffalo Dakota First Nation. Seit ich in Ottawa lebe, habe ich mehrfach das »Odawa

Powwow« besucht, zu dem das »Odawa Friendship Centre« jedes Jahr Ende Mai einlädt.

Im vergangenen Jahr war ich am 21. Juni in Ottawa beim »Summer Solstice Powwow«, dem Powwow zur Sommersonnenwende. Die Zuschauer, unter ihnen sehr viele nichtindigene Besucher, warten gespannt auf den »Grand Entry«, die feierliche Eröffnung des Festes. Unter einem großen weißen Zeltdach als Sonnenschutz haben sich Trommelgruppen verschiedener First Nations niedergelassen. Der Master of Ceremonies bittet zum »Grand Entry«. »Bitte erhebt euch. Gentlemen, bittet nehmt die Kopfbedeckung ab. Bitte keine Fotos.« Powwow haben viele Elemente, die den First Nations heilig sind und bei denen nicht fotografiert werden soll. Eine Trommelgruppe ist bereit. Die Gruppe sitzt um eine große Trommel herum. Der Lead-Sänger gibt Einsatz und Rhythmus vor. »Grand Entry«, der Einzug der Teilnehmer, beginnt. Sie kommen in ihren »Regalia«, in festlicher Kleidung, mit Insignien und Ornat. An der Spitze gehen die Flaggenträger, einige von ihnen sind Veteranen der Kriege. Sie tragen die Flaggen Kanadas und der USA. Ihnen schließen sich die Tänzer an: Zunächst kommen die Männer, dann folgen Frauen, von denen einige Kleinkinder auf dem Arm oder an der Hand halten; jüngere Frauen und Mädchen drehen sich geschwind im Kreis und lassen ihre bunten Schals wehen; Jungen in Wildlederkleidung und mit Federschmuck auf dem Kopf tanzen nach vorne gebeugt und halten in ihren Händen Adlerfedern. Die Tänzerinnen und Tänzer bilden eine Spirale, die immer enger wird. Schließlich ist die Arena gefüllt. Es ist ein farbenprächtiges Bild. Ein Elder spricht ein Gebet: »Ich bitte unseren Schöpfer, dass er bei uns ist. Danke, dass er die Tänzer, die Sänger und Trommler in unseren Kreis brachte.« Robert Bertrand, Präsident des »Congress of Aboriginal Peoples«, begrüßt die Teilnehmer und Besucher. Er blickt nach oben. »Ein Adler«, sagt er. Ein Raubvogel kreist über dem Powwow. Das gilt als gutes Omen.

Bei den Powwow beurteilen Wertungsrichter die Darbietungen der Tänzerinnen und Tänzer und entscheiden damit auch über die

Odawa Powwow, 2009.

Vergabe von Preisgeldern, die bis zu 10 000 Dollar betragen können. In etwa 20 verschiedenen Kategorien finden die Wettbewerbe statt: für Frauen und Männer verschiedener Altersstufen, für Jugendliche und Kinder, in traditionellen Tänzen wie dem Grastanz und dem Chicken-Tanz sowie in den »fancy dances«, moderneren Tänzen, die den Akteuren mehr Freiheiten geben. Der Grastanz der Männer eröffnet den Wettbewerb. Begleitet von Trommeln und schrillem Gesang tanzen sie in weiten Schritten. Der Grastanz der Prärievölker soll den Boden bereiten. Das Gras wird symbolisch flachgetreten. Dabei verstreuen die Tänzer etwas Tabak, der eine geheiligte Pflanze ist. Ihre Kleidung ist mit zahllosen Bändern verziert, die im Wind flattern und die Bewegung des Grases der Prärie symbolisieren.

»Wir feiern das Leben, und wir halten unsere Zeremonien und Traditionen am Leben«, sagt mir später Denis Francis von der Kahkewistahaw First Nation in Saskatchewan. Er ist über 70 Jahre alt. Er tanzt, seit er 18 Jahre alt ist. Das ist Familientradition, die niemals unterbrochen wurde. »Diese Tänze haben wir bereits getanzt, bevor wir den ersten Kontakt mit Menschen aus Europa hatten.« Cheyenne, eine junge Ojibwa-Frau, erzählt mir, dass ihre Tante sie an das Tanzen heranführte, als sie fünf Jahre alt war. Jetzt kann Cheyenne erstmals in der Erwachsenenkategorie tanzen, die für

Tänzer zwischen 18 und 35 Jahren offen ist. Die Jüngsten, die beim »Summer Solstice Powwow« tanzen, sind die »tiny tods« zwischen sechs und zwölf Jahren, dann kommen die Jugendlichen. Wer älter ist, tanzt in der Kategorie »golden age«. Das klingt besser als Senioren.

Vor einigen Jahren traf ich beim »Odawa Powwow« Louise Lahache, eine Mohawk vom Schildkrötenklan aus dem Kahnawake-Territorium bei Montreal. Sie war damals Präsidentin des »Odawa Native Friendship Center« in Ottawa und Professorin für »Aboriginal Studies« am Algonquin College in der kanadischen Hauptstadt. »Powwow sind ein sehr altes Konzept«, erzählte sie. »Aber es wurde lange von Kanada unterdrückt.« In ihrer Kindheit in den 1950er Jahren war es verboten zu singen und zu tanzen. »Unsere Sprachen, unsere Kultur, unsere Regalia waren illegal, unsere geheiligten Gegenstände waren uns weggenommen worden. Wenn wir tanzen und singen wollten, mussten wir uns verstecken.« Aber nun sieht sie die »Wiederbelebung unserer Kultur, die nicht mehr verbannt ist«. Die Powwow als Bewegung haben daran maßgeblich Anteil. Sie sind keine folkloristische Show, kein Touristen-Amüsement, auch wenn Gäste willkommen sind. Jeder Tanz hat Wurzeln, die Jahrhunderte zurückreichen und eine tiefe Bedeutung haben. »Powwow sind eine Feier unserer Kultur und unserer Traditionen«, sagte Louise Lahache. Sie deutete auf einige festlich gekleidete Kinder, die vorbeigingen. »Diese Kinder sind frei, ihre Kultur zu leben. Es ist nichts mehr, was gegen das Gesetz ist und versteckt werden muss. Für diese Kinder ist das Powwow eine große Lernerfahrung.«

Ein Nationales Indigenes Theater

Indigene Kultur und indigene Künstler sind heute ein fester Bestandteil des Kulturlebens Kanadas. Dazu gehört die Wiederbelebung kultureller Zeremonien und Praktiken, die noch vor wenigen Jahrzehnten vom Untergang bedroht waren. Aber auch Museen wie das Canadian Museum of History in Ottawa, das frühere Museum of Civilization, zeigen durch die architektonische Gestaltung und ihre Sammlungen, dass indigene Kultur zu Kanada gehört. Ich habe dies im Nisga'a-Museum im Nass Valley im Norden von British Columbia ebenfalls gespürt. Indigene Kultur floriert in diesem Land. Dafür stehen in der Literatur Autoren wie Rita Joe, Maria Campbell, Lee Maracle, Yvette Nolan, Richard Wagamese, Tomson Highway, Jeanette Armstrong, Beth Cuthand, Thomas King, Tanya Talaga und viele mehr. Der leider früh verstorbene Maler Norval Morrisseau, der Bildhauer Bill Reid, der Filmemacher Zacharias Kunuk und die Electronic-Gruppe *A Tribe Called Red* sollen stellvertretend für andere Kunstgenres genannt werden.

Bei einem meiner Besuche in der First Nations University in Regina traf ich Literaturprofessor Randy Lundy. Er ist ein angesehener Poet aus dem Volk der Cree. »Als ich in die Schule ging, gab es wenig kanadische Literatur und keine indianische Literatur«, sagte er mir. Bis in die 1960er Jahre gab es nur vereinzelt Schriftsteller aus First Nations. Dies änderte sich vor allem mit dem berühmten Werk *Halfbreed* von Maria Campbell, das 1973 erschien und in dem Campbell, eine Métis, ihre Erfahrungen in der kanadischen Gesellschaft beschreibt. »Literatur ist eine Reflexion von Geschichte, Philosophie und sozialen Beziehungen«, sagt Randy Lundy. »Es ist wichtig, unseren jungen Leuten zu zeigen, dass wir unsere Schriftsteller haben, die ihre Geschichten erzählen.«

Ein Ort, an dem diese Geschichten erzählt werden, ist das National Arts Centre (NAC) in Ottawa. Als dieses nationale Kulturzentrum im März 2016 ankündigte, dass 2019 anlässlich seines 50-jährigen Jubiläums ein »Indigenous Theatre Department« als dritter Pfeiler neben dem englisch- und dem französischsprachigen Angebot errichtet werden soll, erregte dies international hohe Aufmerksamkeit.[3] Denn Kanada sollte damit weltweit das erste Nationale Indigene Theater innerhalb einer nationalen Kultureinrichtung erhalten. Schon seit Jahren wird zu Beginn einer jeden Veranstaltung des NAC angesagt, dass sich das Zentrum auf

»unceded territory«, nicht abgetretenem Land, der Algonquin befindet. Mit der Gründung des indigenen Theaters demonstrierte das NAC, dass es sich nicht auf Lippenbekenntnisse beschränkt, sondern indigener Kultur einen festen Platz in seinem Programm geben will. Zum ersten Künstlerischen Direktor des Indigenen Theaters wurde Kevin Loring, Autor, Schauspieler und Produzent, ernannt. Loring ist Angehöriger der Nlaka'pamux First Nation am Fraser River in British Columbia. Für sein Theaterwerk *Where the Blood Mixes* erhielt er 2009 den Literaturpreis des kanadischen Generalgouverneurs für englischsprachiges Drama.

Am 14. September 2019 war es so weit: Angehörige des Algonquin-Anishnabe-Volks paddelten mit ihren Kanus auf dem Rideau-Kanal und legten am NAC an. Das Indigene Theater wurde eröffnet. Buffy Sainte-Marie, die aus der Cree-Reservation Piapot in Saskatchewan stammende Sängerin, Gitarristin und Pianistin, und die Inuk-Sängerin Susan Aglukark, zwei weltbekannte kanadische indigene Künstlerinnen, gestalteten das zweiwöchige Kulturfest »Mòshkamo« mit. Das erste Theaterstück war *The Unnatural and Accidental Women* der Métis-Dene-Autorin Marie Clements, das sich mit der Tragödie der ermordeten und verschwundenen indigenen Frauen und Mädchen auseinandersetzt. Wenige Wochen zuvor hatte eine Untersuchungskommission ihren erschütternden Bericht über Gewalt gegen indigene Frauen und Mädchen in Kanada vorgelegt.

Indigene Kunst hat damit ein permanentes Haus in der Hauptstadt Kanadas. Hier werden die Geschichten der indigenen Völker erzählt. Sie soll aber von Ottawa aus auch die indigenen Gemeinden selbst erreichen. »Der Großteil unserer indigenen Bevölkerung gehört zum ärmsten Teil der Bevölkerung des Landes, und sie ist von Küste zu Küste zu Küste verbreitet«, sagt Loring. Er will die Kunst in diese Gemeinden bringen. Und er will indigene Künstler ermutigen, Werke zu produzieren, und damit indigene Künstler im Land unterstützen.

In der Inuit-Gemeinde Igloolik, einer 2000 Einwohner zählenden Siedlung auf einer Insel im Foxe Basin nördlich der Hudson Bay, kommen im Jahr 1998 junge Inuit zusammen, um ein Projekt zu starten, das Leben retten soll. Die jungen Leute hatten miterleben müssen, wie sich zwei Teenager das Leben nahmen. Nun überlegen sie, wie sie weitere tragische Todesfälle verhindern können. Die Filmproduktionsfirma Isuma Productions, die den vielfach ausgezeichneten Film *Atanarjuat, the Fast Runner* produziert hat, ist mit dabei. Sie gründen die Gruppe »Inuusiq«, was in Inuktitut »Leben« heißt. Ziel ist es, eine Serie von Filmen über das Leben junger Menschen in der Arktis zu produzieren. Guillaume Saladin, der aus Igloolik stammt und sich in Montreal an der Nationalen Zirkusschule zum Artisten ausbilden lässt, ist einer aus der Inuusiq-Gruppe. Er bringt Kommilitonen aus Montreal nach Igloolik, und sie organisieren dort einen Zirkus-Workshop. Das Projekt *Artcirq* ist geboren. Zwanzig Jahre später ist *Artcirq* eine erfolgreiche Artistentruppe, die um die ganze Welt reist.[4]

Im Januar 2020 sehe ich im NAC das Stück *Unikkaaqtuat,* was »alte Erzählungen« heißt. Mythen, Geschichten und Alltagserfahrungen der Gegenwart – etwa in einem Krankenhaus im Süden Kanadas – werden auf artistische Weise, durch Gesang, Text und Videoprojektionen erzählt. Das Werk von *Artcirq,* des Zirkuskollektivs *Les 7 doigts de la main* aus Montreal und des Inuit-Filmunternehmens Taqqut Productions wird mehrmals gezeigt.[5] Die Inuit mit ihren Geschichten und ihrer Artistik haben viele Anhänger.

Artcirq baut auf diese Artistik der Inuit, die Teil ihrer Traditionen ist und die sich in Spielen zeigt, die im gesamten arktischen Raum von Grönland bis nach Russland verbreitet sind.[6] Diese Spiele sind Freizeitvergnügen, sollen aber auch beim Überleben im harschen Klima der Arktis mit ihrer wochenlangen Dunkelheit helfen. Sie sollen mentale und physische Stärke sichern. Spiele, bei denen gezogen und geschoben wird, sollen den Körper für die Jagd stärken, bei der Speere geworfen werden und Beute gezogen werden muss. Spiele wie »High Kick«, bei dem ein Inuk mit seinen Füßen einen Ball treffen muss, der immer höher gehängt wird, ähnlich dem Hochsprungwettbewerb, sollen Muskeln und Sehnen stärken. Ich habe bei meinen Reisen in die Arktis oft diese Spiele und die Begeisterung, die sie unter den Zuschauern auslösen, beobachten können. Sie haben auch heute noch eine große Bedeutung: Sie zeigen den Stolz auf Geschichte und Traditionen. Die Artistik dieser jungen Menschen war die Voraussetzung, dass ein nun international renommiertes Projekt wie *Artcirq* geschaffen werden konnte.

Die Renaissance des Kehlgesangs

Puvirnituq liegt am Ostufer der Hudson Bay in Nunavik im Norden von Québec. Etwa 1500 Menschen leben hier, überwiegend Inuit. Die abgelegene, nur mit Schiff oder Flugzeug zu erreichende Gemeinde hat nicht nur eine landschaftlich reizvolle Umgebung zu bieten. Intensiv gepflegt wird hier das »Throat Singing«, der Kehlgesang. Mit dem Erstarken der politischen Bewegung zur Selbstbestimmung der Inuit der kanadischen Arktis erlebte auch der Kehlgesang eine Renaissance. Heute hat er, so fremd er auch für die Menschen im Süden Kanadas klingen mag, viele Bewunderer außerhalb der Arktis. Ausgeübt wird diese Kunst von Frauen, die sich dabei gegenüberstehen und singen: Sie imitieren die Geräusche der Natur, des Windes, der Flüsse und der Tiere und erzählen damit Geschichten. Meist endet der anstrengende Kehlgesang in Lachen. Er war wichtiger Bestandteil der Unterhaltung der Familien an langen Winterabenden, wenn die Männer auf Jagd waren, und ein Spiel und Wettbewerb. Zu den bekanntesten Vertreterinnen gehört die international preisgekrönte Tanya Tagak aus Cambridge Bay im Arktisterritorium Nunavut. Auch bei Justin Trudeaus Amtseinführung als Premierminister Kanadas im Herbst 2015 wurde Kehlgesang präsentiert.

Inuit-Frauen aus Puvirnituq beim Kehlgesang bei einem Konzert in Ottawa, zusammen mit den Stuttgarter Vocalsolisten, 2019.

Lisa-Louise Ittukallak und ihre Cousine Winnie Ittukallak aus Puvirnituq praktizieren diese Gesangsform seit ihrer Kindheit. Im Alter von acht Jahren begann Winnie damit, Lisa-Louise mit 13. »Unsere Großmutter Mary hat uns angehalten, Kehlgesang zu lernen«, erzählt mir Winnie Ittukallak. Noch vor wenigen Jahrzehnten drohte diese Kulturtechnik durch die angestrebte Assimilierung der Inuit unterzugehen. »Wir waren kurz davor, es zu verlieren«, sagt Lisa-Louise Ittukallak, »aber in den 1970er Jahren kam es zurück.«

Winnie und Lisa-Louise Ittukallak sind in ihrer Gemeinde aufgetreten, in Nunavik und anderen Regionen der Arktis und Kanadas, aber auch international haben die beiden Frauen bereits einen Namen. Dies führt sie auch mit den *Neuen Vocalsolisten Stuttgart* zusammen. Den Kontakt stellte der kanadische Komponist Gordon Williamson her, der seit 2010 an der Hochschule für Musik, Theater und Medien in Hannover Komposition lehrt. Über das NAC knüpfte er Kontakt mit den Kehlsängerinnen. »Ich war immer an neuen Klängen interessiert und wollte gerne mehr über Throat Singing erfahren«, sagte er mir. Die Idee entstand, den Stil der *Vocalsolisten* und den Kehlgesang der Inuit in einem Werk zusammenzuführen. Nach Workshops in Puvirnituq und Stuttgart wurde diese interkulturelle Begegnung von traditionellem Kehlgesang der Arktis und avantgardistischem Gesang eines deutschen Ensembles 2019 in Kanada und Deutschland uraufgeführt.

Die Inuit-Kulturhauptstadt Kanadas

Mit »Kunst der Arktis« verbinden Mitteleuropäer vor allem Skulpturen und Drucke. Wer Arktisgemeinden besucht, kann die »Carver«, die Skulpturen aus Steinen fertigen, beobachten. Sie sitzen neben ihren Häusern und bearbeiten das Material mit Feilen, Sägen und Schleifmaschinen. Der Staub von Marmor, Granit, Speckstein und Serpentin steigt auf und legt sich dann auf den Schnee. Allein in Nunavuts Territorialhauptstadt Iqaluit gibt es Hunderte Bildhauer. Für einige ist es der Hauptberuf, die meisten aber machen es nebenbei, fertigen ein paar Skulpturen für sich und ihre Familien oder verkaufen sie in den Hotels am Ort oder nach Ankunft von Kreuzfahrtschiffen an Touristen. Diese nehmen Eisbären, Walrosse und Narwale oder Figuren aus der Mythologie der Inuit als Souvernir mit nach Hause. In Galerien des Südens werden besonders wertvolle Stücke angeboten.

Im Frühjahr 2015 nutzte ich einen mehrwöchigen Aufenthalt in Iqaluit zu einem Abstecher nach Kinngait, das außerhalb Nunavuts unter dem Namen Cape Dorset bekannter ist und weltweit einen Ruf als Künstlergemeinde erworben hat. Kinngait gilt als Ursprung der weltweit geschätzten Inuit-Drucke. Kinngait nennt sich selbst »Inuit-Kunst-Hauptstadt Kanadas«. Rund zehn Prozent der Bevölkerung im erwerbsfähigen Alter sind im Kunsthandwerk tätig. 1951 waren im Auftrag der kanadischen Regierung und der Künstlergilde Kanadas der Künstler James Houston und dessen Frau Alma in die Arktis gekommen. Sie sollten nach Möglichkeiten suchen, den Inuit, die sich nun in permanenten Siedlungen niederließen, Einkommensquellen zu erschließen. Houston sah Steinschnitzereien der Inuit und war begeistert. Als er sich wenige Jahre später in Cape Dorset niederließ, ermutigte er die lokalen Künstler, Skulpturen und Zeichnungen zu fertigen, und führte sie in die Herstellung von Lithografien ein. Die Inuit nahmen diese Anregeung auf, und binnen weniger Jahre entwickelte sich daraus eine Künstlerkooperative. 1959 wurde die erste Kollektion von Drucken aus Cape Dorset in Toronto angeboten.

»Wir müssen alles, was wir hier brauchen, importieren. Dafür exportieren wir Kunst«, sagen die Menschen in Kinngait. Seit Anfang der 1960er Jahre wird alljährlich eine Kollektion von etwa 30 bis 40 Drucken präsentiert. Maximal werden von einem Bild 50 Drucke für den Verkauf hergestellt, einige weitere bleiben in der Sammlung der Kooperative und für den Künstler. »Wir kaufen die Zeichnungen von den lokalen Künstlern«, erklärt mir Jason Paul, der Manager der Kooperative. Es können weit mehr als 100 sein, aus denen dann diejenigen ausgewählt werden, die zu Lithografien werden sollen. Denn das Werk ist eine Koproduktion: ein Künstler, der das Bild gezeichnet hat, und einer, der in akribischer Arbeit in mehreren Arbeitsgängen die Vorlage für die Drucke fertigt. Beide werden am unteren Rand der Drucke genannt. Eine der berühmtesten Vertreterinnen der Inuit-Kunst aus Kinngait ist die mit dem kanadischen Verdienstorden ausgezeichnete, 2013 verstorbene Kenojuak Ashevak.[7]

Kunst ist das wirtschaftliche Rückgrat von Kinngait. Aber auch in den anderen Inuit-Gemeinden spielt Kunsthandwerk eine wichtige Rolle. Geschätzt wird, dass zwischen 13 000 und 14 000 Inuit künstlerisch tätig sind. Umgerechnet auf Vollzeitarbeitsstellen wären das 2700 Arbeitsplätze. Der wirtschaftliche Wert von Inuit-Kunst wurde für 2015 auf 87 Millionen Dollar, etwa 60 Millionen Euro geschätzt.[8] In Inuit Nunangat soll nun das »Qaggiavuut« aufgebaut werden, ein Zentrum für darstellende Kunst der Inuit.[9]

Der Aufschwung indigener Kultur und das Selbstbewusstsein von First Nations, Inuit und Métis haben in Kanada eine lebhafte Debatte über kulturelle Aneignung, »cultural appropriation« ausgelöst. Im Zentrum steht die Frage, ob Kunstwerke, die die Geschichte und Kultur einer Minderheit oder unterdrückten Bevölkerungsgruppe darstellen und erzählen, von Künstlern hergestellt und präsentiert werden können, die diesen Teilen der Gesellschaft nicht angehören. Darf ein »weißer« Maler im Stil indigener Künstler malen? Darf ein Schriftsteller die Geschichte eines indigenen Volks erzählen, als gehöre er dazu? Darf die Musik eines Volkes oder einer ethnischen Gruppe aufgeführt werden, ohne dass dieses oder diese daran angemessen beteiligt sind? Handelt es sich bei Aneignung vielleicht sogar um eine Enteignung?[10] In einem Land wie Kanada, in dem die versuchte kulturelle Auslöschung vor allem der First Nations durch jahrzehntelange Regierungspolitik eine offene Wunde ist, ist dies keine Randfrage. Zu lange wurden die Ureinwohner eben ausschließlich durch die Sichtweise der Weißen dargestellt, vor allem in Filmen.

Das musste 2018 auch der renommierte kanadische Regisseur, Schauspieler und Drehbuchautor Robert Lepage zur Kenntnis nehmen. Sein geplantes Konzert *Slav* und die Theaterproduktion *Kanata* hatten die Unterdrückung und Diskriminierung von Minderheiten und Ethnien zum Thema. Aber weil die Unterdrückten und Diskriminierten bei der Besetzung der Ensembles nicht ausreichend oder gar nicht berücksichtigt worden waren, brach ein heftiger Proteststurm los, der beide Werke noch vor ihrer Fertigstellung und Uraufführung von den Bühnen fegte. *Kanata* sollte die Beziehungen zwischen Weißen und der indigenen Bevölkerung und damit einen wichtigen Aspekt der kanadischen Geschichte darstellen. Es sollte in Paris im Theatre du Soleil von Ariane Mnouchkine gezeigt werden. Dem Ensemble aber gehörten keine Vertreter der indianischen Ureinwohner Kanadas an. Ein Gespräch zwischen Lepage und Kritikern aus der indigenen Gemeinde Québecs brachte keine Lösung. Indigene Künstler hielten Lepage vor, er habe zwar einige indigene Vertreter konsultiert, er habe aber keine Zusagen gegeben, das Ensemble zu ändern. Er hätte »authentische« indigene Elemente in seine Show integrieren können. Lepage warf schließlich das Handtuch und sagte die Produktion ab, äußerte aber die Hoffnung, dass »wir früher oder später versuchen müssen zu verstehen, was kulturelle Aneignung und das Recht auf freien künstlerischen Ausdruck grundsätzlich sind – in Ruhe und gemeinsam«.

Kulturelle Aneignung, verbunden mit Stereotypen über indigene Völker, erlebten wir bis in die jüngere Vergangenheit in der Filmindustrie, die »Indianer« entweder als »noble Wilde« oder nur als »Wilde« darstellte. Im Sport dreht sich die Diskussion stärker um die Benutzung indigener Namen und Maskottchen für Teams. Dies wird als kulturelle Aneignung, von vielen aber auch als rassistisch gesehen. Dafür stehen Kontroversen um die Edmonton Eskimos in der Canadian Football League sowie um das US-Baseballteam Cleveland Indians, die Chicago Blackhawks in der nordamerikanischen Eishockeyliga NHL und die Washington Redskins der National Football League NFL. Zahlungskräftige Sponsoren gehen auf Distanz zu Sportteams, deren Namen als »unangemessen« oder rassistisch bewertet werden. Im Juli 2020 gaben die Washington Redskins bekannt, dass sie ihren Namen und ihr Logo ändern werden. Wenig später folgten die Edmonton Eskimos. Als 2013 in Ottawa ein Canadian-Football-Team gegründet wurde, das den Namen Ottawa TomaHawks haben sollte, brach ein derartiger »Shitstorm« aus, dass das Team den Namensvorschlag bereits nach 24 Stunden fallenließ und als Ottawa RedBlacks in die Saison startete.[11]

Viele Museen in Kanada, aber auch in anderen Ländern, stellten und stellen Kunst und Gebrauchsgegenstände der indigenen Völker aus, von denen ein erheblicher Teil ohne Zustimmung der jeweiligen indigenen Völker konfisziert, gesammelt, aufgekauft oder geraubt wurde. Auch dies war und ist »cultural appropriation«. Heute fordern die so Enteigneten die Rückkehr der Gegenstände – und manchmal auch der sterblichen Überreste von Angehörigen – auf ihr Territorium, mit wachsendem Erfolg. Das Nisga'a-Museum in British Columbia hat Masken und Kultgegenstände von anderen Museen zurückbekommen, und die RCMP gibt, wie beschrieben, Gegenstände von Louis Riel zurück.

Ein völlig anderer Weg

Museen »von Küste zu Küste zu Küste« zeigen heute die Kunst der indigenen Völker. Diese sind nicht mehr länger Objekte. Indigene Künstler aller Kunstgattungen, die immer mehr Anerkennung finden, »Qaggiavuut« und das National Indigenous Theatre in Ottawa und die Entscheidung vom Sommer 2020, mit dem Autor und Journalisten Jesse Wente aus der Serpent River First Nation erstmals einen Angehörigen eines indigenen Volks zum Präsidenten des Canadian Council of the Arts, der staatlichen Institution zur Kulturförderung, zu ernennen, zeigen: Ein Land, das noch in den 1950er und 1960er Jahren versucht hat, die Kultur der indigenen Völker zu unterdrücken, geht jetzt einen völlig anderen Weg.

Der schwere Weg zur Reconciliation

Rückschläge und Hürden auf dem Pfad zu respektvollem Miteinander

»Niemand sagte, dass Reconciliation einfach sein wird. Reconciliation ist harte Arbeit.« Dies konstatierte National Chief Perry Bellegarde im Februar 2020, als die Wet'suwet'en-Krise, von der im einleitenden Kapitel bereits die Rede war, das Land bewegte. Die Krise um den Bau einer Erdgaspipeline durch das Gebiet der Wet'suwet'en mit Blockaden von Straßen und Eisenbahnlinien zeigte, dass der Versöhnungsprozess schnell ins Stocken geraten kann.

Mit seinem vorsichtigen Agieren und der Weigerung, gleich auf den Einsatz der Polizei zu setzen, wollte Premierminister Trudeau vor allem eine Wiederholung von Krisen vermeiden, wie sie mit Ortsnamen wie Oka und Ipperwash verbunden sind: Im Sommer 1990 führten in Oka (Provinz Québec) Pläne der Gemeinde, einen Golfplatz auf Gelände der Mohawk von Kanesatake, zu dem auch ein Friedhof gehörte, auszuweiten, zu einer 78-tägigen Konfrontation zwischen der Staatsmacht und den Mohawk von Kanesatake, die von Mohawk aus den benachbarten Reservationen Akwesasne und Kahnawake unterstützt wurden, sowie zum Tod eines Polizisten und der schweren Verletzung eines indigenen Jugendlichen. Im Zentrum der Ipperwash-Krise 1995 stand ein Konflikt um Landrechte am Ipperwash Provincial Park in Ontario. Mitglieder der Stoney Point Ojibway besetzten Gelände, das ihnen während des Zweiten Weltkrieges weggenommen worden war. Ein Demonstrant, Dudley George, wurde von einem Polizisten erschossen.

»Die Geschichte hat uns gelehrt, dass Regierungen die Lage verschlimmern können, wenn sie nicht alle anderen Mittel ausschöpfen«, sagte Trudeau denen, die für Härte plädierten. Schließlich musste er aber doch ein Quasi-Ultimatum stellen. »Die Blockade muss beendet werden«, sagte er. Die Polizei beendete wenige Tage später die Blockade der Eisenbahnlinie in Tyendinaga in Ontario, da sie landesweit Auswirkungen auf Schienenverkehr und Gütertransport hatte und Arbeitsplätze bedrohte. Dass die Regierung auf die Nöte der Menschen hinwies, die durch Blockaden ihre Arbeit verlieren, stieß bei der Gegenseite auf wenig Verständnis. »Was wurde den indigenen Völkern in den 150 Jahren der Geschichte Kanadas zugefügt?«, fragte die renommierte indigene Schriftstellerin und Journalistin Tanya Talaga.

Dennoch riss der Gesprächsfaden zwischen Bundes- und Provinzregierung und den Wet'suwet'en nicht ab. Ende Februar wurde eine Vereinbarung erzielt, die ein Ende der Blockaden ermöglichte. Sie wurde am 14. Mai 2020 mit einem »Memorandum of Understanding«, einem Memorandum des Verständnisses, zwischen der kanadischen Regierung und den »Hereditary Chiefs«, den traditionellen Chiefs der Wet'suwet'en, besiegelt. Darin erkennen die Bundesregierung und die Regierung von British Columbia die Rechte und Titel der Wet'suwet'en »unter ihrem Regierungssystem« an. Zudem wurden Verhandlungen über die künftigen vertraglichen Beziehungen zwischen den Wet'suwet'en und dem kanadischen Staat beschlossen.

Aber auch dieser Schritt, der den Konflikt entschärfte, ist problematisch. Denn mit dem Memorandum setzte die Regierung auf das traditionelle Regierungssystem der Wet'suwet'en mit den »Hereditary Chiefs«. Diese leiten ihre Autorität aus der Geschichte, aus ihrer Familientradition, aber auch aus persönlichen Verdiensten für die Gemeinschaft ab. Sie fühlen sich für das gesamte 22 000 Quadratkilometer große traditionelle Siedlungsgebiet des Volkes zuständig und stützen sich dabei auf die Rechtsprechung des kanadischen Supreme Court. Innerhalb dieses großen Gebiets aber gibt es kleine Reservationen mit Gemeinden, die nach dem »Indian Act« geschaffen wurden. Diese haben Chiefs und Gemeinderäte, die nach dem »Indian Act« gewählt wurden und so legitimiert sind, für ihre Gemeinde zu sprechen. Hier zeigte sich der durch das kolonialistische Gesetz erzeugte Bruch innerhalb der Wet'suwet'en: Die »Hereditary Chiefs« lehnten den Pipelinebau überwiegend ab, die gewählten Chiefs in den Gemeinden entlang der Pipelineroute stimmten ihm aber zu, weil sie sich Arbeitsplätze in ihren Gemeinden erhofften. Selbst im Kreis der »Hereditary Chiefs« gab es Gegenstimmen, die ihren Kollegen Amtsmissbrauch vorwarfen. Und die benachbarten Haisla, auf deren Gebiet an der Küste ein Erdgasterminal gebaut werden soll, sagten ebenfalls Ja zum Bauvorhaben. Die unter dem »Indian Act« gewählten Chiefs fühlten sich durch das Memorandum übergangen. Mehrere von ihnen ließen Ende Mai prüfen, ob sie die Umsetzung der Vereinbarung gerichtlich stoppen können. Einige forderten gar den Rücktritt von Ministerin Carolyn Bennett, die sich in den vergangenen Jahren erfolgreich für bessere Beziehungen zwischen indigenen Völkern und Krone eingesetzt hat.

Es gibt also ein komplexes Geflecht an Entscheidungssträngen, das zugleich aufzeigt, dass Konfliktlinien nicht nur zwischen dem Staat und den First Nations bestehen, sondern auch zwischen First Nations und als Auswirkung kolonialistischer Politik der Vergangenheit sogar innerhalb einer First Nation. Kanadas First Nations waren nie eine homogene Gruppe, die mit einer Stimme spricht. Die AFN hat keine gesetzgebende Macht, sondern ist eine Interessenvertretung. Durch die Vielfalt der First-Nations-Stimmen wird der Prozess der Versöhnung und Reconciliation nicht leichter.

Rassismus und Diskriminierung

Am ersten Juni-Wochenende 2020 demonstrierten in kanadischen Städten Tausende Menschen gegen Rassismus und Polizeigewalt. Anlass war der Tod des US-Amerikaners George Floyd. Die Demonstranten blickten aber nicht nur auf die USA, wo ein intoleranter, zu Rassismus neigender Präsident die Stimmung anheizte.

Sie sahen auch auf ihr eigenes Land, in dem Minderheiten, auch die indigenen Völker, trotz aller Bemühungen um Reconciliation weiterhin Rassismus ausgesetzt sind.

Gerade in den Tagen der Eskalation in den USA wurde dies wieder deutlich und löste bei vielen Erschrecken aus. Am 4. Juni 2020 wurde in Edmundston in New Brunswick die 26 Jahre alte Chantal Moore bei einem Polizeieinsatz erschossen. Die junge Frau aus der Tla-o-qui-aht First Nation in British Columbia lebte im Territorium der Wolastoqey Nation in New Brunswick. In den Berichten hieß es, die Polizei sei für einen »wellness check« gerufen worden. Darunter wird ein Polizeieinsatz bei »Gesundheitsproblemen« einschließlich mentaler Probleme einer Person verstanden. »Kanada hat eine lange und tragische Geschichte von Gewalt und ungleicher rechtlicher Behandlung indigener Menschen, insbesondere indigener Frauen und Mädchen«, erklärten sechs Chiefs der Wolastoqey in einer Stellungnahme.[1] Etwa zeitgleich tauchte ein Video aus der Gemeinde Kinngait (Cape Dorset) in Nunavut auf. Es zeigte, wie sich ein Auto der Bundespolizei RCMP einem offensichtlich unter Alkoholeinfluss stehenden Inuk nähert. Als es auf der Höhe des Mannes war, wurde die Tür des fahrenden Autos geöffnet, der Mann wurde getroffen und fiel zu Boden. »Systemischer Rassismus und unbewusste Voreingenommenheit sind real – schmerzhaft real«, sagte Nunavut-Premier Joe Savikataaq.[2] Auf einer Protestkundgebung in Iqaluit wurden Plakate mit Aufschriften wie »Black Lives – Indigenous Lives Matter« gezeigt.[3] Wiederum einige Tage später wurde in Miramichi, ebenfalls in New Brunswick, der 48 Jahre alte Rodney Levi von der Metepenagiag Mi'kmaq First Nation bei einem Polizeieinsatz getötet.

Premierminister Trudeau fand klare Worte. »Die Videos und Berichte der vergangenen Tage sind bestürzend. […] Wir haben weiterhin systemischen Rassismus in diesem Land, systemische Diskriminierung«, sagte er am 5. Juni. Der Minister für »Indigenous Services«, Marc Miller, sah das Video aus Kinngait »mit Empörung«. »Eine Autotür ist keine ordnungsgemäße Polizeitaktik. Es ist ein beschämend entmenschlichender und gewaltsamer Akt«, sagte der Minister, und: »I'm pissed!« Was mit »Ich bin sauer« übersetzt werden kann.[4]

Dies geschah zudem just zu einer Zeit, als sich die Veröffentlichung des Berichts der Untersuchungskommission über die ermordeten und verschwundenen indigenen Frauen und Mädchen jährte. Die Regierung hatte bis Anfang Juni den versprochenen Nationalen Aktionsplan zur Bekämpfung der Gewalt gegen indigene Frauen noch nicht vorgelegt. Der Tod von Chantal Moore zeigte erneut, wie wichtig es ist, dass die Empfehlungen der Kommission umgesetzt werden. Denn viele Empfehlungen betreffen die Polizei und ihr Verhalten gegenüber Frauen und Mädchen der First Nations.[5]

Wenn indigene Völker von »systemischem Rassismus« und Diskriminierung sprechen, denken sie auch an das Justizsystem. National Chief Bellegarde und die anderen Vorsitzenden der indigenen Organisationen fordern eine Abkehr von einer vorrangig auf Bestrafung setzenden Strafjustiz und die Hinwendung zu »restaurativer Justiz«. »Es muss realistische Alternativen zu Freiheitsstrafen geben. Wir brauchen Gerichtshöfe der indigenen Völker«, fordert Bellegarde.[6] Dies ist für ihn nicht Verhandlungsmasse, sondern dringende Notwendigkeit. Die Zahlen sprechen für ihn: 2017/18 stellten indigene Erwachsene 30 Prozent der Einweisungen in Strafvollzugsanstalten des Bundes, der Provinzen und Territorien, obwohl ihr Anteil an der Erwachsenenbevölkerung Kanadas nur vier Prozent beträgt. Genauso schlimm sieht es im Jugendstrafvollzug aus: 43 Prozent der Einweisungen machen junge indigene Menschen aus, die aber nur acht Prozent der jugendlichen Bevölkerung Kanadas stellen.[7] Wenn dann auch noch ein »weißer« Farmer, der einen indigenen Jugendlichen auf seiner Farm erschossen hat, von einer Jury freigesprochen wird, wie es im Fall Colten Boushie 2018 in Saskatchewan geschah, dann macht sich in der indigenen Bevölkerung Verbitterung über das Justizsystem breit.[8]

Solche Entwicklungen werfen immer wieder Schatten auf die Beziehungen zwischen indigenen Völkern und dem restlichen Kanada. Sie können aber nicht verdrängen, dass sich die indigenen Völker heute stärker denn je in die öffentliche Debatte einbringen. Sie erkennen ihre politische Macht. Erst 1961 hatten die First Nations das Wahlrecht erhalten. Aber ihr Interesse an den Wahlen und ihre Wahlbeteiligung waren jahrzehntelang sehr gering, obwohl die Verbesserung ihres Lebensstandards maßgeblich von der Politik auf Bundesebene abhängt. Noch 2004 lag die Wahlbeteiligung bei lediglich 40 Prozent. Dann kam die Wahl 2015: Sie sah einen drastischen Anstieg des Interesses. 61,5 Prozent der Wahlberechtigten in den Reservationen gaben ihre Stimme ab. Der Abstand zur landesweiten Wahlbeteiligung von 66 Prozent war so gering wie nie.

In etwa 50 der 338 Wahlkreise können indigene Stimmen den Ausschlag geben. Der Anstieg der Wahlbeteiligung verdeutlicht eine Änderung in der Einstellung der First Nations zum Staat Kanada. Bellegarde, der aus der Little Black Bear First Nation in Saskatchewan kommt, ist ein Beispiel für diesen Wandel. Er ist seit seinem 20. Lebensjahr politisch aktiv. »Aber ich habe erst 2015 erstmals gewählt«, erzählt er. Wie viele Jugendliche der First Nations wuchs er in dem Bewusstsein auf, dass es die beiden voneinander getrennten politischen Systeme gab, das First-Nations- und das kanadische System. »Wir haben unsere Regierung, unser eigenes System. Es ist nicht unsere Regierung, über die in den Parlamentswahlen entschieden wird.« Dies war die vorherrschende Meinung.

In jüngster Vergangenheit aber vollzog sich ein Wandel. Bellegarde ging zu den Elders. »Sie sagten mir: Es ist an der Zeit, das Konzept der doppelten Staatsangehörigkeit zu bejahen. Ich habe nicht das Gefühl, dass ich durch die Teilnahme an der Wahl ›weniger Cree‹ oder ›weniger Little Black Bear First Nation‹ bin.« Es vollziehe sich ein »kultureller Wandel, es ist okay zu wählen«. Deshalb habe er 2015 gewählt. »Ich werde es wieder tun«, sagte er kurz vor der Parlamentswahl im Oktober 2019. »Demokratie erfordert Teilnahme«, befand Kluane Adamek, Regional Chief des Yukon. Das heißt auch Teilnahme an Wahlen.

Das gilt zunächst für die Politikfelder, die unmittelbar die indigenen Völker betreffen, die Einhaltung der Verträge, das Aushandeln moderner Abkommen und die Investitionen in die Infrastruktur ihrer Gemeinden. Zur Mitgestaltung Kanadas motiviert werden die indigenen Völker auch durch den Klimawandel. Viele abgelegene Gemeinden sind von Wäldern umgeben und werden von Waldbränden bedroht. Sie erleben Dürreperioden und Unwetter, die Gefährdung ihrer Wasserversorgung und Veränderungen von Fauna und Flora. Klimawandel beeinflusst ihren Lebensstil, der First Nations wie der Inuit, deren Jagd durch schmelzendes Eis gefährdet wird. Die AFN erklärte im Sommer 2019 den »globalen Klimanotstand«. »Wir müssen handeln. Vor 20 Jahren hatten wir eine Klimakrise. Jetzt haben wir einen Klimanotstand«, sagte Kluane Adamek. Sie weiß aus eigener Erfahrung: »Der Wasserstand in unseren Flüssen sinkt. Der Kluane-See zieht sich zurück.« Aaron Sumexheltza von der Lower Nicola Indian Band in British Columbia fasste die Notwendigkeit indigenen Engagements so zusammen: »Wir müssen uns selbst um unseren Planeten, unsere Mutter Erde kümmern.«

»Wir können nicht aufgeben«

Die kanadische Regierung hat versprochen, die UN-Deklaration über die Rechte indigener Völker (UNDRIP) in nationales Recht umzusetzen. Die UNDRIP wird als »roadmap«, als Fahrplan zur Reconciliation gesehen.[9] Denn mit ihr wird der »freie, frühzeitige und auf Informationen beruhende Konsens« etwa bei Wirtschaftsprojekten auf indigenen Gebieten festgeschrieben, die Anerkennung inhärenter Rechte der indigenen Bevölkerung, der Schutz ihrer Sprachen und vieles mehr. Ob Kanadas liberale Regierung im

Jahr 2020 dieses Wahlversprechen aus dem Vorjahr umsetzen kann, war zur Jahresmitte nicht abzusehen.

Es wäre auf jeden Fall ein wichtiges Signal, dass der Versöhnungsprozess trotz aller Probleme weitergeht. Messbare Fortschritte wurden in den Beziehungen zwischen Staat und indigenen Völkern erzielt. In den vergangenen Jahren haben sich Kanadas Regierungen, sowohl konservative als auch liberale, für Ungerechtigkeiten, die den »Ersten Völkern« Kanadas zugefügt wurden, und für kolonialistisches Verhalten entschuldigt. In der Anerkennung der Fehler der Vergangenheit sehen die indigenen Völker den ersten wichtigen Schritt zum »Heilen« der Wunden. Aber sie fordern konkrete Fortschritte. Dazu gehört neben der Verbesserung der Lebensverhältnisse in ihren Gemeinden die Stärkung von Selbstbestimmung und Selbstverwaltung. Politik muss *mit* First Nations, Inuit und Métis geplant und umgesetzt werden, nicht nur *für* sie. Die indigenen Völker wollen, wie Kluane Adamek vom Yukon sagt, »Teil der Lösung sein«, sie wollen, dass Entscheidungen mit ihnen, nicht über sie hinweg getroffen werden. Ein Beispiel dafür ist Kanadas »Arctic and Northern Policy Framework« von September 2019, das in enger Abstimmung zwischen Bundesregierung, Territorien und den indigenen Völkern der nördlichen Regionen entworfen wurde. »Der neue Ansatz legt die Zukunft in die Hände der Menschen, die dort leben«, heißt es in dem Rahmenpapier, dies solle »Reconciliation voranbringen und Kanadas Beziehungen mit Inuit, First Nations und Métis erneuern«.[10] Im Abkommen zwischen den Métis von Ontario und der Bundesregierung, ebenfalls aus dem Jahr 2019, wird festgehalten, dass nach der von Kolonialismus geprägten Geschichte Kanadas mit der Missachtung der Rechte und der Kultur der Métis die Zusammenarbeit nun auf dem Recht auf Selbstbestimmung und Selbstregierung basieren soll.[11]

Als Anfang Juni 2020 die letzten Arbeiten an diesem Buch vorgenommen wurden, begann der »National Indigenous History Month«. Dieser Monat sei Gelegenheit, »die Beiträge der First Nations, der Inuit und des Métis-Volkes an der Gestaltung Kanadas kennenzulernen, zu schätzen und anzuerkennen«, erklärt die Regierung.[12] Dazu gehören die Geschichte der Verträge zwischen Kanada und den indigenen Völkern, aber auch die Auseinandersetzung mit Rassismus und mit der kolonialen Vergangenheit, die Tragödien wie die der Residential Schools ermöglichten.

Kanada stellt sich seiner Geschichte. Die historischen Wahrheiten, die die verschiedenen Kommissionen aufgedeckt haben, und die Entschuldigungen der Regierungen sollen die Grundlage sein, auf der nun auch Vertrauen wachsen soll. Das Land hat die Rechte der indigenen Völker in seiner Verfassung anerkannt. »Indigene Rechte sind nicht beliebig. Ihr bestimmt den Pfad zur Selbstbestimmung«, sagte Carolyn Bennett, Ministerin für die Beziehungen zwischen indigenen Völkern und der Krone, an die Adresse der AFN im Sommer 2019. Dieser Kurs soll trotz aller Schwierigkeiten und Rückschläge fortgesetzt werden. Und er sollte weg vom »Indian Act« führen: Der »Indian-Act-Baum« müsse gefällt werden, um zu wirklicher Selbstbestimmung zu kommen, schrieb die aus dem Volk der Kwakwaka'wakw an der Westküste kommende, frühere kanadische Justizministerin Jody Wilson-Raybould.[13] Für die Führungskräfte der First Nations, der Inuit und der Métis sind Selbstbestimmung und der Aufbau starker prosperierender indigener Gemeinden und Nationen der Schlüssel für eine gute gemeinsame Zukunft. Alle Kanadier, so heißt es im Schlusswort der Wahrheits- und Versöhnungskommission, müssen sich der Reconciliation, der Versöhnung und der Verständigung dauerhaft verpflichten. Auf dem Höhepunkt der Wet'suwet'en-Krise im Februar 2020 sagte National Chief Perry Bellegarde: »Wir können Reconciliation nicht aufgeben. Wir können den gegenseitigen Respekt nicht aufgeben. Wir sind Verbündete, von Nation zu Nation.«

Anhang

Anmerkungen

Versöhnung am Scheideweg. Eine Zerreißprobe für die Politik des Ausgleichs

1 Vgl. The Truth and Reconciliation Commission of Canada (Hg.): Honouring the Truth, Reconciling for the Future. Summary of the Final Report of the Truth and Reconciliation Commission of Canada, Ottawa 2015, S. 6: http://nctr.ca/assets/reports/Final%20Reports/Executive_Summary_English_Web.pdf. Website der Kommission: www.trc.ca.

2 Statement von Perry Bellegarde zitiert nach Pressemitteilung der Assembly of First Nations vom 7. Februar 2020: https://www.afn.ca/afn-national-chief-statement-on-situation-in-wetsuweten-territory/.

3 Konflikt zwischen den Mohawk von Kanesatake und der Gemeinde Oka in West-Québec um die Ausweitung eines Golfplatzes. Die Oka-Krise veranlasste die damalige konservative Regierung von Brian Mulroney, die »Royal Commission on Aboriginal Peoples« einzuberufen. Mulroney erklärte: »The federal government is determined to create a new relationship among aboriginal and non-aboriginal Canadians based on dignity, trust and respect.« (Die Bundesregierung ist entschlossen, eine neue Beziehung zwischen indigenen und nichtindigenen Kanadiern zu schaffen, die auf Würde, Vertrauen und Respekt basiert.)

4 Vgl. Minister of Supply and Services Canada: People to People, Nation to Nation: Highlights from the report of the Royal Commission on Aboriginal Peoples, 1996, S. X und XI: https://www.rcaanc-cirnac.gc.ca/eng/1100100014597/1572547985018.

5 Das Dokument »Gathering Strength« ist zu finden unter: www.ahf.ca > downloads > gathering-strength.

6 Vgl. Wortlaut der Entschuldigung bei The Canadian Encyclopedia: https://www.thecanadianencyclopedia.ca/en/article/government-apology-to-former-students-of-indian-residential-schools.

7 Vgl. Artikel »Truth and Reconciliation Commission« in The Canadian Encyclopedia: https://www.thecanadianencyclopedia.ca/en/article/truth-and-reconciliation-commission.

8 The Truth and Reconciliation Commission of Canada (Hg.): Honouring the Truth, S. VI.

9 Der Lieutenant-Governor übt auf Provinzebene die gleichen Funktionen aus wie der Generalgouverneur auf Bundesebene, ist also protokollarisch der höchste Repräsentant der Provinz.

10 Vgl. The Truth and Reconciliation Commission of Canada (Hg.): Honouring the Truth, S. 14.

11 Hartmut Lutz / Florentine Strzelcyk / Renae Watchman (Hg.): Indianthusiasm – Indigenous Responses, Waterloo 2020; Hartmut Lutz: »Indianer« und »Native Americans«: Zur sozial- und literaturhistorischen Vermittlung eines Stereotyps, Hildesheim 1985; vgl. den Essay »German Indianthusiasm: A Socially Constructed German National(ist) Myth«, der auf einem Vortrag »Deutsche und Indianer / Indianer und Deutsche: Cultural Encounters across Three Centuries« im Dartmouth College, New Hampshire, Mai 1999, basiert. Er wurde 2002 unter gleichem Titel veröffentlicht in: Colin G. Calloway / Gerd Gemünden / Susanne Zantop (Hg.): Germans and Indians: Fantasies, Encounters, Projections, Lincoln 2002.

12 Traditionelle Kulturfeste der First Nations, die vor allem durch die Tänze berühmt sind. Oft auch Pow wow geschrieben. Mehr dazu siehe im Kapitel »Die Rückkehr der Zeremonien«.

13 Vgl. Red Haircrow: ›Native‹ Hobbyism Is Modern Day Colonialism, CBC.ca, 1. März 2019: https://www.cbc.ca/cbcdocspov/blog/native-hobbyism-is-modern-day-colonialism.

14 Originaltext der Verfassung von 1982: »35. (1) The existing aboriginal and treaty rights of the aboriginal peoples of Canada are hereby recognized and affirmed. (2) In this Act, ›aboriginal peoples of Canada‹ includes the Indian, Inuit and Métis peoples of Canada.«

15 Vgl. Abschnitt 25 der Canadian Charter of Rights and Freedoms: https://laws-lois.justice.gc.ca/eng/Const/page-15.html.

16 Siehe dazu die Informationen des Ministeriums »Crown-Indigenous Relations and Northern Affairs Canada«: https://www.rcaanc-cirnac.gc.ca/eng/1100100013785/1529102490303, und des kanadischen Statis-

tikamts Statistics Canada: https://www150.statcan.gc.ca/n1/daily-quotidien/171025/dq171025a-eng.htm und https://www150.statcan.gc.ca/n1/en/daily-quotidien/171025/dq171025a-eng.pdf?st=NaP5LzrG.

17 Die Website des Ministeriums Indigenous and Northern Affairs Canada listet 637 First Nations auf: https://fnp-ppn.aadnc-aandc.gc.ca/fnp/Main/Search/SearchFN.aspx?lang=eng.

18 Auf die Unterscheidung zwischen Status und Non-Status wird in den Kapiteln »Missverständisse und Täuschung« und »Das lange vergessene Volk« eingegangen.

19 Website der Assembly of First Nations: www.afn.ca.

20 Website des Congress of Aboriginal Peoples: http://www.abo-peoples.org/en/.

21 Inuit lautet der Plural, nicht Inuits, wie es oft fälschlich heißt. Die Einzahl von Inuit ist Inuk.

22 Website der Inuit Tapiriit Kanatami: www.itk.ca; https://www.itk.ca/national-voice-for-communities-in-the-canadian-arctic/.

23 Vgl. Artikel »Michif« in The Canadian Encyclopedia: https://www.thecanadianencyclopedia.ca/en/article/michif.

24 Vgl. Gregory Younging: Elements of Indigenous Style, A Guide for Writing By and About Indigenous Peoples, Edmonton 2018. Gregory Younging, der aus der Opaskwayak Cree Nation stammte, lehrte Indigenous Studies an der University of British Columbia im Okanagan-Tal und arbeitete für die »Truth and Reconciliation Commission«. Er starb im Alter von 58 Jahren im Mai 2019 in Penticton, British Columbia.

25 Vgl. Inuit Circumpolar Council: Inuit Circumpolar Council Resolution 2010 – 01 on the use of the term Inuit in scientific and other circles, Nuuk 2010: https://www.inuitcircumpolar.com/wp-content/uploads/2019/01/iccexcouncilresolutiononterminuit.pdf. Lange Zeit war angenommen worden, dass »Eskimo« aus einer indianischen Sprache komme und »Rohfleischesser« bedeute. Mittlerweile wird aber überwiegend davon ausgegangen, dass sein Ursprung in der Sprache der Innu, einer First Nation, liegt und von einem Begriff abgeleitet ist, der die Verwendung von Schneeschuhen beschreibt, vgl. Artikel »Eskimo« in The Canadian Encyclopedia: https://www.thecanadianencyclopedia.ca/en/article/eskimo.

Die Schildkröte im Weltenmeer. Nordamerika – ein indigenes Territorium seit Urzeiten

1 Vgl. Artikel »Turtle Island« in The Canadian Encyclopedia: https://thecanadianencyclopedia.ca/en/article/turtle-island.

2 Vgl. »Creation of the World« auf der Website der Anishinabe Nation: http://www.anishinabenation.ca/en/the-creation-of-the-world/.

3 Vgl. Website der Blackfoot Confederacy: http://blackfootconfederacy.ca/history-purpose/.

4 Vgl. Artikel »Indigenous Peoples in Canada« in The Canadian Encyclopedia: www.thecanadianencyclopedia.ca/en/article/aboriginal-people#; vgl. Declaration of Kinship and Cooperation among the Indigenous Peoples and Nations of North America, unterzeichnet am 23. Juli 1999 in Vancouver: https://www.afn.ca/about-afn/national-congress-of-american-indians/. Von »times immemorial« sprechen die Inuit in ihrer »Circumpolar Inuit Declaration on Sovereignty in the Arctic«, verabschiedet vom »Inuit Circumpolar Council«, April 2009.

5 Präambel der UNDRIP: »Affirming further that all doctrines, policies and practises based on or advocating superiority of peoples or individuals on the basis of national origin or racial, religious, ethnic or cultural differences are racist, scientifically false, legally unvalid, morally condemnable and socially unjust […].«: https://www.un.org/development/desa/indigenouspeoples/declaration-on-the-rights-of-indigenous-peoples.html.

6 Vgl. Einband zur Sonderausgabe von C. W. Ceram: Der erste Amerikaner, Reinbek 1978.

7 Vgl. Artikel »Native American«, Kapitel »Introduction« in Encyclopedia Britannica: www.britannica.com/topic/Native-American.

8 C. W. Ceram: Der erste Amerikaner, S. 225.

9 Sebastian Conrad: Die Weltbilder der Historiker: Wege aus dem Eurozentrismus, in: Aus Politik und Zeitgeschichte, 2. Oktober 2015, https://www.bpb.de/apuz/212825/die-weltbilder-der-historiker-wege-aus-dem-eurozentrismus; unter Hinweis auf Robert B. Marks: Die Ursprünge der modernen Welt. Eine globale Weltgeschichte, Darmstadt 2006, S. 20 f.

10 Vgl. Artikel »Native American«, Kapitel »Prehistory« in Encyclopedia Britannica: www.britannica.com/topic/Native-American.

11 Duncan McLaren / Daryl Fedje / Angela Dyck / Quentin Mackie / Alisha Gauvreau / Jenny Cohen: Terminal Pleistocene epoch human footprints from the Pacific coast of Canada, in: PLOS ONE, 28. März 2018: https://doi.org/10.1371/journal.pone.0193522.

12 Wissenschaftlich korrekt werden die Jahresangaben, die auf der Radiokarbondatierung beruhen, mit cal BP angegeben, was für »calibrated years before the present« oder »calendar years before the present« steht. Dabei steht »before present / vor heute« nicht für den aktuellen Zeitpunkt oder das Datum der wissenschaftlichen Untersuchung, sondern für das Jahr 1950. Dieses wird als Basis für die Altersbestimmung genommen, weil sich danach das natürliche Verhältnis der Kohlenstoffisotope in der Atmosphäre durch Kernwaffentests verändert hat. Zudem entsprechen »Kohlenstoffjahre« nicht exakt den Kalenderjahren. Die Daten und das Alter werden auf die Basis 1950 umgerechnet (»kalibriert«).

13 Vgl. Pressemitteilung der Oregon State University vom 30. September 2019: New artifacts suggest people arrived in North America earlier than previously thought: https://www.eurekalert.org/pub_releases/2019-08/osu-nas082619.php; und vgl. Loren Davis et al.: Late Upper Paleolithic occupation at Cooper's Ferry, Idaho, USA, ~16,000 years ago, in: Science 365 (6456), August 2019, S. 891–897.

14 Vgl. Artikel »Did the First Americans Take a Ride on the Kelp Highway?« im Blog von National Geographic: https://blog.education.nationalgeographic.org/2017/11/08/did-the-first-americans-take-a-ride-on-the-kelp-highway/.

15 David Hurst Thomas / Monika Thaler: Die Welt der Indianer – Geschichte, Kunst, Kultur von den Anfängen bis zur Gegenwart, München 1994, S. 35 (Original: The Native Americans, Atlanta 1993). Zu den umstrittenen Forschungen gehört die des US-amerikanischen Archäologen Frank Hibben, die in den 1940er Jahren Aufsehen erregte. Er wollte anhand von Untersuchungen der Bodenschichten und der Entdeckung von Speerspitzen in der Sandia-Höhle in New Mexico ermittelt haben, dass bereits vor 25 000 Jahren Menschen in dieser Höhle lebten, der sogenannte Sandia-Mensch. Dies steht jedoch allen Forschungen entgegen, die die ersten Ansiedlungen auf die Zeit vor rund 13 000 Jahren legen.

16 ICOMOS Advisory Body Ecaluation: Writing-on Stone/Áísínai'pi (Canada), Dokument No 1597, S. 229.

17 Zitiert nach: Presseerklärung der kanadischen Nationalparkbehörde Parks Canada anlässlich der Aufnahme von »Writing on Stone« in die Liste der Welterbe vom 6. Juli 2019: https://www.canada.ca/en/parks-canada/news/2019/07/the-government-of-canada-celebrates-writing-on-stone--aisinaipi-as-canadas-newest-world-heritage-site.html.

18 Der »Inuit Circumpolar Council«, die Interessenvertretung der Inuit in den USA, in Kanada, Grönland und der russischen Tschuktschen-Region, rief in einer von seinem Executive Council am 29. September 2010 in Nuuk / Grönland verabschiedeten Resolution die Wissenschaft auf, in ihren Publikationen nicht mehr von »Paläo-Eskimo«, sondern von »Paläo-Inuit« zu sprechen, weil die Bezeichnung »Eskimo« kein Begriff aus der Inuit-Sprache sei.

19 Siehe dazu Maanasa Raghavan et al.: The Genetic Prehistory of the New World Arctic, in: Science 345 (6200), 29. August 2014: https://science.sciencemag.org/content/345/6200/1255832.

20 Vgl. Artikel »Native American«, Kapitel »Native American culture areas« in Enyclopedia Britannica: www.britannica.com/topic/Native-American.

21 Vgl. Artikel»Native American«, Kapitel »North America and Europe circa 1492 – The population of Native America« in Enyclopedia Britannica: www.britannica.com/topic/Native-American.

22 Vgl. dazu Charles Mann: 1491, in: The Atlantic, März 2002: https://www.theatlantic.com/magazine/archive/2002/03/1491/302445/.

23 Vgl. David Henige: Numbers from Nowhere: The American Indian Contact Population Debate, Norman 1998.

24 Vgl. Charles Mann: 1491.

Verbündete und Gegner. Die indianischen Völker vor der Staatsgründung Kanadas 1867

1 Siehe dazu Udo Sautter: Geschichte Kanadas: Von der europäischen Entdeckung bis zur Gegenwart, München 1992, S. 21–25.

2 Vgl. Brigitta Linderoth Wallace: Westward Vikings. The Saga of L'Anse aux Meadows, St. John's 2006, S. 87.

3 Vgl. Artikel »John Cabot« in Encyclopedia Britannica: https://www.britannica.com/biography/John-Cabot.

4 Vgl. Artikel »Pilgrim Fathers« in Encyclopedia Britannica: https://www.britannica.com/topic/Pilgrim-Fathers.

5 Vgl. Minister of Supply and Services Canada: People to People, S. 8.

6 Ebenda, S. 4 f.

7 Ebenda, S. 9 f. Zum Gürtel vgl. Website der Onondaga Nation: https://www.onondaganation.org/culture/wampum/two-row-wampum-belt-guswenta/.

8 National Chief Perry Bellegarde bei der Eröffnung der Assembly of First Nations 2019 Special Assembly, Ottawa, 3. Dezember 2019: https://www.afn.ca/wp-content/uploads/2019/12/National-Chief-Opening-Remarks-SCA-2019_FeP.pdf.

9 In der Popmusik fand diese Tragödie Niederschlag in dem Lied »Indian Reservation« von Paul Revere & The Raiders (https://www.youtube.com/watch?v=NPcuNC-L5bc). Darin heißt es: »They took the whole Cherokee Nation. Put us on this reservation. Took away our ways of life. The tomahawk and the bow and knife. Took away our native tongue And taught their English to our young.«

10 Die Tuscarora hatten nach ihrem Beitritt zur Konföderation 1772 einen Sonderstatus. Sie trugen ihre Anliegen in der Konföderation durch die Cayuga vor. Daher ist in Texten über die Haudenosaunee auch nach dem Beitritt der Tuscarora oft weiter von »Fünf Nationen« die Rede.

11 Vgl. Artikel »Haudenosaunee (Iroquois)« in The Canadian Enzyclopedia: https://www.thecanadianencyclopedia.ca/en/article/iroquois.

12 Vgl. Artikel »Hiawatha« in The Canadian Enzyclopedia: https://thecanadianencyclopedia.ca/en/article/Hiawatha.

13 Siehe dazu die Darstellung in Claus Biegert: Seit 200 Jahren ohne Verfassung, Reinbek 1976, S. 10.

14 The Canadian Encyclopedia spricht in ihrem Kapitel »First Nations and Métis Peoples in the War of 1812« (vgl. https://www.thecanadianencyclopedia.ca/en/article/first-nations-in-the-war-of-1812) von »branches«, also Zweigen der Konföderation, die sich auf die Seite der USA schlugen, ohne diese aber näher zu bezeichnen.

15 Angesichts der Schlagkraft der indianischen Kämpfer schlug der britische Militärkommandant General Jeffery Amherst im Sommer 1773

vor, mit Pocken infizierte Decken an die Indianer zu schicken, um sie zu schwächen und sie auszurotten. Vgl. Artikel »Jeffery Amherst, 1st Baron Amherst« in The Canadian Encyclopedia: https://thecanadianencyclopedia.ca/en/article/jeffrey-amherst-1st-baron-amherst.

16 Die entscheidenden Stellen der Proklamation lauten: »And whereas it is just and reasonable, and essential to our Interest, and the Security of our Colonies, that the several Nations or Tribes of Indians with whom We are connected, and who live under our Protection, should not be molested or disturbed in the Possession of such Parts of Our Dominions and Territories as, not having been ceded to or purchased by Us, are reserved to them. or any of them, as their Hunting Grounds. […] if at any Time any of the Said Indians should be inclined to dispose of the said Lands, the same shall be Purchased only for Us, in our Name, at some public Meeting or Assembly of the said Indians, to be held for that Purpose by the Governor or Commander in Chief of our Colony respectively within which they shall lie […].« Zitiert nach: https://www.sfu.ca/~palys/The%20Royal%20Proclamation.pdf.

17 Vgl. The Truth and Reconciliation Commission of Canada (Hg.): Honouring the Truth, S. 196.

18 Leslie MacKinnon: Royal Proclamation of 1763, Canada's »Indian Magna Carta,« turns 250, CBC News, 6. Oktober 2013: https://www.cbc.ca/news/politics/royal-proclamation-of-1763-canada-s-indian-magna-carta-turns-250-1.1927667.

19 Vgl. Minister of Supply and Services Canada: People to People, S. 10.

20 Vgl. Artikel »American Revolution« in The Canadian Encyclopedia: https://www.thecanadianencyclopedia.ca/en/article/american-revolution; und Udo Sautter: Geschichte Kanadas.

21 Vgl. Artikel »First Nations and Métis Peoples in the War of 1812« in The Canadian Encyclopedia: https://www.thecanadianencyclopedia.ca/en/article/first-nations-in-the-war-of-1812.

22 Vgl. Website der Delaware-Nation: http://delawarenation.on.ca/about/.

23 Vgl. Artikel »War of 1812« in The Canadian Encyclopedia: https://www.thecanadianencyclopedia.ca/en/article/war-of-1812.

24 Siehe dazu die Darstellung auf der Website des früheren Ministeriums

Aboriginal Affairs and Northern Development Canada: https://www.rcaanc-cirnac.gc.ca/eng/1360941656761/1544619778887#uc.

25 Nach einer rechtlichen Untersuchung der Vorgänge von 1864 entschuldigten sich 1993 und 2014 der Justizminister British Columbias und die Regierung der Provinz für die Hinrichtung der Chiefs. 2018 sprach dann die Bundesregierung die sechs Chiefs posthum von jeglicher Schuld frei. »Ohne irgendeinen Vorbehalt« würden sie vom Vorwurf eines Verbrechens oder Fehlverhaltens freigesprochen, sagte Premierminister Justin Trudeau im Parlament in Ottawa. Sie hätten die Rechte ihres Volkes am eigenen Land verteidigt. Im Herbst 2018 reiste Trudeau dann in das Territorium der Tsilhqot'in und sprach die Entschuldigung dort nochmals aus.

26 Vgl. Minister of Supply and Services Canada: People to People, S. 14.

Eine Nation am Nass River. »Modern Treaties« und das Ringen um Landrechte

1 Benannt nach dem kanadischen Biologen Frank Kermode. Vgl. Artikel »Animal Facts: Kermode bear« in Canadian Geographic: https://www.canadiangeographic.ca/article/animal-facts-kermode-bear.

2 Informationen zur Regierungsstruktur bietet die Website der Nisga'a-Nation: http://www.nisgaanation.ca/government. Die Dörfer der Nisga'a werden von Gemeinderäten geführt, deren Vorsitzender der Chief Councillor, der Chief ist. Dem Parlament gehören die Gemeinderäte der vier Dörfer und Vertreter der Nisga'a in Terrace, Prince Rupert und Vancouver an, ferner vier von allen Nisga'a gewählte »Officer«. Einer der »Officer« ist der Präsident oder die Präsidentin. Die Exekutive wird von einem elfköpfigen Exekutivrat geleitet, dem ebenfalls die vier Chief Councillors der Gemeinden und drei Vertreter der Nisga'a in Terrace, Prince Rupert und Vancouver angehören.

3 Für Vertrag und Zusatzdokumente siehe die Website der Regierung der Nisga'a-Nation Nisga'a Lisims Government: https://www.nisgaanation.ca/treaty-documents; https://www.nisgaanation.ca/sites/default/files/Nisga%27a%20Final%20Agreement%20-%20Effective%20Date.PDF.

4 Als »modern treaties« werden die Verträge zwischen indigenen Völkern und der Bundes- und den Provinzregierungen seit Mitte der

1970er Jahre bezeichnet. Die Bezeichnung »modern« soll den Unterschied zu den »historischen Verträgen« deutlich machen, die vom 18. Jahrhundert bis 1923 zwischen den First Nations und der Krone geschlossen wurden. Ich verwende den englischen Begriff »modern treaties« oder als deutsche Übersetzung »moderne Verträge«.

5 Alle Zitate von Eva Clayton stammen aus meinen Gesprächen mit ihr am 24. und 25. September 2019 in Gitlaxt'aamiks.

6 Wenn im Folgenden von Dollar die Rede ist, ist stets der kanadische Dollar gemeint.

7 Das Dokument »The White Paper« ist einsehbar unter: http://nctr.ca/assets/reports/Historical%20Reports/1969%20The%20White%20Paper.pdf; vgl. Artikel »The White Paper, 1969« in The Canadian Encyclopedia: https://www.thecanadianencyclopedia.ca/en/article/the-white-paper-1969.

8 Tagebuchnotiz vom 4. August 1978: »How to get rid of the Indians.« »How to make Indians brown White Men.«

9 Vgl. Präsentation von Dave Joe, Jurist und Angehöriger des Wolf-Klans der Champagne and Aishinik First Nations, auf der Konferenz der »Land Claims Agreements Coalition« im Februar 2020 in Gatineau bei Ottawa; sowie Council of Yukon First Nations: https://www.cyfn.ca/wp-content/uploads/2013/10/together_today_for_our_children_tomorrow.pdf.

10 Vgl. Artikel »Delgamuukw« in The Canadian Encyclopedia: https://www.thecanadianencyclopedia.ca/en/article/delgamuukw-case; vgl. Urteil des Supreme Court of Canada: https://scc-csc.lexum.com/scc-csc/scc-csc/en/item/1569/index.do.

11 Vgl. Urteil Haida-Nation gegen British Columbia: https://scc-csc.lexum.com/scc-csc/scc-csc/en/item/2189/index.do.

12 Vgl. Artikel »Tsilhqot'in (Chilcotin)« in The Canadian Encyclopedia: https://www.thecanadianencyclopedia.ca/en/article/chilcotin-tsilhqotin; vgl. Robin M. Junger, Joan M. Young, Brent Ryan: Supreme Court declares Aboriginal title in Tsilhqot'in Nation v. British Columbia, McMillan.ca, Juni 2014: https://www.mcmillan.ca/Supreme-Court-declares-Aboriginal-title-in-Tsilhqotin-Nation-v-British-Columbia.

13 Eva Clayton/Aluki Kotierk: Message from the Land Claims Agree-

ments Coalition Co-Chairs, Northern Public Affairs, Dezember 2019: https://www.northernpublicaffairs.ca/index/volume-6-special-issue-2-special-issue-on-modern-treaty-implementation-research/message-from-the-land-claims-agreements-coalition-co-chairs/.

14 Dazu und zu den Verträgen für die kanadische Arktis: Gerd Braune: Die Arktis. Porträt einer Weltregion, Berlin 2016, S. 67–73.

15 In chronologischer Reihenfolge wurden das »Inuvialuit Final Agreement« (1984), das »Nunavut Land Claims Agreement« (1993), das »Labrador Inuit Land Claims Agreement« über die Inuit-Region Nunatsiavut (2005) und das »Nunavik Inuit Land Claims Agreement« für den Norden Québecs (2008) ausgehandelt.

16 Vgl. Chris Bolster: Tla'amin Nation celebrates new era of self-governance, Coast Reporter, Powell River, 7. April 2016: https://www.coastreporter.net/news/local-news/tla-amin-nation-celebrates-new-era-of-self-governance-1.2226311.

17 Vgl. Carolyn Bennett: Minister's message, in: Implementation of modern treaties and self-government agreements: https://www.rcaanc-cirnac.gc.ca/eng/1573225148041/1573225175098#chp1.Bennett ist Ministerin für »Crown-Indigenous Relations and Northern Affairs Canada«.

Missverständisse und Täuschung. »Numbered treaties«, die Besiedlung des Westens und kolonialistische Gesetze

1 Vgl. Artikel »Norman Wells« in The Canadian Encyclopedia: https://www.thecanadianencyclopedia.ca/article/norman-wells.

2 Ethel Blondin-Andrew erhielt 2019 den »Life Time Achievement Award« des kanadischen Nachrichtenmagazins Maclean's. Aus diesem Anlass veröffentlichte das Magazin am 4. Dezember 2019 einen Bericht über die Politikerin: https://www.macleans.ca/politics/ottawa/from-residential-school-runaway-to-trailblazing-mp/.

3 Vgl. Bericht des Senats von Kanada: How did we get here? A concise, unvarnished account of the history of the relationship between indigenous peoples and Canada, April 2019: https://sencanada.ca/content/sen/committee/421/APPA/Reports/APPAReport-Phase1_WEB_e.pdf.

4 Vgl. Artikel »Rupert's Land« in The Canadian Encyclopedia: https://www.thecanadianencyclopedia.ca/en/article/ruperts-land.

5 Vgl. Artikel »Northwest Territories« in The Canadian Encyclopedia: https://www.thecanadianencyclopedia.ca/en/article/northwest-territories.

6 Vgl. Artikel »Numbered Treaties (1871–1921)« auf der Website der kanadischen Regierung: https://www.rcaanc-cirnac.gc.ca/eng/1360948213124/1544620003549.

7 Vgl. Artikel: »A History of Treaty-Making in Canada« auf der Website der kanadischen Regierung: https://www.rcaanc-cirnac.gc.ca/eng/1314977704533/1544620451420.

8 Reihenfolge und Gegenstand der Verträge: Treaty 1 und 2, 1871, Manitoba; Treaty 3, 1873, Nordwest-Ontario/Manitoba; Treaty 4, 1874, Saskatchewan; Treaty 5, 1875, Manitoba, Saskatchewan, Ontario; Treaty 6, 1876, Alberta, Saskatchewan; Treaty 7, 1877, Süd-Alberta; Treaty 8, 1899, Teile der Nordwest-Territorien, British Columbias, Albertas und Saskatchewans; Treaty 9, 1905, James Bay, Nord-Ontario; Treaty 10, 1906, Saskatchewan, Alberta; Treaty 11, 1921, Nordwest-Territorien, Yukon, Nunavut.

9 So ein Hinweis auf der Regierungswebsite im Artikel »A History of Treaty-Making in Canada«: https://www.rcaanc-cirnac.gc.ca/eng/1314977704533/1544620451420.

10 Vgl. ebenda.

11 Zur Geschichte der CPR siehe auf der Website des Unternehmens »Our History«: https://cpconnectingcanada.ca/our-history/.

12 Vgl. Artikel »Numbered Treaties« in The Canadian Enyclopedia: https://www.thecanadianencyclopedia.ca/en/article/numbered-treaties.

13 Vgl. Artikel »Treaty 7« in The Canadian Encyclopedia: https://www.thecanadianencyclopedia.ca/en/article/treaty-7.

14 Vgl. Bericht des Senats von Kanada: How did we get here?, S. 16.

15 Vgl. Specific Claims Tribunal Canada: 2018–2019 Annual Report, S. 9: https://www.sct-trp.ca/pdf/ST223-SCT_AR_2019_Eng_Sept_24.pdf.

16 Vgl. Infografik »Historic Treaties and Treaty First Nations in Canada« auf der Website der kanadischen Regierung: https://www.rcaanc-cirnac.gc.ca/eng/1380223988016/1544125243779.

17 John Alexander Macdonald, Kanadas erster Premierminister, von 1867 bis 1873 und von 1878 bis 1891.

18 Vgl. Artikel »Treaties 1 and 2« in The Canadian Ecyclopedia: https://www.thecanadianencyclopedia.ca/en/article/treaties-1-and-2.

19 Zu den Zahlen vgl. Statistics Canada: Aboriginal Profiles: https://www150.statcan.gc.ca/n1/pub/92-195-x/2011001/geo/csd-sdr/def-eng.htm.

20 Vgl. Minister of Supply and Services Canada: People to People, S. 33.

21 Die Texte der »numbered treaties« sind nachzulesen unter: https://www.aadnc-aandc.gc.ca/DAM/DAM-INTER-HQ/STAGING/texte-text/a69c6_1100100010205_eng.pdf.

22 Vgl. Bericht des Senats von Kanada: How did we get here?, S. 19.

23 Erst 1985 unternahm die kanadische Regierung mit dem Gesetz C-31 erste Schritte, diese Ungerechtigkeit zu beseitigen. Das Gesetz ermöglichte es indigenen Frauen, für sich und ihre Kinder wieder den Status als »Indian« zu erhalten, den sie unter den früheren Regelungen verloren hatten. Vgl. Minister of Supply and Services Canada: People to People, S. 100 f.

24 Siehe dazu Ken Coates: The Indian Act and the Future of Aboriginal Governance in Canada, hrsg. v. National Centre for First Nations Governance, 2008: http://www.fngovernance.org/ncfng_research/coates.pdf.

25 Zitiert nach: The Truth and Reconciliation Commission of Canada (Hg.): Honouring the Truth, S. 54: […] Scott said that «our object is to continue until there is not a single Indian in Canada that has not been absorbed into the body politic, and there is no Indian question, and no Indian Department that is the whole object of this Bill«.

26 Vgl. Minister of Supply and Services Canada: People to People, S. 14.

27 Vgl. Artikel »Potlatch« in The Canadian Enyclopedia: https://www.thecanadianencyclopedia.ca/en/article/potlatch.

28 Vgl. Ken Coates: The Indian Act, S. 4.

29 Initiiert wurde das Verfahren vom Métis-Politiker Harry Daniels. Daniels starb 2004, lange bevor der Supreme Court seine Entscheidung fällte. Das Urteil ist einsehbar unter: https://scc-csc.lexum.com/scc-csc/scc-csc/en/item/15858/index.do.

30 Analyse des Urteils im »Newsletter« des »Métis National Council«, Mai 2016: https://www.metisnation.ca/wp-content/uploads/2016/05/Newsletter-May-2016.pdf.

31 So formulierte es auch Carolyn Bennett, Ministerin für Crown-Indigenous Relations and Northern Affairs, auf der AFN-Versammlung in Fredericton, Juli 2019.

Dunkle Seiten Kanadas. Residential Schools und die Entschuldigungen kanadischer Regierungen

1 Website des Saskatchewan Indigenous Cultural Centre: https://sicc.sk.ca/sicc-history/.

2 Die Aussagen beruhen auf meinen Tagebuchnotizen vom 20. August 1982.

3 Originalzitat: «The Government of Canada acknowledges the role it played in the development and administration of these schools. Particularly to those individuals who experienced the tragedy of sexual and physical abuse at residential schools, and who have carried this burden believing that in some way they must be responsible, we wish to emphasize that what you experienced was not your fault and should never have happened. To those of you who suffered this tragedy at residential schools, we are deeply sorry.«

4 Vgl. Minister of Supply and Services Canada: People to People, S. 15; vgl. The Truth and Reconciliation Commission of Canada (Hg.): Honouring the Truth, S. 50.

5 The Truth and Reconciliation Commission of Canada (Hg.): Honouring the Truth, S. 37.

6 Vgl. Pressedossier der Ausstellung: https://www.musee-mccord.qc.ca/app/uploads/2019/02/shame-and-prejudice_a-story-of-resilience-1.pdf.

7 Originalzitat: »When the school is on the reserve the child lives with its parents, who are savages, and though he may learn to read and write, his habits and training mode of thought are Indian. He is simply a savage who can read and write.« Zitiert nach Indigenous Corporate Training: 10 quotes John A. Macdonald made about First Nations, 2016: https://www.ictinc.ca/blog/10-quotes-john-a.-macdonald-made-about-first-nations.

8 Als »Langevin Block« war bis 2017 das Gebäude gegenüber dem Parlament in Ottawa bekannt, in dem ein Teil des Premierministerbüros und der Privy Council residieren. Premierminister Justin Trudeau ver-

fügte am »National Indigenous Peoples Day« am 21. Juni 2017, unmittelbar vor dem 150. Jahrestag der Gründung Kanadas, im Geiste der Reconciliation das Gebäude nicht mehr nach Langevin zu benennen.

9 Scott wurde nach seinem Tod 1947 in Ottawa beigesetzt. Die Bewertung seines Lebenswerks hat sich mittlerweile geändert. Die Plakette an seinem Grab wurde ergänzt und enthält nun den Hinweis, dass Scott für die Residential Schools verantwortlich war und sein Ziel die Beseitigung des »Indianerproblems« war.

10 Originalzitat des Ministers für »Indian Affairs«, Frank Oliver, im Jahr 1908: »elevate the Indian from his condition of savagery«, zitiert nach: Royal Commission on Aboriginal Peoples, Volume 1, Looking Forward Looking Back, S. 309: https://www.bac-lac.gc.ca/eng/discover/aboriginal-heritage/royal-commission-aboriginal-peoples/Pages/final-report.aspx.

11 Gord Downie erlag am 17. Oktober 2017, ein Jahr nach Veröffentlichung des Albums, einem Krebsleiden.

12 Interview ausgestrahlt am 30. Oktober 1990. Das Interview ist im CBC-Archiv vorhanden: https://www.cbc.ca/archives/entry/phil-fontaines-shocking-testimony-of-sexual-abuse.

13 Originalzitat: »These testimonies opened the floodgates of memories, and they poured out before the public.« Zitiert nach Royal Commission on Aboriginal Peoples, Volume 1, Looking Forward Looking Back, S. 360.

14 Vgl. ebenda, S. 361.

15 Papst Benedikt XVI. verurteilte im April 2009 in einer Privataudienz gegenüber National Chief Phil Fontaine den Missbrauch von Kindern in den Residential Schools und drückte seinen »Schmerz über die Leiden« der Kinder aus.

16 Wortlaut der Entschuldigung einsehbar unter: https://www.thecanadianencyclopedia.ca/en/article/government-apology-to-former-students-of-indian-residential-schools.

17 Marguerite Wabano starb am 13. November 2015 im Alter von 111 Jahren. Zitiert nach: Christopher Herodier: Oldest known survivor of residential school dies at age 111, CBC, 16. November 2015: https://www.cbc.ca/news/indigenous/oldest-survivor-residential-school-dies-age-111-1.3320060.

18 Das Zitat, man müsse »den Indianer im Kind töten«, wird vermutlich zu Unrecht dem stellvertretenden Minister für Indian Affairs Duncan Campbell Scott zugeschrieben. Aber er verwendete 1920 die ähnlich schlimmen Worte vom »Indianerproblem«, das Kanada loswerden solle.

19 Originalzitat aus der Rede von Premierminister Stephen Harper: »The Government of Canada sincerely apologizes and asks the forgiveness of the aboriginal peoples of this country for failing them so profoundly. We are sorry.«

20 Die Transkripte der Reden von Phil Fontaine (https://www.rcaanc-cirnac.gc.ca/eng/1100100015697/1571589725919) und Mary Simon (https://www.rcaanc-cirnac.gc.ca/eng/1100100015707/1571590053915) sowie weiterer First-Nations-Vertreter finden sich auf der Website der kanadischen Regierung.

21 Vgl. Sinclairs Profil auf der Website des Senate of Canada: https://sencanada.ca/en/senators/sinclair-murray/.

22 The Truth and Reconciliation Commission of Canada (Hg.): Honouring the Truth, S. 1 und S. 54 f.

23 »Restaurative Justiz« oder »restorative justice« ist eine Alternative oder Ergänzung zu herkömmlichen Strafverfahren, bei der Opfer und Täter oder sogar die ganze Gemeinde zusammenkommen, um damit Verständigung und Heilung zu fördern. Sie spiegelt sich unter anderem im »Täter-Opfer-Ausgleich« wider, der Bestandteil des deutschen Justizsystems ist.

24 Vgl. Assembly of First Nations (Hg.): Honouring Promises, Ottawa 2019, S. 11: https://www.afn.ca/wp-content/uploads/2019/09/Honouring-Promises_ENG_Rev.pdf.

25 Das Originalzitat: »Today, I humbly stand before you to offer a long overdue apology to the former students of the Lockwood School in Cartwright, the Makkovik Boarding School, the Nain Boarding School, the St. Anthony Orphanage and Boarding School and the Yale School in Newfoundland and Labrador on behalf of the Government of Canada and all Canadians.« Zitiert nach dem Redemanuskript auf der Website des Premierministers: https://pm.gc.ca/en/news/speeches/2017/11/24/remarks-prime-minister-justin-trudeau-apologize-behalf-government-canada.

26 Originalzitat: »We were called ›savages‹.« Zitiert nach: Indianday schools.com: https://indiandayschools.com/en/about/plaintiffs/.

27 Vgl. Presseerklärung »Federal Court approves Federal Indian Day Schools settlement« von Ministerin Carolyn Bennett auf der Website der kanadischen Regierung: https://www.canada.ca/en/crown-indigenous-relations-northern-affairs/news/2019/08/federal-court-approves-federal-indian-day-schools-settlement.html.

28 Vgl. National Collaborating Centre for Aboriginal Health (Hg.): Indigenous Children and the Child Welfare System in Canada, Prince George 2017: https://www.nccih.ca/docs/health/FS-ChildWelfareCanada-EN.pdf.

29 Mehr Informationen über die NGO für Soziale Entwicklung auf ihrer Website: https://www.ccsd.ca/index.php/about.

30 Vgl. Angaben zum »Sixties Scoop« auf der Website der kanadischen Regierung: https://www.rcaanc-cirnac.gc.ca/eng/1517425414802/1559830290668.

31 Vgl. Artikel »Sixties Scoop« in The Canadian Encyclopedia: https://www.thecanadianencyclopedia.ca/en/article/sixties-scoop.

32 Vgl. die Angaben der kanadischen Regierung unter: https://www.sac-isc.gc.ca/eng/1541187352297/1541187392851.

33 Vgl. Presseerklärung der AFN vom 22. Februar 2013: https://www.afn.ca/assembly-of-first-nations-national-chief-to-appear-at-canadian-human-r/.

34 Zitiert nach Lauren Krugel: Child welfare system is the new residential school ›monster‹, senator says, Theglobeandmail.com, 26. Oktober 2018: https://www.theglobeandmail.com/canada/article-residential-school-monster-now-lives-in-child-welfare-system-2/.

35 Vgl. Wendy Stueck: BC ends controversial birth alert system, Theglobeandmail.com, 16. September 2019: https://www.theglobeandmail.com/canada/british-columbia/article-bc-ends-controversial-birth-alert-system-that-affected-indigenous/, und Mary Malebranche: Birth Alerts are discriminatory and need to stop, Todaysparent.com, 2. Oktober 2019: https://www.todaysparent.com/family/family-life/birth-alerts-canada-discriminatory-need-to-stop/, und Melissa Ridgen: Province of Manitoba to end birth alerts, Aptnnews.ca, 30. Januar 2020: https://aptnnews.ca/2020/01/30/province-of-manitoba-to-end-birth-alerts/.

36 Zitiert nach dem Redemanuskript auf der Website der kanadischen Regierung: https://www.canada.ca/en/indigenous-services-canada/news/2018/12/minister-philpott--cfs-legislation-announcement.html; vgl. auch Justin Brake: ›No more scooping children‹: Canada, Indigenous leaders announce plan to co-develop child welfare legislation, Aptnnews.ca, 30. November 2018: https://aptnnews.ca/2018/11/30/no-more-scooping-children-canada-indigenous-leaders-announce-plan-to-co-develop-child-welfare-legislation/.

37 »Jordan's Principle« trägt diesen Namen in Erinnerung an Jordan River Anderson, einem Jungen der Norway House Cree Nation in Manitoba. Er wurde am 22. Oktober 1999 mit einer schweren Muskelerkrankung in einem Krankenhaus in Winnipeg geboren. Weil sich die Provinz Manitoba und die Bundesregierung nicht einigen konnten, wer für die häusliche Pflege aufkommen muss, blieb er länger als notwendig im Hospital. Er starb im Alter von fünf Jahren, ohne in seine Gemeinde zurückgekehrt zu sein. Vgl. Assembly of First Nations (Hg.): Accessing Jordan's Principle. A Resource for First Nations Parents, Caregivers, Families and Communities, Ottawa 2018: https://www.afn.ca/uploads/Social_Development/Jordan%27s%20Principle%20Handbook%202019_en.pdf; siehe auch Erläuterung des »Jordan's Principle« der »First Nations Child and Family Caring Society« unter: https://fncaringsociety.com/jordans-principle.

38 Vgl. Presseerklärung der AFN vom 23. April 2020: https://www.afn.ca/assembly-of-first-nations-welcomes-canadian-human-rights-tribunal-decision-on-compensation-for-first-nation-children-in-government-care/. Die Gespräche über Entschädigungszahlungen waren bei Redaktionsschluss für dieses Buch noch im Gange.

39 Der Bericht ist einsehbar auf der Website von Amnesty International: https://www.amnesty.ca/our-work/campaigns/no-more-stolen-sisters/resources.

40 Der Bericht spricht durchgehend von 2SLGBTQQIA-Menschen (Two-Spirit, lesbian, gay, bisexual, transgender, queer, questioning, intersex and asexual).

41 Vgl. Gladys Radek: Vanish, in: Reclaiming Power and Place: The Final Report of the National Inquiry into Missing and Murdered Indigenous Women and Girls, Ottawa 2019, S. 17: https://www.

mmiwg-ffada.ca/wp-content/uploads/2019/06/Final_Report_Vol_1a-1.pdf.

42 Reclaiming Power and Place, S. 1 https://www.mmiwg-ffada.ca/wp-content/uploads/2019/06/Supplementary-Report_Genocide.pdf.

43 Vgl. Native Women's Association of Canada: Presseerklärung vom 7. Mai 2020: https://www.nwac.ca/nwac-president-says-covid-19-is-increasing-violence-against-indigenous-women-says-government-must-release-an-action-plan/.

Das lange vergessene Volk. Die Métis – eine Kultur zwischen First Nations und europäischen Einwanderern

1 Jean Teillet: The North-West Is Our Mother: The Story of Louis Riel's People, the Métis Nation, Toronto 2019.

2 Vgl. Artikel »Michif« in The Canadian Encyclopedia: https://www.thecanadianencyclopedia.ca/en/article/michif.

3 So Métis-Präsident Clement Chartier in einer Rede an der McGill University am 25. September 2012, Redemansukript abrufbar unter: https://www.metisnation.ca/wp-content/uploads/2012/06/pdf-web site-final-mcgill-presentation.pdf.

4 Vgl. Teresa Wright: Rift between Metis leaders widens ahead of meetings with premiers, PM, CTWNews.ca, 10. März 2020: https://www.ctvnews.ca/politics/rift-between-metis-leaders-widens-ahead-of-meetings-with-premiers-pm-1.4846137.

5 Jean Teillet: The North-West Is Our Mother, S. 37.

6 Vgl. ebenda, S. 371.

7 Zitiert nach: Indigenous Corporate Training: 10 Quotes John A. Macdonald made about First Nations, 28. Juni 2016: https://www.ictinc.ca/blog/10-quotes-john-a.-macdonald-made-about-first-nations.

8 Vgl. Protokoll des kanadischen Parlaments vom 10. März 1992, abrufbar unter: https://www.lipad.ca/full/1992/03/10/1/.

9 Vgl. Statement von Premierminister Trudeau zum Louis-Riel-Tag 2019, abrufbar auf der Website des kanadischen Premierministers: https://pm.gc.ca/en/news/statements/2019/11/16/statement-prime-minister-louis-riel-day.

10 Ebenda.

11 Erklärung von Ministerin Bennett zum Louis-Riel-Tag 2019, zitiert

nach Newswire.ca: https://www.newswire.ca/news-releases/statement-by-minister-carolyn-bennett-on-louis-riel-day-812406293.html.

12 Artikel »Working together we will achieve reconciliation« auf der Website der Métis Nation of Ontario: http://www.metisnation.org/news-media/news/riel-day-1/.

13 Vgl. Urteil des Supreme Court of Canada: https://scc-csc.lexum.com/scc-csc/scc-csc/en/item/2077/index.do.

14 Métis-Präsident Clement Chartier bei seiner Rede an der McGill University, 25. September 2012.

15 Das Protokoll ist abrufbar unter: https://www.metisnation.ca/wp-content/uploads/2011/02/Metis-Nation-Protocol-Signed.pdf.

16 Siehe dazu die Erläuterungen in Kapitel »Missverständisse und Täuschung« über den »Indian Act« und den Verlust des Status als »Indian«.

17 Initiiert wurde das Verfahren vom Métis-Politiker Harry Daniels. Daniels starb 2004, lange bevor der Supreme Court seine Entscheidung fällte.

18 Vgl. Analyse des Urteils aus Sicht der Métis in »Newsletter« der Métis-Nation, Mai 2016: https://www.metisnation.ca/wp-content/uploads/2016/05/Newsletter-May-2016.pdf.

19 Bekannt wurde das Verfahren als »Powley Case«, vgl. gleichnamiger Artikel in The Canadian Encyclopedia: https://www.thecanadianencyclopedia.ca/en/article/powley-case.

20 Justin Trudeau: Statement by the Prime Minister of Canada on advancing reconciliation with Indigenous Peoples, 15. Dezember 2016, abrufbar auf der Website des kanadischen Premierministers: https://pm.gc.ca/en/news/statements/2016/12/15/statement-prime-minister-canada-advancing-reconciliation-indigenous.

21 Zitiert nach: The Prime Minister of Canada and President of the Métis National Council welcome the Signing of the Canada-Métis Nation Accord, abrufbar auf der Website des kanadischen Premierminsters: https://pm.gc.ca/en/news/news-releases/2017/04/13/prime-minister-canada-and-president-metis-national-council-welcome.

22 Clément Chartier: Indian Residential Schools Statement of Apology, abrufbar auf der Website der kanadischen Regierung: https://www.rcaanc-cirnac.gc.ca/eng/1100100015712/1571590355296.

23 Zitiert nach: Canada and partners start discussions on the Île-à-la-Crosse Boarding School, Pressemitteilung der kanadischen Regierung: https://www.canada.ca/en/crown-indigenous-relations-northern-affairs/news/2019/07/canada-and-partners-start-discussions-on-the-ile-a-la-crosse-boarding-school.html.
24 Vgl. Centre for the Study of Living Standards (Hg.): Benchmarking Métis Economic and Social Development, Ottawa 2015, S. 12: http://www.csls.ca/reports/csls2015-07.pdf.
25 Vgl. Jean Teillet: The North-West Is Our Mother, S. 264 f.

Drei Millionen Quadratkilometer in der Arktis. Inuit Nunangat, die Heimat der Inuit

1 Vgl. Kenn Harper: Thou Shalt Do No Murder: Inuit, Injustice, and the Canadian Arctic, Iqualit 2017.
2 Inuk, Einzahl von Inuit.
3 Vgl. Angela Hill: U of S law program trains new lawyers in Nunavut, Thestarphoenix.com, 4. Februar 2020: https://thestarphoenix.com/news/local-news/u-of-s-law-program-trains-new-lawyers-in-nunavut/.
4 Siehe dazu auch: Gerd Braune: Die Arktis, S. 67–73.
5 John Amagoalik: Changing the Face of Canada, Iqualit 2007, S. 60.
6 Von den 65 000 Inuit Kanadas leben etwa 47 000 in Inuit Nunangat, knapp 18 000 in anderen Gegenden Kanadas. Größere Inuit-Gemeinden gibt es in den Städten Ottawa, Gatineau, Montreal und Edmonton. Inuit Nunangat hat eine Bevölkerung von 56 500 Menschen, da neben den Inuit auch Angehörige von First Nations, Métis und rund 7500 Nichtindigene in diesem Gebiet leben. Siehe dazu Statistics Canada: Inuit Population by Residence inside or outside Inuit Nunangat, 2016: https://www150.statcan.gc.ca/n1/daily-quotidien/171025/mc-a001-eng.htm.
7 Das Abkommen wurde später durch weitere Verträge ergänzt: 1978 wurde das »Northeastern Québec Agreement« geschlossen, mit dem die Naskapi First Nation dem »James Bay and Northern Québec Agreement« beitrat. 2008 trat das »Nunavik Inuit Land Claims Agreement« in Kraft, das vor allem die Nutzung von Inseln in der Ungava-Bucht und der Hudson-Straße regelt.

8 Das »Nunavut Land Claims Agreement« ist einzusehen unter: https://www.gov.nu.ca/sites/default/files/Nunavut_Land_Claims_Agreement.pdf.

9 Gespräch mit John Amagoalik auf der Konferenz der »Land Claims Agreements Coalition« im Februar 2020 in Gatineau.

10 Siehe dazu das Kapitel »Soziale Ungleichheiten«.

11 John Duncan: Apology for the Inuit High Arctic relocation, 8. August 2010, Redemanuskript abrufbar auf der Website der kanadischen Regierung: https://www.rcaanc-cirnac.gc.ca/eng/1100100016115/1534786491628.

12 Vgl. Qikiqtani Inuit Association (Hg.): Qikiqtani Truth Commission: Thematic Reports and Special Studies 1950–1975. QTC Final Report: Achieving Saimaqatigiingniq, Iqualit 2014: https://www.qtcommission.ca/sites/default/files/public/thematic_reports/thematic_reports_english_final_report.pdf.

13 Vgl. ebenda, S. 38.

14 Siehe dazu Torsten Diesel: »7 People and a Mayor«: Westernized Communities, Social Change and Violence among the Inuit of Nunavut, Inauguraldissertation, Johann Wolfgang Goethe-Universität, Frankfurt am Main 2019, S. 262–265.

15 John Amagoalik: Changing the Face of Canada, S. 56 f.

16 Die Angaben entstammen der Erhebung von 2016 durch Statistics Canada: https://www12.statcan.gc.ca/census-recensement/2016/dp-pd/prof/details/page.cfm?Lang=E&Geo1=PR&Code1=62&Geo2=PR&Code2=01&SearchText=Nunavut&SearchType=Begins&SearchPR=01&B1=All&TABID=1&type=1

17 Das Video ist bei Facebook abrufbar: https://www.facebook.com/CBCnunavut/videos/1000025976798667/.

18 Die Zahlen dazu finden sich auf Suicideinfo.ca: https://www.suicideinfo.ca/resource/indigenous-suicide-prevention/ sowie bei Statistics Canada:https://www150.statcan.gc.ca/n1/pub/99-011-x/99-011-x2019001-eng.htm.

19 Inuit Tapiriit Kanatami (Hg.): Inuit Statistical Profile 2018, Ottawa 2018, S. 18: https://www.itk.ca/wp-content/uploads/2018/08/Inuit-Statistical-Profile.pdf.

20 Zitiert nach einem CBC-Interview mit Natan Obed am 28. Juli 2016,

abrufbar auf der Website von »Inuit Tapiriit Kanatami«: https://www.itk.ca/segment-power-politics-nisps/.

21 Die Erklärung ist einzusehen auf der Website des kanadischen Premierminsters: https://pm.gc.ca/en/news/statements/2017/02/09/inuit-nunangat-declaration-inuit-crown-partnership.

22 Vergleichsdaten liefert das Inuit Statistical Profile 2018: https://www.itk.ca/wp-content/uploads/2018/08/Inuit-Statistical-Profile.pdf.

23 Vgl. Inuit Tapiriit Kanatami (Hg.): Arctic and Northern Policy Framework: Inuit Nunangat, Ottawa 2019: https://www.itk.ca/wp-content/uploads/2019/09/20190925-arctic-and-northern-policy-framework-inuit-nunangat-final-en.pdf und die entsprechende Meldung auf der Website der kanadischen Regierung: https://www.canada.ca/en/crown-indigenous-relations-northern-affairs/news/2019/09/the-government-of-canada-launches-co-developed-arctic-and-northern-policy-framework.html.

24 Siehe dazu das Kapitel »Eine besondere Universität«.

Soziale Ungleichheiten. Das fragile Gesundheitswesen in den abgelegenen indigenen Gemeinden

1 Vgl. Murray Brewster: Manitoba First Nations ask defence minister to set up military hospital, CBC.ca. 31. März 2020: https://www.cbc.ca/news/politics/sajjan-manitoba-military-hospital-1.5515690.

2 Vgl. Erklärung der Assembly of First Nations: Assembly of First Nations Declares State of Emergency on COVID-19 Pandemic, AFN.ca, 24. März 2020: https://www.afn.ca/assembly-of-first-nations-declares-state-of-emergency-on-covid-19-pandemic/.

3 Siehe dazu unter anderem Kenneth Ungermann: The Race to Nome – Alaska's Heroic Race to Save Lives, Sacramento 1993.

4 Alanna Mitchell: The outbreak and its aftermath – The little-known story of the 1918 Spanish Flu and how we're preparing for the next great pandemic, Candian Geographic, 23. August 2018: https://www.canadiangeographic.ca/article/outbreak-and-its-aftermath.

5 Anne Budgell: We All Expected to Die: Spanish Influenza in Labrador, 1918–1919, St. Johns 2018.

6 Der Film ist abrufbar unter: https://www.nfb.ca/film/last_days_of_okak/.

7 Der Herrnhuter Brüdergemeine (»Moravian Church«) sind wir bereits im Kapitel »Verbündete und Gegner« in der Geschichte über Tecumseh und die Delawaren begegnet.

8 Der Zeitungsartikel ist einsehbar im Digitalarchiv der Memorial University of Newfoundland: http://collections.mun.ca/cdm/ref/collection/daily_star/id/15924.

9 Anna Budgell: We All Expected to Die, S. 254.

10 Vgl. Inuit Tapiriit Kanatami (Hg.): Inuit-specific Tuberculosis (TB) Strategy, Ottawa 2013, S. 12 https://www.itk.ca/wp-content/uploads/2013/03/20130503-EN-FINAL-Inuit-TB-Strategy.pdf.

11 Ebenda, S. 13.

12 Vgl. Justin Trudeau: Statement of Apology on Behalf of the Government of Canada to Inuit for the Management of the Tuberculosis Epidemic from the 1940s–1960s, 8. März 2019, Redemanuskript einsehbar auf der Website des kanadischen Premierministers: https://pm.gc.ca/en/news/speeches/2019/03/08/statement-apology-behalf-government-canada-inuit-management-tuberculosis.

13 Ebenda. Originalzitat: »It was colonial and it was misguided. It wronged and harmed Inuit. I know that many of you present this morning were touched by this unjust policy and are still grieving the loss of loved ones.«

14 Die Zahlen entstammen den Angaben aus der Erhebung von 2017, einsehbar auf der Website der kanadischen Regierung: https://www.canada.ca/en/public-health/services/reports-publications/canada-communicable-disease-report-ccdr/monthly-issue/2019-45/issue-2-february-7-2019/article-4-tuberculosis-in-canada.html.

15 Vgl. National Collaboration Centre for Aboriginal Health (Hg.): An Overview of Aboriginal Health in Canada, S. 4: https://www.ccnsa-nccah.ca/docs/context/FS-OverviewAbororiginalHealth-EN.pdf.

16 Vgl. Public Health Ageny of Canada: Key Health Inequalities in Canada. A National Portrait, Ottawa 2018, S. 7: https://www.canada.ca/content/dam/phac-aspc/documents/services/publications/science-research/key-health-inequalities-canada-national-portrait-executive-summary/key_health_inequalities_full_report-eng.pdf.

17 Vgl. Katya Richardson/Michelle Driedger/Nick Pizzi/Jianhong Wu/Seyed Moghadas: Indigenous populations health protection:

A Canadian perspective, in: BMC Public Health 2012; 12: 1098, 20. Dezember 2012: https://www.ncbi.nlm.nih.gov/pmc/articles/PMC3541974/.

18 Vgl. Adrienne Clarkson: Address at the University of Toronto Faculty Association's C. B. Macpherson Lecture, Toronto, 31. März 2004, abrufbar unter: https://archive.gg.ca/media/doc.asp?lang=e&DocID=4158.

19 Rede zur Eröffnung der 2019 Special Chiefs Assembly der Assembly of First Nations, Ottawa, 3. Dezember 2019.

20 Positionspapier »Closing the Gap« abrufbar unter: https://www.afn.ca/uploads/files/closing-the-gap.pdf.

21 Assembly of First Nations (Hg.): Honouring Promises, Ottawa 2019, S. 2.

22 Vgl. National overview of the Community Well-Being index, 1981 to 2016, auf der Website der kanadischen Regierung: https://www.sac-isc.gc.ca/eng/1419864229405/1557324163264.

23 Vgl. Statistics Canada: Life expectancy of First Nations, Métis and Inuit household populations in Canada, Ottawa 2019: https://www150.statcan.gc.ca/n1/pub/82-003-x/2019012/article/00001-eng.pdf, sowie Public Health Agency of Canada (Hg.): Key Health Inequalities in Canada, S. 58–61.

24 Veröffentlicht unter anderem in der Frankfurter Rundschau, 27. Juni 1998: »Heilung in Raten. Die Zerstörung der indianischen Identität und eine neue Hoffnung für Kanadas erste Nationen«.

25 Vgl. Lynden Crowshoe / David Dannenbaum / Michael Green / Rita Henderson / Mariam Naqshbandi Hayward / Ellen Toth: Type 2 Diabetes and Indigenous Peoples, in: Canadian Journal of Diabetes 42 (2018), S. 296–306: https://guidelines.diabetes.ca/docs/cpg/Ch38-Type-2-Diabetes-and-Indigenous-Peoples.pdf.

26 Vgl. Public Health Agency of Canada (Hg.): Key Health Inequalities in Canada, S. 192–196.

27 Vgl. ebenda, S. 231–252.

28 Vgl. Canadian Paediatric Society (Hg.): Tobacco use and misuse among Indigenous children and youth in Canada, 6. Oktober 2017: https://www.cps.ca/en/documents/position/tobacco-aboriginal-people.

29 Vgl. Assembly of First Nations (Hg.): National First Nations Housing Strategy: https://www.afn.ca/uploads/files/housing/afn_national_housing_strategy.pdf.
30 Das Strategiepapier ist einzusehen unter: https://assets.cmhc-schl.gc.ca/sf/project/placetocallhome/pdfs/canada-national-housing-strategy.pdf?rev=97491935-2a97-405f-bd38-decf72266ee9 und https://www.cmhc-schl.gc.ca/en/nhs/guidepage-strategy/priority-areas-for-action.
31 Vgl. Statistics Canada: The housing conditions of Aboriginal people in Canada. Census of Population, 2016, Ottawa 2017: https://www12.statcan.gc.ca/census-recensement/2016/as-sa/98-200-x/2016021/98-200-x2016021-eng.pdf.
32 Vgl. Inuit Tapiriit Kanatami (Hg.): Inuit-specific Tuberculosis (TB) Strategy, S. 16.
33 Vgl. Assembly of First Nations (Hg.): First Nations Health Transformations Summit. Getting the Relationship Right: Health Governance in the Era of Reconciliation. Summit Report: https://www.afn.ca/wp-content/uploads/2019/06/19-01-30-Health-Summit-Report-DRAFT-V4.pdf.
34 Bellegarde bezeichnet dies als »responsive culturally safe health system«, etwa: reaktives und kultursensibles Gesundheitssystem. Ebenda, S. 1.

Der Wein der Osoyoos Indian Band. Unternehmergeist und anhaltende wirtschaftliche Probleme

1 Vgl. Website der Okanagan Nation Alliance: https://www.syilx.org/.
2 Die sieben First Nations sind die Okanagan Indian Band, Upper Nicola Band, Westbank First Nation, Penticton Indian Band, Osoyoos Indian Band sowie die Lower und die Upper Similkameen Indian Bands.
3 Vgl. Karte des traditionellen Okanagan-Territoriums bei Native-land.ca: https://native-land.ca/maps/territories/okanagan/.
4 Siehe Kapitel »Dunkle Seiten Kanadas«.
5 Jake MacDonald: How a B. C. native band went from poverty to prosperity, Theglobeandmail.com, 29. Mai 2014: https://www.theglobeandmail.com/report-on-business/rob-magazine/clarence-louie-feature/article18913980/.

6 Das »National Indigenous Economic Development Board« wurde 1990 als Beratungsgremium der kanadischen Bundesregierung geschaffen. Dem Board gehören Wirtschaftsvertreter der First Nations, Métis und Inuit an. Seit 2013 gibt die Organistion »Progress Reports« heraus, die Zustand und Fortschritte in der Wirtschaft der indigenen Völker Kanadas beschreiben.

7 Vgl. The Truth and Reconciliation Commission of Canada (Hg.): Honouring the Truth, S. 337.

8 Ebenda, S. 305.

9 Angaben wurden dem »Indigenous Economic Progress Report 2019« entnommen, veröffentlicht vom »National Indigenous Economic Development Board/NIEDB«, S. 27–35. Die offizielle Arbeitsmarktstatistik Kanadas gibt für 2019 jeweils etwas höhere Zahlen und einen geringeren Abstand zwischen indigener und nichtindigener Bevölkerung an. Statistics Canada berücksichtigt dabei aber nicht die in Reservationen lebenden First Nations, vgl. Statistics Canada: Labour force characteristics by region and detailed Aboriginal group: https://www150.statcan.gc.ca/t1/tbl1/en/tv.action?pid=1410036501.

10 Die offzielle Arbeitsmarktstatistik, die von Statistics Canada veröffentlicht wird, gibt die Arbeitslosenquote der indigenen Bevölkerung für 2019 mit 10,1 Prozent an, die der nichtindigenen mit 5,7 Prozent.

11 Vgl. Canadian Council for Aboriginal Business (Hg.): Annual Report 2018, Toronto 2018, S. 6: https://www.ccab.com/wp-content/uploads/2016/08/CCAB-AR-REPORT-Final-Pages_MMD.pdf.

12 Siehe dazu Canadian Council for Aboriginal Business (Hg.): Promise and Prosperity. The 2016 Aboriginal Business Survey, Toronto 2016: https://www.ccab.com/wp-content/uploads/2016/10/CCAB-PP-Report-V2-SQ-Pages.pdf.

13 Vgl. Brian DePratto: Aboriginal Business Increasingly Embracing Innovation, Economics.td.com, 19. Juni 2017: https://economics.td.com/aboriginal-businesses-embracing-innovation.

14 Vgl. Indigenous Tourism Association of Canada (Hg.): Accelerating Indigenous Tourism Growth in Canada. Five-Year Strategic Plan Update. 2019–2024, Toronto o. J.: https://indigenoustourism.ca/corporate/wp-content/uploads/2019/03/18-10-Accelerating-Tourism-Growth-Booklet-v7.pdf.

15 Vgl. Schreiben von Chairman Roy Fox an Premierminister Justin Trudeau, 6. April 2020, Indian Resource Council: http://irccanada.ca/press-release/supportforfirstnationoilandgasletter/.
16 Vgl. Kyle Bakx: Oil revenues plunge for many Indigenous communities in Western Canada, CBC.ca, 17. Mai 2020: https://www.cbc.ca/news/business/oil-revenues-plunge-for-many-indigenous-communities-in-western-canada-1.5571477.

Eine besondere Universität. Selbstbestimmung im Bildungswesen

1 Vgl. Eintrag zu »Reconciliation Studies« im Programm der First Nations University unter: http://fnuniv.ca/a-programs.
2 Vgl. Assembly of First Nations (Hg.): First Nations Control of First Nations Education, Ottawa 2010, S. 4: https://www.afn.ca/uploads/files/education/3._2010_july_afn_first_nations_control_of_first_nations_education_final_eng.pdf.
3 Vgl. Jim Bell: Nunavut's Education Department suffers from a people problem, Nunatsiaq.com, 4. Juni 2019: https://nunatsiaq.com/stories/article/nunavuts-education-department-suffers-from-a-people-problem/; ders.: Auditor General: Nunavut won't meet its bilingual education goal, Nunatsiaq.com, 20. November 2013: https://nunatsiaq.com/stories/article/65674auditor_general_nunavut_wont_meet_its_bilingual_education_goal/.
4 Vgl. Chiefs Assembly on Education (Hg.): A Portrait of First Nations and Education, Gatineau 2012: https://www.afn.ca/uploads/files/events/fact_sheet-ccoe-3.pdf.
5 Vgl. Artikel »Quality Education« auf der Website der kanadischen Regierung: https://www.canada.ca/en/indigenous-services-canada/news/2018/01/quality_education.html.
6 Vgl. Assembly of First Nations (Hg.): Honouring Promises, Ottawa 2019.
7 Vgl. Statistics Canada: Education in Canada: Key results from the 2016 Census unter: https://www150.statcan.gc.ca/n1/daily-quotidien/171129/dq171129a-eng.htm und https://www150.statcan.gc.ca/n1/en/daily-quotidien/171129/dq171129a-eng.pdf?st=cWufASyU.
8 Vgl. Statistics Canada: Aboriginal Statistics at a Glance, 2nd Edition,

2015, S. 18f.: https://www150.statcan.gc.ca/n1/pub/89-645-x/89-645-x2015001-eng.htm.

9 So spricht die AFN in ihrem Dokument »Honouring Promises« zur Parlamentswahl 2019 von 44 Prozent der First-Nations-Bevölkerung in Reservationen, die ein Highschool-Diplom haben. Damit sind die First-Nations-Bevölkerung, die nicht in Reservationen lebt, und die Métis in dieser Zahl nicht enthalten.

10 Vgl. Andrew Parkin: International Report Card on Public Education: Key Facts on Canadian Achievement and Equity, Toronto 2015: https://www.environicsinstitute.org/docs/default-source/project-documents/23.-international-report-card-on-public-education-key-facts-on-canadian-achievement-and-equity/final-report.pdf?sfvrsn=b754cb91_2.

11 Assembly of First Nations (Hg.): Honouring Promises, Ottawa 2019, S. 9.

12 Vgl. Website der Initiative der »First Nations Child and Family Caring Society«: https://fncaringsociety.com/shannens-dream.

13 Vgl. Chiefs Assembly on Education (Hg.): A Portrait of First Nations and Education.

14 Vgl. Angaben zu »First Nations Enhanced Education Infrastructure Fund« auf der Website der kanadischen Regierung: https://www.sac-isc.gc.ca/eng/1456150810793/1533641989260.

15 Vgl. Artikel »Quality Education« auf der Website der kanadischen Regierung: https://www.canada.ca/en/indigenous-services-canada/news/2018/01/quality_education.html.

16 Vgl. Website des »International Year of Indigenous Languages« der Vereinten Nationen: https://en.iyil2019.org/.

17 Ein gute Übersicht über die indigenen Sprachen in Kanada und ihren Zustand findet sich auf der Website der Inuit-Organisation »Inuit Tapiriit Kanatami«: https://www.itk.ca/wp-content/uploads/2017/06/TableauFiP_EN.pdf.

18 Vgl. UNESCO Atlas of the World's Languages in Danger: http://www.unesco.org/languages-atlas/index.php?hl=en&page=atlasmap#.

19 Etwa 42 980 Inuit sprechen Inuktut, davon mehr als 40 000 Inuktitut, den regionalen Dialekt der Ost-Arktis, der Rest spricht Inuinnaqtun, Inuvialuktun und Inuttut.

20 Die Einteilung in Sprachfamilien und die Zuordnung einzelner Sprachen zu einer Sprachfamilie variiert häufig. Ich stütze mich auf Klassifizierungen in der Untersuchung von Statistics Canada unter: https://www150.statcan.gc.ca/n1/pub/75-006-x/2018001/article/54981-eng.htm und https://www12.statcan.gc.ca/census-recensement/2016/as-sa/98-200-x/2016022/98-200-x2016022-eng.cfm.

21 Thomas Anderson: Results from the 2016 Census: Aboriginal languages and the role of second-language acquisition, 7. Dezember 2018, einzusehen auf der Website von Statistics Canada: https://www150.statcan.gc.ca/n1/pub/75-006-x/2018001/article/54981-eng.htm#a11.

22 Vgl Website von »The Language Conservancy«: https://languageconservancy.org/languages-we-work-with/.

23 Entwickelt wurde »Rapid Word Collection« von der ebenfalls in den USA ansässigen Organisation »Summer Institute of Linguistics« (https://www.sil.org/about). TLC setzte es erstmals für indianische Sprachen in Nordamerika ein.

24 National Chief Perry Bellegarde: Rede vor den Vereinten Nationen, 17. Dezember 2019, Manuskript abrufbar bei Policymagazine.ca: https://policymagazine.ca/language-is-an-inherent-human-right/.

Die Rückkehr der Zeremonien. Powwow, Künstlergemeinden und die indigene Kultur der Gegenwart

1 Zur Geschichte der Wabanaki-Konföderation siehe Informationen auf der Website des New Brunswick Community College: https://nbcc.ca/indigenous/did-you-know/wabanaki-confederacy.

2 Vgl. Artikel »About National Indigenous Peoples Day« auf der Website der kanadischen Regierung: https://www.rcaanc-cirnac.gc.ca/eng/1100100013718/1534874583157.

3 Vgl. Peter Robb: NAC announces new Department of Indigenous Theatre, Ottawacitizen.com, 24. März 2016: https://ottawacitizen.com/entertainment/local-arts/nac-announces-new-department-of-indigenous-theatre/wcm/8931f64e-542f-4648-b841-97c8d53ab3e0/.

4 Vgl. Website von Artcirq: https://www.artcirq.org/en/who-we-are/our-mission.

5 Mehr über das Werk Unikaaqtuat auf der Website des NAC: https://nac-cna.ca/en/media/newsrelease/25119.

6 Vgl. Artikel »Inuit Games« auf Indigenouspeoplesatlasofcanada.ca: https://indigenouspeoplesatlasofcanada.ca/article/games-and-sports/.

7 Ein bebildertes Interview mit dem Kurator einer Ausstellung von Werken Kenojuak Ashevaks findet sich auf: https://www.westbaffin.com/new-page-4.

8 Vgl. Artikel »Impact of the Inuit Arts economy« auf der Website der kanadischen Regierung: https://www.rcaanc-cirnac.gc.ca/eng/1499360279403/1534786167549#a6.

9 Vgl. Website des Qaggiavuut: https://www.qaggiavuut.ca/en/our-vision.

10 Vgl. Artikel »Cultural Appropriation of Indigenous Peoples in Canada« in The Canadian Encyclopedia: https://www.thecanadianencyclopedia.ca/en/article/cultural-appropriation-of-indigenous-peoples-in-canada.

11 Vgl. Joe O'Connor: Ottawa team gives the axe to TomaHawks after less than 24 hours, Nationalpost.com, 27. Februar 2013: https://nationalpost.com/opinion/joe-oconnor-ottawa-team-gives-the-axe-to-tomahawks-after-less-than-24-hourshttps://nationalpost.com/opinion/joe-oconnor-ottawa-team-gives-the-axe-to-tomahawks-after-less-than-24-hours.

Der schwere Weg zur Reconciliation. Rückschläge und Hürden auf dem Pfad zu respektvollem Miteinander

1 Stellungnahme der Wolastoqey Chiefs, einzusehen unter: http://wnnb.wolastoqey.ca/2020/06/06/statement-from-the-wolastoqey-chiefs-on-the-death-of-chantel-moore/.

2 Vgl. John Van Dusen: Nunavut man in violent arrest video later ›viciously attacked‹ while in police cells, CBC.ca, 4. Juni 2020: https://www.cbc.ca/news/canada/north/trudeau-nunavut-premier-address-violent-rcmp-arrest-1.5598632.

3 Vgl. Meagan Deuling: More than 200 gather in Iqaluit for Black Lives Matter rally, Nunatsiaq.com, 5. Juni 2020: https://nunatsiaq.com/stories/article/100s-gathered-in-iqaluit-for-black-lives-matter-rally/.

4 Zitate von Justin Trudeau und Marc Miller aus den Transkripten ihrer regelmäßigen Pressekonferenzen seit Beginn der Covid-19-Krise, 5. Juni 2020.

5 Stellungnahme des AFN-Women's Council, einzusehen unter: https://www.afn.ca/afn-womens-council-response-to-delay-of-national-action-plan/.

6 National Chief Perry Bellegarde, Eröffnung der Special Assembly der AFN, 3. Dezember 2019: https://www.afn.ca/wp-content/uploads/2019/12/National-Chief-Opening-Remarks-SCA-2019_FeP.pdf.

7 Jamil Malakieh: Adult and Youth correctional statistics in Canada, 2017/2018, 9. Mai 2019, veröffentlicht auf: https://www150.statcan.gc.ca/n1/pub/85-002-x/2019001/article/00010-eng.htm.

8 Vgl. Artikel »Gerald Stanley and Colten Boushie Case« in The Canadian Encyclopedia: https://thecanadianencyclopedia.ca/en/article/gerald-stanley-and-colten-boushie-case.

9 So National Chief Perry Bellegarde auf einer Pressekonferenz in Ottawa am 18. Februar 2020.

10 Vgl. »Canada's Arctic and Northern Policy Framework« auf der Website der kanadischen Regierung: https://www.rcaanc-cirnac.gc.ca/eng/1560523306861/1560523330587.

11 Der Vertrag zwischen Kanada und der Métis-Nation von Ontario ist abrufbar unter: http://www.metisnation.org/media/655331/2019-06-27-metis-government-recognition-and-self-government-agreement.pdf.

12 Presseerklärung zum »National Indigenous History Month«, 1. Juni 2020, auf der Website der kanadischen Regierung: https://www.canada.ca/en/crown-indigenous-relations-northern-affairs/news/2020/06/statement-from-ministers-carolyn-bennett-daniel-vandal--marc-miller-and-steven-guilbeault-on-national-indigenous-history-month-and-indigenous-reads.html.

13 Jody Wilson-Raybould: From Where I Stand. Rebuilding Indigenous Nations for a Stronger Canada, Vancouver 2019, S. 107–112.

Abbildungsnachweis

Grant Callegari / Hakai Institute: 30
Library and Archives Canada: 57 (Lorne K. Smith Collection /Acc. No. 1997-229-1), 96 (Bud Glunz / National Film Board of Canada. Photothèque / PA-134110), 122 (unbekannter Fotograf / e011156648), 157 (Wilfred Doucette / National Film Board of Canada / PA-146648)
Alle anderen Fotos: Gerd Braune

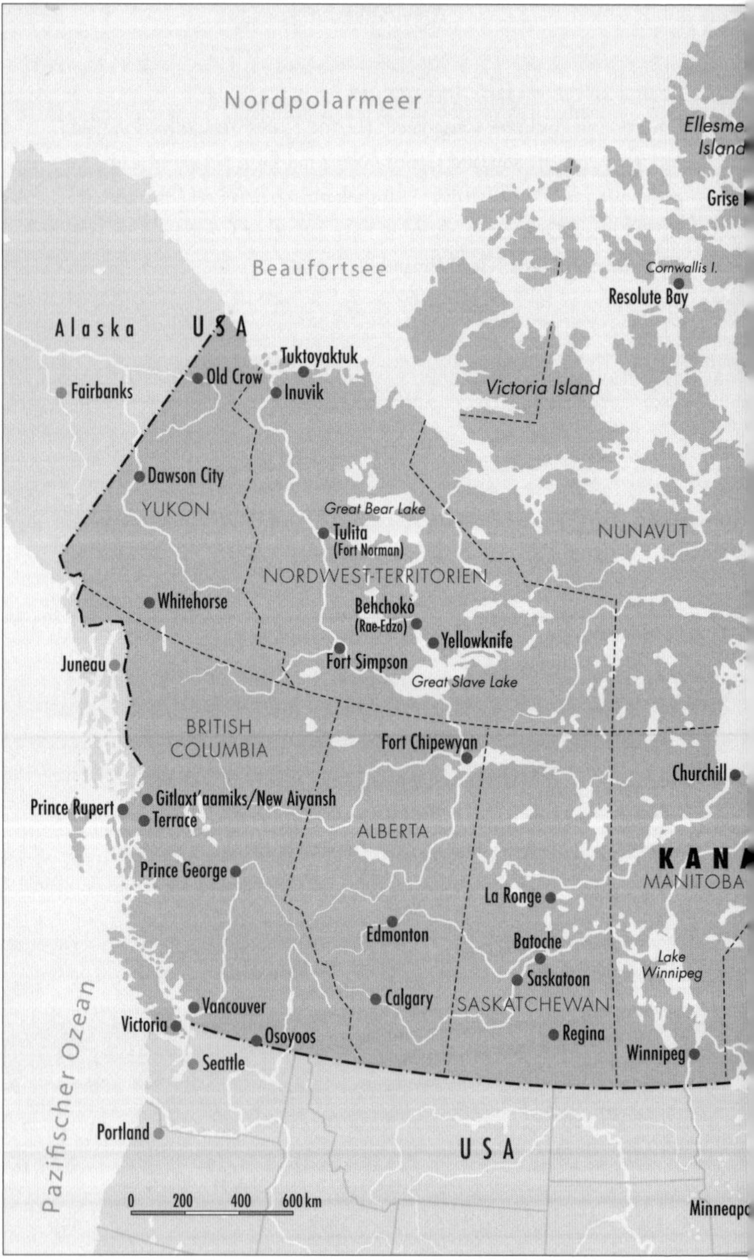

Nordpolarmeer
Ellesme
Island
Grise
Beaufortsee
Cornwallis I.
Resolute Bay
Alaska
USA
Tuktoyaktuk
Old Crow
Inuvik
Fairbanks
Victoria Island
Dawson City
YUKON
Great Bear Lake
NUNAVUT
Tulita
(Fort Norman)
NORDWEST-TERRITORIEN
Whitehorse
Behchokò
(Rae-Edzo)
Yellowknife
Juneau
Fort Simpson
Great Slave Lake
BRITISH
COLUMBIA
Fort Chipewyan
Churchill
Prince Rupert
Gitlaxt'aamiks/New Aiyansh
Terrace
ALBERTA
KANA
MANITOBA
Prince George
La Ronge
Edmonton
Batoche
Lake
Winnipeg
Saskatoon
Pazifischer Ozean
Vancouver
Calgary
SASKATCHEWAN
Victoria
Osoyoos
Regina
Winnipeg
Seattle
Portland
USA
0
200
400
600 km
Minneapo

ISLAND
GRÖNLAND
Baffinbucht
Pond Inlet
Davisstraße
Baffin Island
Nuuk
(Godthåb)
Labradorsee
Iqaluit
Cape Dorset
Atlantischer
Ozean
Kuujjuaq
(Fort Chimo)
Nain
NEWFOUNDLAND AND
LABRADOR
Inukjuak
Labrador
L'Anse aux Meadows
Schefferville
Goose Bay
Gander
Saint John's
Neufundland
QUÉBEC
Saint Pierre
and Miquelon
(Franz.)
PRINCE EDWARD
ISLAND
Attawapiskat
Kashechewan
Sydney
Charlottetown
ONTARIO
Fredericton
Québec
Halifax
NOVA SCOTIA
Montreal
Gatineau
Oka
Lake Superior
Ottawa
NEW BRUNSWICK
Kingston
Toronto
Boston
Lake Ontario
Atlantischer
Ozean
Lake
Michigan
Niagara-Fälle
London
New York

Dank

Auf zwei großen Kanadareisen 1978 und 1982 und auf meinen Recherchereisen, die ich seit 1997 als Kanada-Korrespondent unternehmen konnte, habe ich viele beeindruckende Repräsentanten der indigenen Völker Kanadas getroffen und mit ihnen gesprochen. Ich bin auch zahlreichen nichtindigenen Menschen begegnet, die den First Nations, Inuit und Métis nahestehen und die ihre Kenntnisse mit mir teilten. Ich kann nicht alle erwähnen, aber ihnen allen gilt mein Dank.

Eva Clayton, Präsidentin der Nisga'a Nation, Natan Obed, Präsident von »Inuit Tapiriit Kanatami« (ITK), Clément Chartier, Präsident des »Métis National Council«, Clarence Louie, Chief der Osoyoos Indian Band, John Amagoalik aus Nunavut und die Parlamentsabgeordnete Mumilaaq Qaqqaq nahmen sich Zeit für tief gehende Gespräche mit mir. Mit Phil Fontaine, dem früheren National Chief der »Assembly of First Nations« (AFN), konnte ich vor einigen Jahren ein bewegendes Interview über Residential Schools führen.

Mitarbeiterinnen und Mitarbeiter von ITK, AFN, »Métis National Council« und dem Nisga'a Lisims Government beantworteten Fragen zu Recht und Politik und halfen bei der Vermittlung von Gesprächspartnern. Meine Aufenthalte an der First Nations University in Regina und die Gespräche unter anderem mit den Professoren Edward Doolittle, Jan van Eijk, Randy Lundy und Solomon Ratt brachten eine Fülle von Informationen und Eindrücke. Mitarbeiterinnen und Mitarbeiter des »Odawa Native Friendship Centre« in Ottawa halfen mir zu Beginn meiner jorunalistischen Arbeit in Kanada, Zugang zur Kultur und Geschichte der First Nations zu finden.

Ich danke Yukon Regional Chief Kluane Adamek und den Chiefs Dana Tizya-Tramm (Vuntut Gwitchin First Nation), Kurt Burnstick (Alexander First Nation), Norman Bone (Keeseekoowenin First Nation), Jessica Hill (Oneida Nation of the Thames), Hegus Clint Williams (Tla'amin First Nation) für Gespräche am Rande mehrerer Treffen der AFN und der »Land Claims Agreements Coalition«. Ich hörte inspirierende Reden von National Chief Perry Bellegarde, der Juristin und Professorin Jean Teillet, der Sahtu-Dene-Politikerin Ethel Blondin-Andrew und Nunavut-Premier Joe Savikataaq. Ich danke Torsten Diesel, Projektmanager beim »Inuit Heritage Trust« in Iqaluit, Jason Paul, Manager der Künstlerkooperative in Kinngait/Cape Dorset, Anne Budgell, Autorin des spannenden Buches über die Spanische Grippe in Inuit-Gemeinden, und Wilhelm Meya, Direktor von »The Language Conservancy« in Bloomington/Indiana. Ich danke Justin Hall und Randy Picton, Kellermeister von Nk'mip Cellars, für die Gespräche und die guten Weine der Osoyoos Indian Band, die wir zusammen probierten.

Mein besonderer Dank gilt Hartmut Lutz, Professor emeritus für Amerikanistik und Kanadistik an der Universität Greifswald, der meine Arbeit mit zahlreichen Anregungen unterstützte. Ich danke meinem Lektor Dennis Grabowsky für die angenehme Zusammenarbeit und Verleger Christoph Links und Programmleiter Christof Blome, die meine Idee aufgriffen, ein Buch über indigene Völker in Kanada zu publizieren.

Ich danke meiner Familie in Ottawa und Deutschland und meinen kanadischen Freunden für ihr Interesse an meinem Buchprojekt.

Den überwiegenden Teil dieses Buch habe ich im Frühjahr 2020 während der Covid-19-Krise geschrieben. Sie erschwerte die Recherchen und war emotional belastend.

Meine Frau teilt seit nunmehr 40 Jahren mein Interesse an den indigenen Völkern, insbesondere an den First Nations. 1982 lernten Ute und ich in Saskatchewan die Anfänge der Schul- und Universitätsausbildung in der Verantwortung der First Nations kennen. Wir besuchten zusammen zahlreiche Powwow. Wir reisten zur Osoyoos Indian Band ins Okanagan-Tal und ins Nisga'a-Territorium. Ute unterstützte mich in den Monaten, die so sehr von der Covid-19-Krise geprägt wurden, bei meiner Arbeit an diesem Buch, das ich ihr widme.

Der Autor

Gerd Braune, Jahrgang 1954, lebt in Ottawa und berichtet als freiberuflicher Korrespondent über Kanada. Er wurde in Toronto / Kanada geboren und wuchs in Deutschland auf, nach dem Studium der Politik und Rechtswissenschaft arbeitete er für die Nachrichtenagentur AP und die *Frankfurter Rundschau.* Im Ch. Links Verlag erschien sein Buch »Die Arktis. Porträt einer Weltregion« (2016). Er bloggt unter http://www.arctic-report.net/.